講談社選書メチエ
681

# 創造の星

## 天才の人類史

渡辺哲夫

MÉTIER

目次

# はじめに

## 緊張病をめぐる思い出

医学部を卒業してから四〇年以上にわたって、私は首都圏と沖縄の精神科病院で臨床に従事してきた。また、なまの臨床体験のカオスに巻き込まれないよう、ヨーロッパ精神医学の先人たちの仕事に触れながら、自分（理性）の精神衛生に配慮してきた。

とりわけ、一九世紀プロイセンの精神科医で、私立ゲルリッツ精神病院長であったカール・ルートヴィヒ・カールバウム（一八二八―一八九九年）の『緊張病《カタトニー》（*Die Katatonie oder das Spannungsirresein*）』（一八七四年）という医学専門書を翻訳出版した一九七九年の仕事は特別の意味をもっていた。これは今だからこそ、よく分かる。当初は自覚できなかったが、その後の四〇年の歳月の中で、この翻訳の仕事が私の思考と臨床感覚と実践に決定的な指針を与え続けてきた、と明瞭に自覚されるようになった。人生の方向を決定する「人類の星の時間」（シュテファン・ツヴァイク）は個人にこそ到来するのか、と思わせる経緯である。

ツヴァイクの歴史感覚については、折に触れて後述する。ここでは、カールバウムの緊張病記述について略記しておきたい。緊張病は、身体／運動面では興奮と昏迷、多動と無動、筋肉の痙攣《けいれん》性現象と弛緩（蠟屈《ろうくつ》）性現象を、精神／心情面では「熱情的恍惚（pathetische Ekstase）」、「夢幻様体験」、そして多様な「宗教的神秘体験」を数週間から数年にかけて呈する精神科疾患である。重要なのは、時代背景とカールバウムの人柄および見識ゆえだろうが、緊張病にはマニー（躁病）、メランコリー（鬱病）、癲癇《エピレプシー》、ヒステリー、不安発作、宗教的妄想や幻覚（幻視が多い）に支配された重度の錯乱と夢幻様体験などが内包されていたことだ。カールバウムの「緊張病」研究書が公刊された一八七四年頃、「自我統合の破綻」とか「思考統合の障碍《しょうがい》」など、一見すると「高級な」概念を上位に設定し、緊張病の全事象を付随的下位現象群とみなす研究者たちがすでにいた。特にベルリン大学医学部精神科などに代表されるアカデミズムからの攻撃と否定は激しかった。

　温厚なカールバウムに代わってこれらに反撃し、事実上これらを一蹴したのは、カールバウムの弟子で、「破瓜病《ヘベフレニー》」論文（一八七一年）の著者でもある若いエーヴァルト・ヘッカー（一八四三―一九〇九年）だった。ヘッカーの反論の要旨は、「わが師カールバウムは、臨床現場の生命現象全体の観察経験だけを述べた。諸君のように大学に閉じこもって読書して、自我とか思考という不毛な空想に耽《ふけ》っていたのではない」というものだった。カールバウムとヘッカーの奮闘を明瞭に想定させる状況証拠はたくさんある。この論争はビスマルク帝国内の精神医学系学会を場にして口頭でなされたゆえ、正確な文書記録は残っていないが、状況証拠と医学史的傍証からは、若いヘッカーの烈火のごとき正当な怒りと彼の反論の鋭さが伝わってくる。

　この一九世紀末、時代は、新奇な心理学的概念装置を駆使して、精神病を緻密（強迫的）に細分化し、確固たる複数の「疾患単位」を打ち立てる流れにあった。これと比べるなら、カールバウムとヘッカーの立場は、なお素朴な「単一精神病」論の名残りをとどめるものであった。疾患単位分類に憑かれた批判者たちには、古色蒼然、曖昧模糊と感じられたことだろう。だが、カールバウムとヘッカーは、全人的生命様態が狂うなら夢見ないし夢幻の体験世界が現れる、意識は変容し、熱情的恍惚に襲われる、肉体は緊張と弛緩を痙攣的に反復する、この急性精神病状態を通過したのち、当の全人的生命がいかなる経過をとるかは多様である……と考えていた。

　緊張病も破瓜《はか》病も、重篤な「錯乱」状態を呈する。癲癇者の痙攣や恍惚感あるいはヒステリー者の転換性不随意運動や解離夢幻状態を緊張病の多様な錯乱事象から切り離すのは、カールバウム自身の経験にそぐわなかった。カールバウムという臨床家の経験をもってしても、癲癇／ヒステリー／緊張病、この三者の差異は不明瞭だった。この混沌を強引に峻別し、強迫的に秩序化するなら失敗する、という危惧が、この臨床家にはあった。カールバウムがドイツ語圏の観念的研究に失望し、自身の経験に近接するのはフランスの躁鬱病研究だと『緊張病』本文に明記した事実は看過できない。「分類秩序は欲しい。しかし、狂気（非理性の発作＝ヴェザニア発生）はついに一つなのではないか」との思いをカールバウムは捨てきれなかった。

　時代は一世紀下って、ところは日本。私が『緊張病』を翻訳出版した一九七九年当時、わが国の精神病理学界は統合失調症における妄想と自我障碍の現象学的研究に席捲されていた。「夢」という大問題に正面から取り組む医師は少なかった。当時、私はその理由が十分には分からなかったが、今思えば「夢」の研究に入り込むとジークムント・フロイトの精神分析に至らざるをえず、ほとんどの精神病理学者がこれに不快と不安を感じて忌避していた（今思うに、だいぶ感情的な拒否だった）という事実が想起される。この雰囲気の背後には、記述現象学者であった大権威カール・ヤスパースの精神分析拒否の言と激しいフロイト一派批判がわが国の精神病理学界への「超自我的な声」でもあったという現実がある。フッサール現象学やハイデガー存在論への学生的な憧憬もあった。意識清明な妄想（パラノイア性現象）、意識清明な自我障碍（統合失調症《シゾフレニー》性）体験——これが現象学にふさわしい主題であり、睡眠中の「夢」や「性欲」など語るに値しない、知性に欠ける、というわけだ。

そして、フロイトよりもさらに約一世代古いカールバウムやヘッカーの仕事など、日本では忘却されていた。精神科医は、熱情的恍惚、夢幻様神秘、宗教的エクスタシー、心霊現象などをひどく軽視していた。精神医学のまともな問題とは考えなかった。同様に、癲癇やヒステリーの精神病理学、意識変容の精神病理学なども無視された。そういう時代にカールバウムを翻訳しつつ、私は学生時代から熟読していたフョードル・ドストエフスキーの巨大な小説群の世界に酷似した何かをカールバウムの症例記述から感じた。これは理屈抜きの直感、嗅覚や触覚に近いものであって、数十年間、誰にもうまく説明できなかった。

同時に、私は学生時代からリヒャルト・ヴァーグナーの楽劇をＬＰレコードの分厚い巻で聴いていた。ドストエフスキーとヴァーグナー——この二人の巨匠はともに神秘劇の大作家だが、これらの芸術の夢幻境創造の謎がカールバウムの報告する地味な緊張病者の世界を核にして私の中で結晶化し始めたのは、ずいぶんとのちのことだ。突破口となったのはニーチェとゴッホだったと記憶するが、日記をつけていないので正確な順序は分からない。緊張病からこれら四人の創造者に至る一筋の道が見えてきたのは、ここ一〇年くらいのことと思う。

なお、木村敏が『時間と自己』（一九八二年）という新書判の本の中で「イントラ・フェストゥム」

という概念を打ち出し、一読して私が感服したのは、『緊張病』の翻訳出版から約三年後のこと。思えば、私はずいぶん早くから緊張病における「熱情的恍惚」の燃え上がる世界に魅せられていたわけだ。木村敏はカールバウムの仕事やヴァーグナー楽劇に触れることはなかった。だが、「イントラ・フェストゥム」はドストエフスキーによって徹底的に活写されているとして、この文豪は常に引用されていた（特に『白痴』のムイシュキン、『悪霊』のキリーロフにおける癲癇性発作時の世界変容体験）。要するに「生命の祝祭の最中」の体験。しかし、木村敏は「イントラ・フェストゥム」の実地臨床に徹底しないで、統合失調症の現象学（前夜祭的戦慄をともなう「アンテ・フェストゥム」の構えにおける自己論的な個別化原理の危機の現象学）のほうに突き進んでいった。この方向についていかなかった私は、「カールバウムの緊張病臨床とヴァーグナー楽劇とドストエフスキー小説が三つ巴《どもえ》になって渦を巻く光景」を眺めて、立ち止まったままだった。

「イントラ・フェストゥム」という概念に私がついていけなかったのは、この概念が巨大すぎて茫漠としていて、つかみどころがなかったからである。具体的病態として癲癇は重視されるが、木村はヒステリーや緊張病にはあまり配慮しない。それゆえ、「イントラ・フェストゥム」という重要な概念は抽象度の高いままにとどまったのだろう。

むしろ、フロイトが「自我とエス」と言う時の「エス」の概念のほうが、緊張病を理解するにあたって有用ではないかと私には感知された。「エスとはカオスであり、煮えたぎる興奮の坩堝《るつぼ》」というフロイトの有名な直感は、そのままカールバウムが描いた緊張病的体験世界に通じていた。要するに、熱量の大きい非理性（興奮の坩堝）が具体的に活写される学問こそが私には魅力的だったのだ、と今にして分かる。自分（理性）の精神衛生のためには、自分が親和性を抱きうる非理性に深くなじむことこそ効果的なのだ。これは私の精神科医としての気質ないし体質の問題にもなるが、緊張病を感じ、エスを感じるとき、真実に肉薄しているとの充実感が私に生じる。フリードリヒ・ニーチェに倣って言うなら、「非理性の南方、南方の非理性」こそが私の生命と共振するらしい。

このようなことを考えつつ、私は世紀末から二一世紀へと生き、働いてきたが、最近の一〇年あまり、沖縄に臨床の場を移した頃から、カールバウムの緊張病が日に日に強く心中に回帰し、侵入してきた。沖縄や先島には「カミダーリ」と呼ばれる風土密着性の病気（のようなもの、というのが地元の理解）があるが、宗教的興奮と神秘夢幻様体験と心霊体験を主体とする南方の例外状態は、統合失調症的であり、躁鬱病的であり、解離性転換性障碍（ヒステリー）的であり、癲癇的であり、総じて「非定型精神病」（満田久敏）と称されてきたカオスと同質だった。エスが裸型に近いまま露出してししまった印象だと言ってもいい。また、沖縄の地でカールバウムの緊張病記述を読み直してみると、ほとんどすべてのカミダーリ現象が、実は（カールバウムの）「緊張病」に連接していると直感された。カミダーリと緊張病（とエス）、これらの言葉は、ともに曖昧素朴だが、現実にふさわしい多様性包括力を有している。緊張病理解のために、ここで比較的分かりやすい、しかし精神医学にとってはかなり恥ずべき一件を挙げて考えてみよう。

フィンセント・ファン・ゴッホを冷静に追求したヤスパースの『ストリンドベルクとファン・ゴッホ』（一九二二年）を沖縄で再読したとき、ゴッホ／ヘルダーリン＝緊張病という等式が自明のごとく私に了解された。ヤスパースは最後のほうで書いている。

ゴッホが精神病に罹っていたことは疑いない。問題は如何なる精神病に罹ったかということである。ゴッホを治療した医者達が下した癲癇という診断は、全然根拠がないと私は思う。彼には癲癇性痙攣発作も特有な癲癇性痴呆も見られない。問題になるのは精神分裂病と麻痺性痴呆である。〔…〕私は精神分裂病の方が遥かに確からしいと考える。（ヤスパース 一九七四、二〇六—二〇七頁）

ヤスパースは「精神分裂病（統合失調症）」説（すなわち緊張病説である）に大きく傾き、「進行麻痺」も「癲癇」も結局は否定した。例えば、この箇所の数頁あとには、ゴッホの作品に直面すると「それはあたかも存在の最後の源泉が可視的となり、現存在の隠された地盤が我々に直接に働きかけるかの如くである」（同書、二二三頁）と評されており、ヤスパースの考える統合失調症の最奥かつ典型的な危機と破綻の表現が出ていて、ゴッホは比類のない孤高の「実存」として理解されている。

しかし、訳者の村上仁は、めずらしいことだが、この文章の直後に「訳者曰く」と記して自身の異見を付記している。「この論文が発表されてからも、ファン・ゴッホの精神病はむしろ真性癲癇と親近性を有する発作性精神病ではないかという意見が二、三の人によって主張された。就中、クライストの記載した「挿話性朦朧状態」なる病型に最も一致しているという、ミンコフスカ等の意見は現在多くの人々によって認められているようである」（同書、二〇七頁。傍点は渡辺）と。

ゴッホの病気を急性・発作性に激烈な興奮と錯乱と昏迷の病態を反復する幻覚性意識の強い緊張病

とみなすことで、その診断という病跡学的問題は消え去る、と私は考える。しかし、「緊張病」という概念がひどく矮小化されて統合失調症の一亜型とみなされるようになってしまったヤスパース以降、現代までの時代にあっては、私見など虚しい意見だと却下されてしまう。とはいえ、「ゴッホは、（カールバウム自身が発見した）緊張病に反復的に陥っていた」と考えて初めて、癲癇とヒステリーと躁鬱気分変動（躁性興奮と鬱病性昏迷の交替）と統合失調症性幻覚妄想状態のすべてが現れる実情が（事実、すべてがゴッホに現れてしまったから精神医学者は困っているわけだ）理解される。難問を作り出したのはゴッホではなく精神医学なのだろう。なお、ゴッホという重要な人物については、後段にて改めて考えることにしたい。

カールバウムの緊張病とフロイトのエスからの持続的引力、「煮えたぎる興奮の坩堝」を介して作用し合う医師と患者の相互的引力、これらが太く熱い地下茎となって「（私の）星の時間」という稲妻を走らせているようだ。私にとっての「人類の星の時間」は、きわめて短い一九世紀末の特定時代に凝集している。もっと言えば、「一八七四年」というクロノロジカルな暗合を有する。

なぜ、回想に値する創造的非理性の噴出をめぐって、このような奇妙な歴史時間の凝縮（瞬間への攣縮）が起こったのか。

これは近現代精神史の興味深い問題である。

## 作品創造の連帯性——エスの「うねり」という現象

ヨーロッパの学問芸術的・宗教的な創造の歴史を眺め、その歴史に特異な「うねり」が反復再認されるなら、それを見知ることが作品創造に依拠しての「人類史」探求には欠かせない。また、この創造の「うねり」は、周知のごとく、理性だけではなく非理性によって、狂気ないし夢幻と呼ばれる情念によって惹起されるゆえ、創造の歴史と非理性の歴史が相互に浸透し合う作品たちの光景が俯瞰されねばなるまい。

この種の難題に挑んだ先例は、いくらでもある。いわゆる「天才論」（天才‐狂気説）は、周知で有力な一例だ。しかし、天才論では、個的存在の創造性という性急な思い込みが強く、この論の採用には慎重を要する。理性と非理性の人類史的規模の闘争（均衡と不均衡）、創造の歴史と作品価値の持続との謎めいた関係が「天才」とか「狂気」という呪文で解かれるとは思えない。

また、独創的な創造は、人類史上、単発的にも起こるが、同時的・共時的に連帯／連合して群発することが稀でない。独創的作品の群発は、あらゆる類いの精神活動（学問、芸術、宗教）の共振による。また、単発的創造であっても歴史的には必ず先行の精神と時間的に共振しているゆえ、結局、すべての創造は時空的に群発連帯（照応）している。この群発的創造が激しくなるとき、われわれには「創造のうねり」が見える。そして、激しい群発的創造においては、理性と非理性が拮抗ないし闘争する光景が見える。

すでに触れたように、シュテファン・ツヴァイク（一八八一―一九四二年）には『人類の星の時間（*Sternstunden der Menschheit*）』（一九二七年）という見事な表題の、独特の天才（創造と発見の）列伝と言うべき著作がある。人類の歴史と天才的創造の瞬間との相互的作用を描いた傑作である。

どんな芸術家もその生活の一日の二十四時間じゅう絶えまなく芸術家であるのではない。彼の芸術創造において成就する本質的なもの、永続的なものは、霊感によるわずかな、稀な時間の中でのみ実現する。〔…〕一つの国民の中に常に無数の人間が存在してこそ、その中から一人の天才が現われ出るのであり、常に無数の坦々たる世界歴史の時間が流れ去るからこそ、やがていつかほんとうに歴史的な、人類の星の時間というべきひとときが現われ出るのである。〔…〕そんなばあいには、避雷針の尖端に大気全体の電気が集中するように、多くの事象の、測り知れない充満が、きわめて短い瞬時の中に集積される。（ツヴァイク 一九九六、一―二頁。傍点は渡辺）

ツヴァイクは歴史の概念を自由に駆使している。生産労働を旨とする歴史は、単に等質的時間を踏破する過程であるだけでなく、「霊感による稀な時間」という超（非）‐歴史的な瞬間を生む母胎でもあるとみなされている。「避雷針の尖端に大気全体の電気が集中するように」というイメージは見事だ。つまり、歴史が創造の瞬間を生み、創造の瞬間が歴史を決定してくる。全地球の全人類精神を一気に全体として天才の稲妻が照らし出す異常な出来事。ツヴァイクにとって、労働の歴史と創造の瞬間は相互に浸透し合い、それ自体が伸縮自在に「うねり」続ける生き物のようだ。

「人類の星の時間」は（世俗的）歴史を必要条件としているが、これと同質ではなく、そこから生まれ出てくる「霊的で稀有で神秘的な瞬間」にほかならない。ツヴァイクが精神分析に詳しいのは周知であり、創造性の稲妻がまったく「同時的／共時的／集合無意識的」に全人類を襲い、これを根本から変革してしまう、と彼が考えていたことは推測される。歴史は「人類の星の時間」という精神の稲妻の瞬間を反復しながら、(エス(無意識/非理性)の閃光的な自己変革の反復を通じて)その質を変じていく。ツヴァイクの歴史概念は、その「人類の星の時間」の発見において、ヤスパースの「枢軸時代」の発見と提言(後述)に一脈相通じる。むろん、「枢軸時代」のほうが大規模で、影響範囲も深さも徹底的だが、その後の歴史を決定づける人類思想の「同時的/共時的」地殻変動を指示する点で、「枢軸時代」は「人類の星の時間」の最大級のものだと言えよう。

「枢軸」の時に異常な激しさで覚醒した理性は、その覚醒の衝撃の強度ゆえに逆説的にも非理性的な威力に反転してしまい、歴史を変えたのだ。ツヴァイクは等質的歴史の非創造性を次の創造の瞬間のための休息のごとく見て、受け入れている。ヤスパースにとっては、「枢軸時代」抜きの「理性的な人類の精神史」など考えられない。それゆえ、歴史の外部に立つ創造的非理性なる稲妻と雷鳴の瞬間を生み出すのは、実はこれと闘争してきた理性からの不気味な圧力なのだ、と逆説的に理解されるしかない。この瞬間において、理性と非理性の区別はもうつかなくなる。

人類にとっての天才的創造体験は、創造的非理性の衝撃に激しく撃たれることである。だが、われわれは創造的非理性と言うとき、創造的理性と創造的錯乱のあいだで揺れ動いている精神=霊性のごとき存在しか指摘できない。これが実情である。世界史に等しいとは言えないが、ヨーロッパ精神史の魅力は「歴史と瞬間」の広さと深さの魅力である。ミシェル・フーコー(一九二六—八四年)のように「古典主義時代における」という限定をつけた「狂気の歴史」を主題にしようとしても、古典主義時代は切れ目なくルネサンスの昔に遡行していくし、ルネサンスの昔は、さらにはヨーロッパ中世暗黒時代を貫通して、古代ギリシア・ローマの非理性的な創造作品へ、さらに砂漠の預言者モーセを介して原始的獣性の群れへと遡上していく。それゆえ、非理性的創造の「うねり」、エスの「うねり」を眺望するにあたっての時代限定には、あまり意味がない。

フーコーの言う「狂気の歴史」が「非理性の歴史」とか「理性の歴史」という表現と区別されるかどうか、もう分からなくなるが、これは当然の帰結だ。だからこそ、『狂気の歴史』(一九六一年)の著者は、この大著を理性と狂気がまるでメビウスの輪の両面であるかのような洞察、ブレーズ・パスカルとドストエフスキーという二人の深刻な洞察の引用で始めた。しかも、フーコーは現代精神医学によって分解されない狂気(非理性)と理性との生々しい相互干渉的ダイナミズムしか見なかった。つまり、歴史家にとって、現代精神医学を肯定することは、狂気(非理性)の歴史を見る歴史眼を閉じることだと言外に断定して、フーコーはこの仕事を始めている。結果的に『狂気の歴史』という著作は、ルネサンスが終焉したらしい頃に始まった「エスの閃光」の衰弱過程を凝視する仕事になった。

以下、ルネサンス盛期以降の非理性的創造を略記しつつ考えていくが、その作業の中で、緊張病性非理性の創造力がエスの閃光をどう具体化してきたか、問うていきたい。そこに癲癇性非理性およびヒステリー性非理性の創造がどう関与していたか、これも当然、再考される。

第1章

# 魔術と科学のあいだの揺動

15〜17世紀

## 1　ルネサンスの創造的非理性――エラスムスが見た「理性＝狂気」の光景

ビザンティン帝国（東ローマ帝国）（三三〇―一四五三年）の文化と芸術の衰退と入れ替わるように現れてきたのがイタリア・ルネサンスだが、この入れ替わり運動自体が一二〇〇年頃から一四〇〇年頃までの巨大な「うねり」であった。イタリアからヨーロッパ全域へとルネサンス運動は継続されていく。

大略四〇〇年にわたるルネサンス盛期は多面的な顔をもつ。「文芸復興」という概念は間違っていないが、学問芸術の爆発はルネサンスという巨大な出来事の一局面にすぎない。ヨーロッパで三〇〇〇万人が死んだとも言われるペスト惨禍と、それに対する恐怖ゆえの中世保守的信仰への大きな回帰、魔女狩りに見る狂的殺戮の持続、宗教改革の嵐のごとき展開（反宗教改革との激闘）、大航海時代と殺戮と収奪の開始、世界の富と権力の変容など、すべてがルネサンスだ。

ここで天才的文芸創造者を列挙しても、まさに綺羅星のごとし、と言うしかない。だが、ここではルネサンスの創造の根本特性の確認に論点をしぼってみたい。そのためには、少数ながら典型的な天才たちの作品を凝視するとよい。この巨大な「うねり」は、理性的だったか、非理性的だったか、それとも別次元の例外的なラプトゥス群だったか、この少数者が暗示してくれる。

レオナルド・ダ・ヴィンチ（一四五二―一五一九年）。イタリアのヴィンチに生まれる。《モナ・リザ》（一五〇三―〇五／〇七年）、《聖アンナと聖母子》（一五一〇年頃）、《洗礼者ヨハネ》（一五一四年頃）の三作品は、理性と非理性の対立を超越した絶品である。これらの作品創造が夢工作に等しいと見たのは、言うまでもなくフロイトだった（「レオナルド・ダ・ヴィンチの幼年期の思い出」一九一〇年）。この夢幻的かつ異次元的な絵画の他に、科学、建築、発明など、万能型天才の創造性を見せたレオナルドは、その存在（創造物＝作品）自体が理性を完璧に超越してしまっているという意味で、絶対的な非理性者（超‐理性者）あるいは人類全体が見たいと欲している「夢」の具現者ないし提示者なのだ。レオナルドに匹敵する至高の非理性的創造者は、同時代の人文学者エラスムスの叡智を別とすれば、三〇〇年後のヴォルフガング・アマデウス・モーツァルトだけなのかもしれない。

デジデリウス・エラスムス（一四六六―一五三六年）。ロッテルダムに生まれる。『痴愚神礼讃』は、一五一一年の刊行。「この痴愚狂気ということばは、私に言わせれば、凡俗の人間よりも敬虔な人々のほうに、はるかにぴったりとあてはまることになるのです。〔…〕敬虔な人々の期待している最高の報賞は、一種の狂気〔…〕。プラトンが、「恋する者の狂乱は、ありとあらゆる狂乱中で最も幸福なものである」と記したとき、彼は同じような夢想に耽《ふけ》っていた〔…〕。恋に熱狂した人間は、もはや自分のうちにではなく、自分の愛しているもののうちに心身をあげて生きています。この相手のなかへ溶けこむために自分から出れば出るほど、当人は幸福を感じます」（エラスムス 二〇〇六、二三八―二三九頁）と書かれている。

敬虔は狂気、狂気は敬虔、愛は狂気、狂気は愛、幸福は錯乱、錯乱は幸福……。痴愚女神は人間を哄笑し、嘲笑《あざわら》う。大きな狂気と小さな狂気しかない、と嗤《わら》う。これはパスカルの洞察の先取りであ

レオナルド・ダ・ヴィンチ

ダ・ヴィンチ《モナ・リザ》

ダ・ヴィンチ《聖アンナと聖母子》

ダ・ヴィンチ《洗礼者ヨハネ》

エラスムス

り、レオナルドのスフマート（ぼかし）技法に等しいオイフェミスムス（叛意／逆転／縮合語法）の意図的な使用である。エラスムス以後、人間に、特にキリスト教者に、狂気が深く潜り込んだ。これは脱自（エクスターゼ）という錯乱、痴愚女神の狂気であり、ルネ・デカルトの「コギト」の根底にも、パスカルの狂気（＝理性）の中にも、痴愚女神の狂気は潜り込む。

　エラスムスの痴愚女神の哄笑は、約三五〇年後、《トリスタンとイゾルデ》（一八五九年完成）において愛の狂気と愛の死を描ききったヴァーグナーや、「カラマーゾフ」という異様な血族を創出したドストエフスキー、さらには「緊張病」に「熱情的恍惚」、すなわち「宗教的熱狂とエクスタシーの狂気と錯乱」を見出したカールバウムの人間（狂気）経験に直結して、響きわたる。

　さて、エラスムスは一七歳若いマルティン・ルター（一四八三―一五四六年）の宗教改革に共鳴し、ルターの過激さゆえに喧嘩別れした。一貫してカトリックに忠実だったが、死後二二年の一五五八年、時のローマ教皇はエラスムスを第一級の異端者と断じ、全著作を禁断書とした。エラスムス評価の支離滅裂な動揺は、この哲人の「理性＝狂気」論の底なしの不気味さを物語っている。理性の不気味さの強度において、エラスムスはレオナルドの超‐理性に肉薄した稀有のルネサンス人だった。しかし、魔女に関しては、さすがのエラスムスも一貫してお

ミケランジェロ

らず、「魔女の実在を信じていた」とする信頼できる証言がある。

ミシェル・フーコー曰く、「神の〈知恵〉とくらべると、人間の理性は狂気《フォリー》にほかならなかった。人間のうすっぺらな知恵とくらべると、神の〈理性〉は痴愚《フォリー》神の大いなる動きのなかに含まれる。大きい尺度ではかると、すべては〈痴愚神〉の仕業にほかならず、小さい尺度ではかれば、〈すべて〉はそれじたい狂気なのである。〔…〕狂気は、それを理性と結びあわせる際限のない円環のなかに含まれ、狂気と理性は相互に強めあい否定しあう」（フーコー 一九七五、四八―四九頁）。ルネサンスの創造的非理性という特性は、エラスムスにおいて「人類の星の時間」の至高の頂点に到達していた。エラスムスこそルネサンス思想の王、と言っていいのかもしれない。

そして、ミケランジェロ・ブオナローティ（一四七五―一五六四年）。レオナルドより二三歳若く、フィレンツェ近郊に生まれる。《ピエタ》を（一四九六年から一五〇一年にかけてサン・ピエトロ大聖堂とともに）完成させたあと、システィーナ礼拝堂の天井画《アダムの創造》（一五〇八―一二年）をも描く。天才の創造力の途方もない威力という点では、（ヨハン・ヴォルフガング・フォン・ゲーテがただ驚嘆するしかなかったように）ミケランジェロの創造力は（理性的でなく、狂的でもなく）桁違いに巨大という意味で、非理性的かつ超絶的であった。

ミケランジェロ《ピエタ》

「ミケランジェロの〈最後の審判〉やさまざまな天井画を見て、ぼくらはそれぞれに感嘆した。ぼくはただ眺めては驚いているばかりであった。巨匠の内的な確かさと男々しい力、その偉大さはとても言葉では言い表わせない」（ゲーテ『イタリア紀行』より。一七八六年一一月二二日、ローマ。牧野 二〇〇八、一四一頁。なお、同書の訳文は、ゲーテ 二〇〇三による）。そして、直後にゲーテはまたシスティーナ礼拝堂に行っている。「ぼくはその瞬間すっかりミケランジェロに心を奪われ、彼を見たあとでは自然さえも味わいをもたないほどだった。それもぼくには自然を彼ほどの偉大な眼をもって見ることができないからだ」（一七八六年一二月二日。同書、一四二頁）。翌年夏にゲーテは再訪した。「システィナの礼拝堂を見ずしては、およそ一個の人間が何をなしうるか、はっきりした概念をつかむわけにいかない。多くの偉大で有能な人間のことを聞いたり読んだりはするが、しかしここにはそれが頭上に、眼前に、いまだに生き生きとして存在しているのだ」（一七八七年八月二三日。同書、一四三頁。傍点はゲーテ）。二六〇〇年後のゲーテの驚嘆と感動。ここまで来ると、理性だ、狂気だ、非理性だとおしゃべりしているのが滑稽になる。巨大な、途方もなく広大で自由な非理性の荒野で

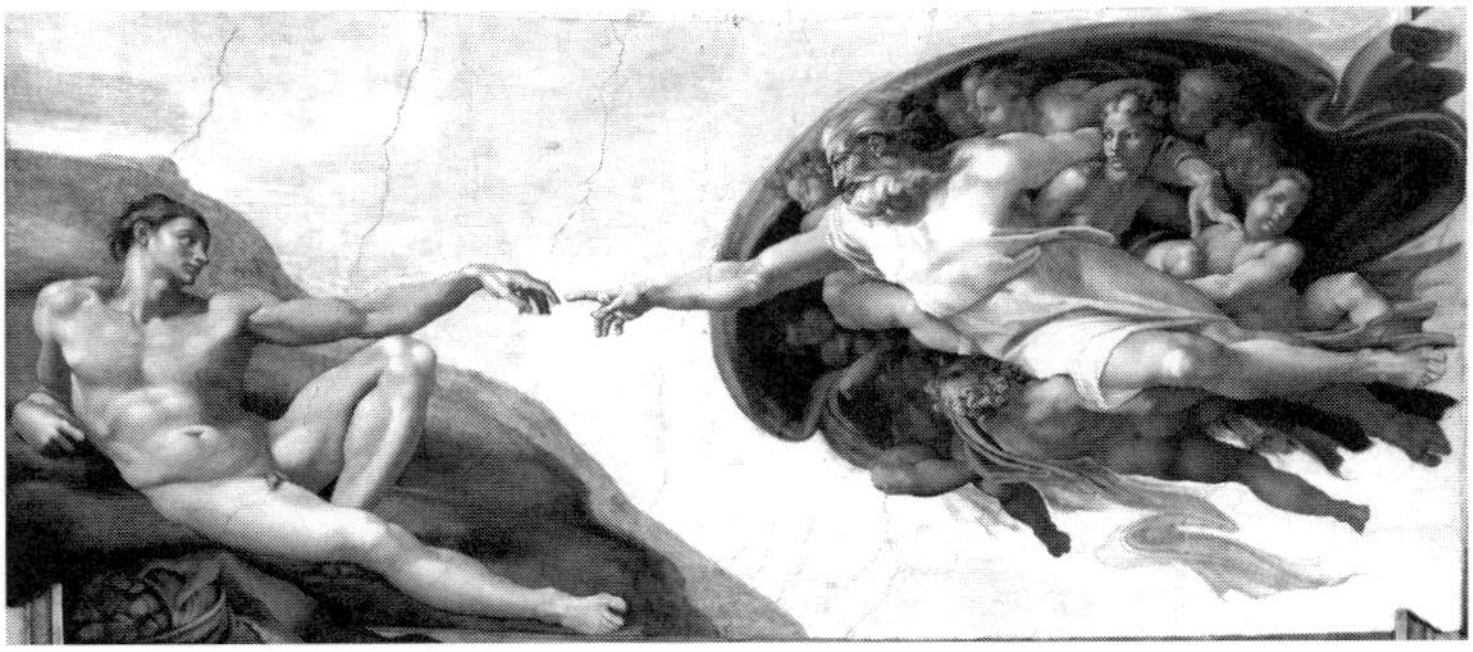

ミケランジェロ《アダムの創造》

は、創造自体が途轍もないエスの稲妻となる。ミケランジェロとゲーテの三〇〇年の時を超えた濃密な出会いの瞬間――それは稀有な「人類の星の時間」であった。

先にレオナルドについて質的に異常な「超‐理性」という表現をしたが、この「超‐理性」は非人間的かつモーツァルト的な陰翳を帯びている。だが、ミケランジェロの「超‐理性」は超人的な力への意志という刻印を捺されており、むしろベートーヴェン的疾風怒濤と共振する。

ルターはエラスムスと複雑な関係をもった。思路は比較的単純な人物で、歴史の決めた役割を演じきった「宗教的理性（善）人」とでも言うべきか。この人物には、ローマ・カトリック教会が「悪、背教、犯罪の伽藍、魔女的なサタンの家、非理性の巣窟」に見えた。理性が参入するとき、必ずその相手としての非理性が要る。だが、非理性（狂気）はローマにはあったがルターにはなかった、とは言えない。ルターの『小教理問答書』（一五二九年）にはキリストの名が六三回出てくるが、悪魔の名は六七回出てくるという。それほど悪魔はルターに激しく取り憑いていた。

ルターは悪魔についての自身の体験を数多く語っていて、僧院にいたとき「悪魔の騒ぐ声にいつも悩まされていた」とも言っていた。ルターの異常なまでの魔女に対する恐怖と憎悪は、彼自身が書き記している。「私はこのような魔女にはなんの同情ももたない。私は彼らをみな殺しにしたいと思う。……創造主に対して反逆し、また、悪魔には認める権利を神に対しては認めようとしない魔女が、死刑に価しないということがどうしてあろうぞ」（森島 一九七〇、一七五頁。「みな殺し」以外の傍点は渡辺）。ルターに限らないが、不寛容と迫害の意志、そして逆上した殺意——これはカトリックよりもプロテスタントにおいて、むしろ強烈だった。魔女は、エラスムスをも、ルターをも、ことごとく残忍な異端審問官の非理性の側に立たせた。

ルター

　ルターにおいて明瞭だが、当該のルネサンス人の理性が単純なら、彼の非理性も素朴だ。やはり敬虔なる宗教改革者ではなく、レオナルド、エラスムス、ミケランジェロにおける理性と非理性の熾烈にして複雑怪奇な闘争こそが、ルネサンス的創造の根本特性（超-理性の群発性）になっている。激烈な暗闘において理性と非理性の均衡が維持されたまま、ついには超-理性という至高の次元に達してしまう三大ルネサンス人に言及してきたが、もちろん、この三人に肉薄するルネサンス人は大勢いた。これも奇跡的な人類の「うねり」だろう。

　例えば、サンドロ・ボッティチェリ（一四四五—一五一〇年）、クリストファー・コロンブス（一四五一—一五〇六年）、ジローラモ・サヴォナローラ（一四五二―九八年）、アメリゴ・ヴェスプッチ（一四五四―一五一二年）、ニコラウス・コペルニクス（一四七三―一五四三年）、トマス・モア（一四七八―一五三五年）、フェルディナンド・マゼラン（一四八〇―一五二一年）、ラファエロ・サンティ（一四八三―一五二〇年）、イエズスの聖テレジア（一五一五―八二年）、ヨハン・ヴァイヤー（一五一五―八八年）、ガリレオ・ガリレイ（一五六四―一六四二年）、ウィリアム・シェイクスピア（一五六四―一六一六年）、ヨハネス・ケプラー（一五七一―一六三〇年）……きりがないのでもうやめるが、それぞれが全人的に理性と非理性のせめぎ合いと死闘の舞台であった点は、忘れられてはなるまい。

## 2　魔女狩り――ルネサンス裏面の暗黒、あるいは『魔女の槌』の出現

この節は、グレゴリー・ジルボーグ（一八九〇―一九五九年）の名著『医学的心理学史』（一九四一年）に依拠しつつ考え、この碩学の見識を引用して書き始めたい。ルネサンスという黄金時代の裏側で何がうごめいていたか。

一四八四年一二月九日、ローマ教皇インノケンティウス八世の教書が公布された。「最近われわれににがき悲しみを与える消息が耳にはいった。すなわち北ドイツの或部分及びマインツ、コローニュ、トレーヴ、ザルツブルグ、ブレーメン等の地方、都邑、領地地域、監督管区等において、多くの男女が自己の救いをかえりみず、カトリックの信仰から迷い出で、悪魔やインクビやスックビに身を

まかせ、呪文、魔術、祈禱、その他の呪われたる魔法、手管《てくだ》、極悪行為、及び恐るべき犯罪により、未だ母胎にある嬰児を殺し、家畜の仔をも殺し、土地の産物を損い、ぶどうの実、木々の果実、否男も女も、荷馬、群獣、その他の動物、ぶどう畑、果樹園、牧場、牧場地、穀草、小麦、その他のあらゆる穀物に損害を与えた。その上これらの卑劣漢は男女、荷馬、群獣、その他の種類の動物を恐るべき痛み及び苦しき内外の病にて悩ましさいなむ。彼らは男性が性行為を営むのを妨げ女性が妊娠するのを妨害する。〔…〕われらのいとしき子らハインリッヒ・クレーマー及びヨハン〔ヤーコプ〕・シュプレンガーは説教修道士会 Order of Friars Preachers に属し、神学教授であるが、ローマ法皇の公式書状によりこれらの異端の堕落に対する宗教裁判官として派せられ、現在もなおその任にあるが〔…〕」（ジルボーグ 一九五八、一〇〇―一〇一頁）との勅書である。

クレーマーとシュプレンガーに批判的で、怒りを抱く人々もいたが、二人は『魔女の槌』を書き、一四八七年にコローニュ大学の神学部に提出、学部長の「裏書き」を獲得した。二人の宗教裁判官は、こうして宗教界に次いで学会の公認も手に入れた。学部長に反対した教授たちも恐怖を感じ始め、『魔女の槌』は、ついに七人の教授全員による全会一致の公認となった。一四八七（～一四八九）年（年度確定はできない）、クレーマーとシュプレンガーの二人によって、ついに『魔女の槌』が刊行される。

〔…〕「魔術などというものは存在しない、それは純粋に想像上のものにすぎないという人々は誤っている。〔…〕真の教えによると或天使たちが天から堕ちて今は悪魔になっている。彼らはその本性自体の故に我々には不可能な多くの驚くべき事をなすことができる。このような悪しき驚異を他人に行わしめようと試みる人々が魔女と呼ばれるのである。〔…〕」「魔女の槌」の中でこの個所は多分十五世紀に現われたもっとも意味深い記述であろう。殆んど二千年にわたる医学的、哲学的探求の結果大切に集められ保存されて来た精神医学的知識の総集積を、二人の僧侶がこの簡潔な一節において一挙にして払いのけてしまっているのである。（同書 一〇五―一〇六頁。傍点は渡辺）

聖書に従うなら（敬虔に熟読するなら）、「堕天使」は実在するのであり、悪魔も魔女も実在する。悪魔や魔女の実在を疑い否定する者は、当然ながら聖書をも否定せざるをえない。……何という叡智、何という卑怯卑劣。だが、現代のわれわれですら言葉につまるこういう問題に、濃密な中世的信仰を抱いている一五世紀末のヨーロッパ人はどう弁明したらいいのか。善男善女が迷っているうちに、ハインリヒ・クレーマー（一四三〇頃―一五〇五年）とヤーコプ・シュプレンガー（一四三六／三八―九五年）に共感する神職者や神学教授は、さらにたたみかけてくる。

実際に迫害されたのは、理性的妄想者（宗教性パラノイア者）の残虐なる拷問によって生き地獄に突き落とされた夢幻者（夢幻性ヒステリー者）である。それゆえ、百花繚乱と言うべきルネサンス的創造群発の裏側には「理性的妄想者が非理性的夢幻者を際限もなく殺害し続ける」出来事がべったりと貼りついていて離れない。自分の都合で生《い》け贄《にえ》を捏造し、殺戮を反復するのは、常に理性的妄想者であって夢幻者ではない。なぜなら、夢幻的夢想者は、理性的妄想者とは異なり、目的合理性をもった一貫した意図的他害行為などできないのだから。理性的妄想者の覚醒度が低下して、その夢幻性が強くなれば、それだけ殺人衝動の合目的的噴出は弱くなる。

理性的妄想者……ここで私は語彙がないから仕方なく「理性」的と書くが、これは実は「非理性」なのである。この非理性は、「死の欲動」とも換言できる異様な衝動だ。この「理性＝非理性」には、他者の生命の抹消こそ無比の一大事である。理性は非理性、非理性は理性……こういうオイフェミスムス（叛意／逆転／縮合語法）を前提にしないかぎり、魔女狩りを真剣に冷酷に続ける敬虔なる宗教的理性の本質は理解できない。ここにこそ「悪」の問題の錯綜と恐ろしさがある。

われわれは、二〇世紀、ナチの総統に同質の「理性＝非理性」の再現を見るし、純型（多くは狂信的宗教人の）パラノイアの犯罪にも恐怖すべき非理性を感じる。実際、「理性的狂気」あるいは「パラノイア」という概念は、フィリップ・ピネル（一七四五―一八二六年）の弟子のジャン・エスキロール（一七七二―一八四〇年）が妄想的観念だけに支配された妄想者を「モノマニー」と名づけてから、一九世紀に正当な精神医学の中枢を形成するようになる。私が医師になった一九七三年頃にもなお、「理性的狂気」なる形容矛盾の概念こそが狂気問題の最奥の謎を秘めているとみなす精神病理学者は少なくなかった。

魔女狩り、中世末期から反復されている地獄的ペスト惨禍、宗教戦争という名の大量殺戮――この決して創造的とは言えぬ巨大な非理性のうごめきが、天才たちに発する創造的非理性の作品群の歴史の裏側にべっとりと貼りついていた。これがルネサンスの奇怪な特性である。

恐怖すべき裏側（非理性）が表に滲《にじ》み出てしまった三〇〇年間、非理性が理性に化けてしまった。

「魔女への鉄槌」は、実は『魔女の槌』を書き、読み、納得してしまった「理性的ルネサンス人」の頭上にこそ下された。『魔女の槌』の恐ろしさは、異常な歴史的事実があったことのみに存するのではない。理性と非理性の交替と無差別化、相互溶融的な戯れが最後にはいったい何をしでかすか、という現在形の問いにこそ、この奇書の恐ろしさは存する。

表面の豊饒な創造群発という透明かつ善なる美意識と、その暗黒裏面の異様に猥雑な（非理性が理性に化ける――エスが自我に化ける）「魔術」が一心同体であるのは耐えがたいが、事実だから仕方がない。一四八七（～一四八九）年からのち一八世紀末まで、およそ三〇〇年間、『魔女の槌』はコンスタントに一九版を重ねて熟読愛読されている。例えば、フランス革命が「自由、平等、友愛」を叫び始める頃まで、つまりゲオルク・ヴィルヘルム・フリードリヒ・ヘーゲルとフリードリヒ・ヘルダーリンが、そしてナポレオン・ボナパルトとベートーヴェンが理想高き青年になる頃まで重版され続けていた。

天才たちの大いなる総合芸術志向は実に輝かしく見えるが、それぞれは血の海と汚泥流に咲く蓮《はす》の花のごときものだった。ルネサンス期、創造的非理性の導きのままに、途轍もない学問芸術的天才人が生きていた。と同時に、魔女狩りに没頭して魔女たちの拷問と火あぶりに突き進んだ敬虔なる理性的宗教人がいた。カトリック信徒もプロテスタント信徒も、競い合って魔女の拷問と火刑を続けた。ルネサンス人のこの表と裏、光と影を生んだのは何であったのか。直接に古典古代のギリシア・ローマの学問芸術に学んだルネサンス人は魔女に出会わなかったのではないか。そして、キリスト教を狂信し続けたルネサンス人は至る所に魔女を発見したのではないか。

どうも、地中海沿岸の古代多神教にまで回帰したルネサンス人は中世を飛び越えて、真善美をそなえた「人間」を夢見ることができたが、砂漠に誕生した一神教の徒の末裔であり続けたルネサンス人は『魔女の槌』の愛読者になり、悪夢に酔った、との印象が払拭されない。

## 3　魔女狩りと闘う医師ヴァイヤー

精神科医のあいだでもあまり知られていない、忘れられつつあるルネサンス時代の医師であるオランダ人ヨハン・ヴァイヤー（一五一五―八八年）なる人物。ジルボーグは『医学的心理学史』において、ヴァイヤーの登場と活躍の期をもって第一次精神医学革命が始まった、ヨハン・ヴァイヤーは現代精神医学の真の創始者、人間科学における真の改革的天才として抜きんでている、ルネサンスにおいて精神医学に最大の貢献をなした人物だ、と考えている。

ヴァイヤー

ヴァイヤーは真面目な臨床家だった。壊血病、四日熱、水腫症、子宮頸管閉塞、無月経などの優れた研究を行った。しかし、彼の主な関心対象は精神病であった。この関心は医師になってから一貫していた。一五五〇年、三五歳でウィリアム公爵（ユーリヒ＝クレーフェ＝ベルク公ヴィルヘルム五世）の侍医になり、以後亡くなるまで三〇年近く、この公爵のもとに定住して、侍医を務めた。激しい情熱に突き動かされてヨーロッパ中を転々としていたパラケルスス（一四九三―一五四一年）や自身の師であるハインリヒ・コルネリウス・アグリッパ（一四八六―一五三五年）とはまったく異質の生活を送り、安定感を身にまとう温和柔軟な人格者である。ヨーロッパは『魔女の槌』の煽動によって膨大な数の「魔女」が日々迫害され、逮捕され、拷問され、理不尽な異端審問の末、火刑に処せられていたさなかにあった（魔女狩りの犠牲者は、一五世紀末から一八世紀末にかけてキリスト教国全体で三〇万人とも三〇〇万人とも言われている）。第一級の自然哲学者でドミニコ派の僧侶であったジョルダーノ・ブルーノ（一五四八―一六〇〇年）ですら、「科学擁護という異端の罪業ゆえに」火あぶりにされた。時代は、まさに堕天使サタンの非理性の独裁下にあった。

この危険な雰囲気の中で、ヴァイヤーは、ウィリアム公爵の侍医になってから一二年後、『悪鬼の策略について』という書を仕上げた。完成翌年の一五六三年にラテン語で、一五六七年にはドイツ語でこれを刊行。宗教裁判や火刑について、精神病擁護の立場から魔女狩りに抗する闘いを開始した。殺害されずに魔女狩り批判を継続できたのは、おそらく公爵侍医という地位とヴァイヤー自身の明敏な頭脳、柔軟な人格ゆえであったろう。

ジルボーグは、要約的にヴァイヤーが闘争開始した時代の雰囲気を書いている。

ここで強調すべきは、一般民衆や医者や哲学者や僧侶や法律家の頭を支配していたこの悪鬼的な

「悪魔」心理学はカトリック教の世界に限られていなかったという点である。カトリック教会は唯一の精神的権威として、その行政機構を通じ世界を呑み込んでいた鬼神論的伝統を初めて形成し組織化したものであった。しかしこの伝統は宗教改革によって放棄されなかった。シュプレンガーとクレーマーが方向をあやまった信仰と場ちがいの霊感に猛然と奮い立って現われ来り、やがてその遺骸が埋められて土と化してしまってから長い年月の経った後にも、この伝統はドイツのルーテル、スイスのカルヴァン、イギリスの王ジェイムズ一世、及びマサチュセッツ州におけるピューリタンたちによってうけつがれたのであった。二人の修道士の精神は長い年月の間あとをひいた。ドイツで最後に殺された魔女はアンナ・マリア・シュヴェゲリンであった。彼女は一七七五年三月三十日にバヴァリアのメンミンゲンで首を切られた。スイスのグラルスの町で最後に魔女が首を切られたのは一七八二年六月十八日であった。それはシュプレンガーとクレーマーが自分たちの主著の裏書を無理やりに書かせたケルンの神学部教授会の会合からへだたること殆んど三百年であった。（ジルボーグ 一九五八、一二〇頁）

　ワイヤーは容赦ない意志をもって、あくまで組織だったやり方で魔女の問題全体に関するあらゆる迷信や習慣を反ばくしにかかり、あらゆる手段を尽す。聖書の中で魔女や魔法使に関して述べてあるあらゆる箇所を詳しくしらべ、また同じ問題をギリシアの神話や歴史においてもしらべる。又「魔女の槌」の中で述べられている諸現象を綿密に分析する。〔…〕魔女たちは精神を病む人々であり、この哀れな女たちを苛《さいな》み拷問にかける僧侶たちこそ罰せられるべき人々なのであ

る。（同書、一五三頁。傍点は渡辺）

神学者や聖職者たちは「ヴァイヤーとガリレオの非理性＝狂気」を憎悪したが、二人とも危機を通過できたのは喜ばしい。パラノイア的狂信者の群れは、人類の心の平穏を夢見る夢幻者を時折取り逃がすわけだ。また、ジルボーグは精神病理学的に魔女に関する見解を述べている。

十七世紀には豊富な悪鬼病 demonopathies や神狂症 theomanias や痙攣的恍惚状態や昏迷状態があった。精神病者は都会や村にあふれていた。彼らは牢屋や穴蔵にいた。彼らは町中の道や街道をさまよい歩き、民衆のなぐさみや時には恐怖の種となっていた。医者は彼らに気づかないではいられないはずであったが、〔…〕まるで医学というものがわざわざ精神病から顔をそむけていたかのように見える。（同書、一八一頁。傍点は渡辺）

ジルボーグの『医学的心理学史』は大著だが、四〇〇頁の邦訳書のうち実に四〇頁をヴァイヤーが主人公である関連論考が占めている。この碩学の労作がなかったら、われわれはヴァイヤーについて無知のままであったろう。さらに言えば、「悪鬼病／神狂症／痙攣的恍惚状態／昏迷状態」への特別の注目は、『悪鬼の策略について』（一五六三年）から三〇〇年後のカールバウムの『緊張病』（一八七四年）で回帰してくる。狂気の歴史にせよ、非理性の歴史にせよ、創造性の歴史にせよ、「緊張病」への着眼抜きには何も見えないと、ルネサンスが、魔女狩りが、敬虔なるキリスト教信仰が、ヴァイヤーの誠実が、そしてジルボーグの探求心が静かに教えてくれている。

この夢幻性（悪鬼・神狂性）狂気において精神の至高性と危機が同時かつ持続的に燃え続けているゆえに、精神病理学的な探求は、長い潜伏期間があったにもせよ、途切れなかった。

## 4　ケプラーの神秘天文学

ヴァイヤーから約半世紀遅れて、近代天文学の始祖とも言うべきヨハネス・ケプラー（一五七一－一六三〇年）がドイツ・シュヴァーベン地方の小都市ヴァイルに生まれた。ドイツということもあり、魔女狩りはヴァイヤーの時代と同じく猖獗《しょうけつ》を極めていた。

ケプラー

周知のように、天文学者＝占星術師ケプラーの業績は、惑星は正円ではなく楕円（長円）軌道をまわるという第一法則、運動する惑星と太陽が一定時間に描く面積速度は一定であるという第二法則、諸惑星の周期の自乗がそれぞれの軌道半径の三乗に比例するという第三法則（これは音楽における和声理論に依拠している）の発見で知られている。だが、この三つの法則発見の背後に潜むケプラーの奇妙な実生活と宇宙論的な神秘思考および神秘感覚は特筆すべきである。

それゆえ、以下、すっきりと洗練された三つの法則を生んだ「科学者」の暗闇の母胎について、特にコペルニクスの地動説を自明の理としてティコ・ブラーエ（デンマークの貴族）（一五四六―一六〇一年）の天文観察記録を駆使した態度について、また、母親の生命を守るべく魔女狩りに抗して実力を行使した事実について、改めて考えてみたい。

イギリスのユダヤ系作家アーサー・ケストラー（一九〇五―八三年）の優れた評伝（もともとは一九五九年の著書『夢遊病者たち』の一章であった。ケプラーを「夢遊病者」の一人とみなしたケストラーの直観は見事だ）が大いに参考になるのでこれに依拠するが、そもそもケプラーは生い立ちからして尋常でない生活史を刻んでいる（以下、渡辺による要約。〔 〕の注記は渡辺による）。

ケプラー家は名門であった。祖父はヴァイル市の市長を務めた名士だったが、祖父のあとの名門の運は傾いていった。この祖父の子孫のほとんどが変質者であり、精神を病んでいた。しかも、これら問題を抱えた子孫たちは、申し合わせたように病的な配偶者を選んだ。ヨハネスの父親は、かろうじて絞首台を免れた欲得ずくの山師だった。ヨハネスの母親カタリーナは町の宿屋の娘で、彼女を育てた叔母《〔ママ〕》カタリーナは、魔女として、生きながら火あぶりにされた。そして、ヨハネスの母親であるカタリーナ自身も、年老いてからヨハネスの父親と同様に審問され、かろうじて火あぶりを免れた。ヨハネスは若い頃から自分の一族の運命などを星占いして記録していたが、それによると母カタリーナは「背は低く痩せていて、肌が浅黒く、おしゃべりで、喧嘩好きで、性質はよくない」とされている。ケプラーにとって、実母の印象は占星術でも実際上もよいものではなかった。さらにケプラーの記録によると、二人のカタリーナ、つまり母と叔母〔ママ〕は、ほとんど選びようがないくらいよく似ていたが、それでもどちらかというと母のほうが魔女的な雰囲気を濃厚にもっていて、より恐ろしい感じを周囲に与えたという。母は薬草を集め、効くと信じている薬を調合した。ヨハネスの母は、彼女を育ててくれた彼女の叔母〔ママ〕と同じく火あぶりの刑に向かって歩いているかのようであった。

　ヨハネスには同胞が六人いた。そのうち三人は幼くして死んだ。妹一人は牧師と結婚して、ふつうの生活に入り、弟一人は白鉛細工師になって生計を立てるようになった。だが、ヨハネスのすぐ下の弟ハインリヒは癲癇症で、遺伝的にさまざまな精神疾患が表れやすかった。この弟は、動物に噛まれたり、溺死しそうになったり、焼死寸前で助けられたり、泥棒や追剥に襲われたりの連続で、ついには父に追い出され、職を転々とした。病気と災難と不運に呪われたような弟だったが、奇怪な災難に遭遇したり、憂鬱症になったりしたヨハネスは、この弟とかなり似ていた。

　さらにケプラー家の不運を続けよう。母カタリーナが魔女として捕えられたのは、一六一五年（母七〇歳、ヨハネス四四歳時）のこと。この魔女狩り・異端審問の騒ぎは、母カタリーナの知人女性の悪意ある告げ口と噂好きが発火点だったが、母の陰険な性格も災いしたらしい。誰もが何かしらカタリーナと出会った時の気味の悪い異常な出来事を覚えているようだった。カタリーナはペットや家畜の死に責任があり、子牛を一頭殺し、若い娘を一人、魔法に誘い、人々に触れずに人々に謎の痛みを引き起こし、錠のかかった扉を通り抜け、幼児の眠るベッドを見下ろして祈って幼児を殺し、墓掘り人に頼んで父親の頭蓋骨をもらい、銀でおおって、数学者である息子の盃《さかずき》にするなどといったことをした（ケストラー 二〇〇八、三二六頁以下）。

魔女狩りの罪業は皆このようなもので、カタリーナとヨハネスの街でも、一六一五年から二九年までに三八人までが火あぶりにされて殺された。詳細は省くが、ヨハネスは母の助命のために献身的に努力した。もちろん、無罪になるはずもなく、この母は拷問だ火刑だという絶望的な脅迫の中での拘禁ののち出獄したが（これ自体、当時としては奇跡的なことだった）、民衆の私刑におびえつつ、釈放の六ヵ月後、一六二二年四月に死んだ。ヨハネス五〇歳の時である。ヨハネスの気持ちは察するにあまりあるが、弟とともに不運、災難、身体的多病、憂鬱症に呪われていたヨハネスの理性が根源から震撼され続けていたこと、自分自身の占星術に翻弄されていたことなどを考えると、中年期のケプラーの心理は現代人には了解不能なほど、異様に宗教的／魔術的だったと言える。ケストラーは、そのケプラー伝の冒頭で、唐突に奇怪とも言うべきヨハネスの生き方を描いている。

ヨハネス・ケプラー（Kepler, Keppler, Khepler, Kheppler, あるいはKeplerus）を母親が身籠ったのは一五七一年五月一六日午前四時三七分のことであり、胎内にあること二二四日と九時間五三分を経て、同年一二月二七日午後二時三〇分に彼はこの世に生まれた。彼の姓の五通りの綴り方はすべて彼自身の手によるものであり、また受胎、懐妊期間、出生に関する数字も、やはりケプラーが書き残した彼自身についての星占いの記録（「ホロスコープ」）の中に見出される。自分の名前に対する無頓着と、日付について極端なまでに精密を期していること、この二つの対蹠《たいせき》的な態度の共存は、そもそも一つの精神を反映している。すなわち彼にとって、宗教、真理および美の本質である根源的な実在は、すべて数という言語に含まれているのであった。（同書、一三頁）

これは、病的合理主義あるいは病的幾何学主義（ウジェーヌ・ミンコフスキー）に近い生き方であり、ここにケプラーの生命力の枯渇（代数学や幾何学への凍結）の危機、実在するなまの感覚世界に対する深い存在論的懐疑ないし凍《い》てついた無関心を読み取るのは無理ではない。

しかし、それにもかかわらず、あるいは、それだからこそ、と言うべきか、ケプラーの異様な創造性は占星術から天文学へと向かって「人類の星の時間」（ツヴァイク）を刻み始めた。決定的な霊感は「一五九五年七月九日」に二三歳の青年ケプラーを稲妻のように襲った。母の魔女狩り騒動が始まる時期よりも二〇年近く早かったことは、人類にとって幸運だった。

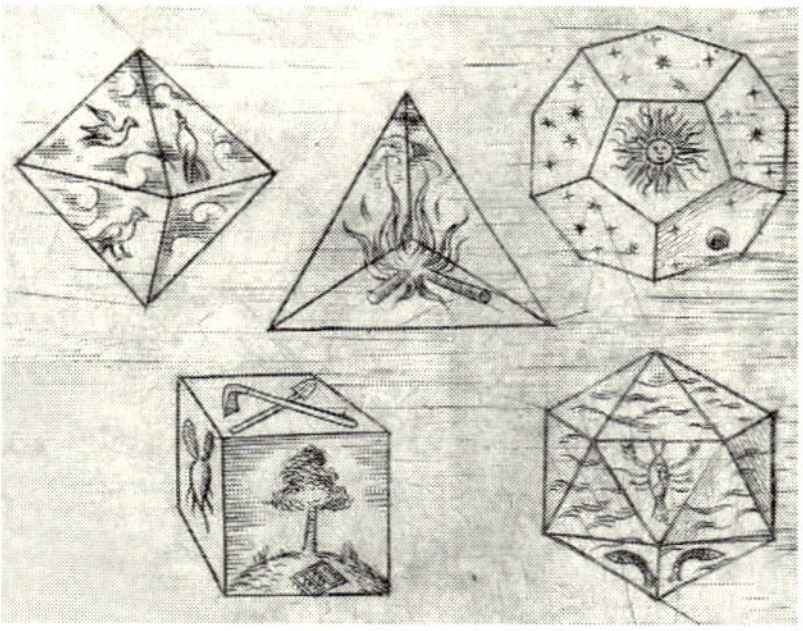
五個の正立体

当時、グラーツ州立学校の数学教師を務めていた彼が授業中、黒板に一つの図形を描いていたとき、まさしく創世の秘密を解く異様な着想が彼を撃った。「この発見から私がどれほどの喜びを得たか、言葉に言い表わすことは決してできないであろう」（『宇宙の神秘』一五九六年、「読者への序」、ケストラー 二〇〇八、三四頁）と彼は書いている。この着想は、ケプラーの生涯を決定づけた。この霊感的着想は、当時すでに知られていた六つの惑星の公転軌道（球面）は五個の（三次元）正立体の内接球と外接球によって決定される、という発見だった。当

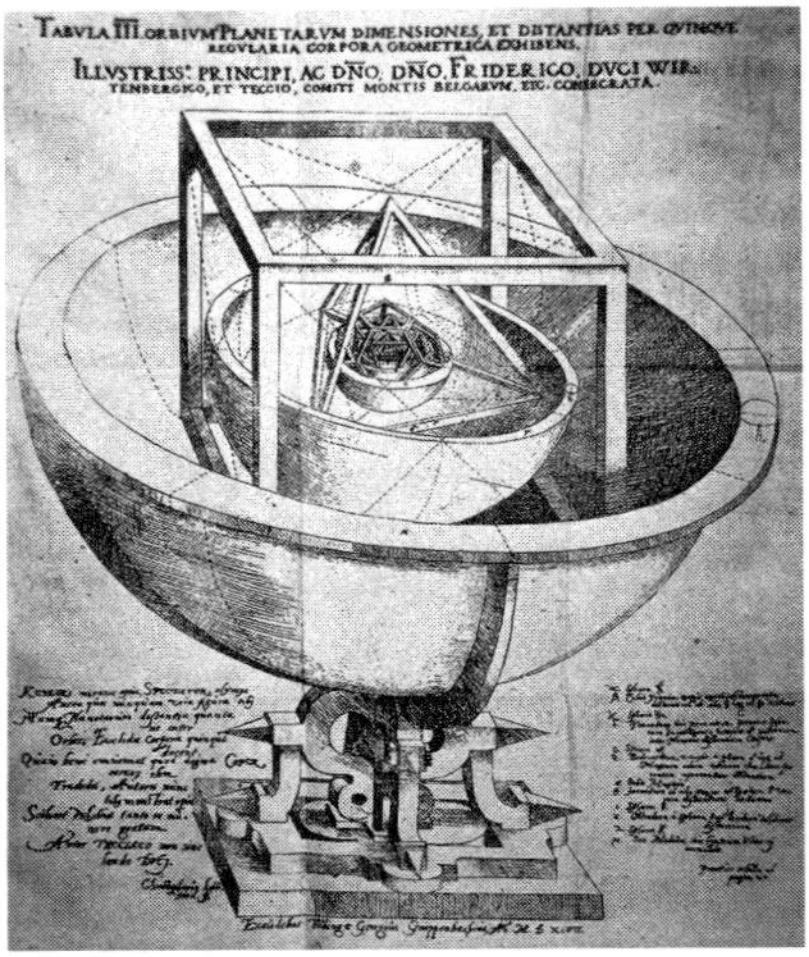

宇宙の模型

時、惑星は水星、金星、地球、火星、木星、土星の六つまでしか知られていなかったが、これはケプラーにとって、むしろ幸運であった。なぜなら、「ピタゴラスの立体」とも「プラトンの立体」とも呼ばれて神秘化されていた正立体は五つしかないからだ。ケプラーが計算や検証に費やした膨大なエネルギーについては省略するが、結論としては、以下のような美しい宇宙構造が一気にケプラーに与えられた。

　ケプラーは土星の軌道あるいは軌道を含む球面に立方体を内接させた。この立方体の中に、内接するもう一つの球を置くと、この球面は木星軌道面に属する。その中には正四面体を内接させ、さらにその内側に火星の軌道球面を内接させた。火星と地球の軌道球面のあいだには正一二面体が来た。地球と金星のあいだには正二〇面体、金星と水星のあいだには正八面体が来た。宇宙の神秘は、グラーツのプロテスタント学校の一教師によって解き明かされたのである（『宇宙の神秘』に示された「宇宙の模型」。いちばん外側の球は土星の軌道球に対応する）。

　三次元幾何学、占星術、天文学、数学、哲学（自然哲学）、音楽（和声の音楽理論）……これらが多にして一、一にして多、という宇宙秩序のもとで照応し合っていることの証明——これは見事な総合芸術である。ニコラウス・コペルニクス（一四七三―一五四三年）が自身の生命の危険を感じて自制していた『天体の回転について』の公刊を断行したのが一五四三年、彼の死の直前であり、ケプラーより六歳年長のガリレオ・ガリレイ（一五六四―一六四二年）が異端審問にかけられ、地動説放棄を命じられたのが一六三三年であるから、異端である地動説を自明の前提とする『宇宙の神秘』を公にした一五九六年のケプラーは火刑に処せられても不思議ではなかった。

だが、実際のところ、教会や異端審問官や大学神学部は「コペルニクスを単なる数学的仮説とすれば許そう」という態度であった。この忠告に対して、ケプラーは「(コペルニクスの体系は) 世界の驚くべき秩序とそこにあるすべての天体についての、真に天与の洞察」だと応じた。しかし、ケプラーに関しては、なぜかガリレオのような異端審問騒ぎにはならなかった。一介の若い地方学校教員の言説に対して教会側の危機感がさほど強烈でなかったこと、この若者が占星術師であり、「宇宙のピタゴラス的 (音楽的) 調和」をすでに考え始めていて、田舎の夢想家と見えたことなどが、ケプラーの無事の理由であった。だが、『宇宙の神秘』刊行の約二〇年後に母が魔女狩りに遭遇し、逮捕監禁され、拷問脅迫を受けて寿命を縮めたのは、ヨハネスの身代わりだったような気もする。

ともかく、ケプラーの発想、巨大な幾何学的宇宙観、天体の運動の秩序を宇宙の音楽の音符として記しておこうとする、まさに一貫して非理性的な生き方は、総合芸術への志向と実現に近い、人類の叡智と神秘的精神性の究極の「ガラス玉演戯」(ヘルマン・ヘッセ) と言うべきである。ケプラーが大先輩ピタゴラスの宇宙にのめり込んでいく不可思議な姿は『世界の調和』(一六一九年) に現れてくる。この『世界の調和』刊行については、注意しておくべきことを挙げておく。

六つの惑星の楽譜

一つ、『宇宙の神秘』と、その二三年後に出されたこの『世界の調和』は学問研究的にはきつく連結していること。一つ、ここで言われる『世界の調和』はまさしく「音楽的協和音」の意味であること、『宇宙の神秘』ではいまだ十分には響いていなかった宇宙の音楽が響き始め、ヨハネスの総合性が一気に完成体へと飛翔したこと。もう一つ、『世界の調和』刊行のとき、ケプラーの母が魔女として迫害され始めてすでに四年が経過していて、一六二〇年には魔女として逮捕監禁され、拷問の脅迫の最中にあり、翌二一年、奇跡的に釈放されて数ヵ月で死亡したこと、それゆえ「人類の星の時間」の神秘的稲妻に撃たれたケプラーの至福は魔女狩りで母が事実上虐殺された残酷な一件と完璧に同時的であったこと……。

強いて言うなら、母親が生きたまま焼かれなかったことだけが不幸中の幸いだった。実際、生きながら焼かれて死んでいった膨大な数の「魔女」たちが、いかに激しく「絞首刑か斬首刑への慈悲深い減刑」を欲し、嘆願していたかを知れば、ケプラーの神秘的宇宙論の舞台裏の、われわれの想像を絶する地獄の惨状が伝わってくるかもしれない。濃厚な占星術的雰囲気の中で鳴り響いたのは「魔女狩りの音楽」だったのか——こういう奇怪な疑念すら浮かんできても不思議ではないのが、ルネサンスという創造運動の特性だった。ローマ教皇も、プロテスタント指導者たちも、焼き殺されていった農婦たちも皆、非理性以外の何もそなえていなかった奇怪な「創造の時代」だった……。

ピタゴラスの「宇宙の音楽」を追い求め、反復し、超越せんとするケプラーの試行錯誤はもちろん非理性的な夢想だったが、この苦闘を支えたのは「夢遊病者特有の確信」（ケストラー）だけだった。太陽系惑星の立体幾何学的構造からピタゴラス＝プラトンの宇宙学へ、宇宙の数学からネオプラトニズムの占星術へ、二次元正多角形と楽器の弦の比率（ケプラー自身がどのような楽器で実験したのかは不明）との一致から、協和音を響かせる音階の七つの和声関係の発見へ。このような信じられない努力の結果、六つの惑星の楽譜が書かれ、聴覚ではなく人間の霊魂が聴く音楽が見出された。

そして、この異常に困難な思索から占星術的幻影が去っていったとき、有名な「ケプラーの惑星の第三法則」が現れてくる。「すべての惑星で周期の二乗と軌道半径の三乗の比は同じである」という法則である。ケストラーは感慨深げに書いている。「大建築は完全であった。ケプラーはその本を一六一八年五月二七日〔四六歳時〕に仕上げた。ヨーロッパ史上最も運命的な数週間のうちのある週のことであった」（同書、三四四―三四五頁）と。ツヴァイクなら、「ヨーロッパ史上最も巨大な人類の星の時間」と言ったかもしれない。これをふと「魔女たちの星の時間」と言い換えたくなるのが、ルネサンスという黄金＝暗黒時代のオイフェミスムス的な特質である。

## 5　魔術と科学のあいだ――デカルトからニュートンへの歩み

二一世紀を生きるわれわれの念頭には、一七世紀におけるルネサンスが科学思想および科学技術と無縁でない光景が、はっきりと浮かんでくる（一八世紀後半に始まるイギリスの産業革命よりも約一世紀早い、基礎学問的革命の光景）。

ルネ・デカルト（一五九六—一六五〇年）とアイザック・ニュートン（一六四二—一七二七年）の二大傑物が、この時点に立っている。他の人を挙げてもいいが、問題がルネサンス運動の変貌という大事なら、ここに姿を現す精神も比類なくなるだろう。まず、ルネサンスを貫通している創造的非理性の力動（理性と非理性の闘争）が一七世紀になって、あるのならばどのように持続したのか、ないのならどう消えたのかを、デカルトにおいて見てみたい。

## デカルトの夢／悪しき霊

デカルトはラ・エー（現在のデカルト）という陽光に恵まれた田舎町に、ブルターニュのレンヌ高等法院評定官の息子として生まれた。土地持ちの裕福な歴代貴族の家ではなく、王の官僚であり、法服貴族と言われた新興階級に属する身分であった。母親は病弱で、デカルトを産んでまもなく死去しており、デカルト自身も、母親からの遺伝のせいか、虚弱な子供だったと言われる。ただし、これは事実か否か不明である。周囲も本人も「身体が弱い」という思い込みだけは強く、朝寝坊で、ベッドの中で瞑想に耽《ふけ》るのを好む少年であった。イエズス会系の名門学校に入学し、八年間、人文学とスコラ学を学んだのち、さらに一年間ポワティエ大学で医学と法学を学び、法学士号を取得。その後、少しのあいだ何をしていたのか分からない時期があるが、一六一八年（二二歳時）オランダに、一六一九年（二三歳時）ドイツに、志願士官として赴任した。軍務には興味がなく、「世間という書物」を学ぶことが、この時期の青年デカルトの主要関心事だった。だが、虚弱で朝も起きにくい瞑想少年のまま成人になったわけではなく、剣術や馬術の達人となり、社交界でも目立つ存在になった。酒と女と賭博も得意だったと言われるから、母親から虚弱な体質をもらったというのは、やはり本人と周囲の勘違いか、思い込みだったようだ。

オランダの軍隊に身を置いていたとき、偶然にも八歳年上の数学者・物理学者であるイザーク・ベークマン（一五八八―一六三七年）に出会い、コペルニクスの宇宙論、落体法則の研究、流体の圧力の研究など、数学を自然学に適用する構想を身につけた。フランクフルトの皇帝戴冠式に参列したのち、かのケプラー（デカルトより二五歳年長である）にゆかりの深いウルムに宿営し、その地の炉部屋でぼんやりと新たな学問の普遍的方法を求めて、数学と哲学の新構想を練った。この時期には、薔薇十字会に接触して、数学的神秘主義をも知った。

デカルト

炉部屋でデカルトは何を考えていたか。このあたりの経緯を少し具体的に見てみよう。

炉部屋生活の時期は一六一九年冬から二〇年春（二三―二四歳時）までだが、彼は数学に没頭し、「連続、非連続を問わず」あらゆる量に関わる問題を解く「まったく新しい学問」の構想に至った。冬が到来したため、ドナウ河畔のノイマルク公国の村にとどまった。「終日ただ一人炉部屋にとじこもり」続けたとあるから、場所と季節はドイツの冬の寒村ということになる。現在は失われてしまったが、昔のデカルト伝記作家アドリアン・バイエ（一六四九—一七〇六年）はまだ読むことができた羊皮紙メモ「オリンピカ」から伝わるところによると、デカルトはこの炉部屋で、一六一九年一一月一〇日の夜、まだ二三歳のとき、「霊感に満たされて驚くべき学問の基礎を発見し」、そのあと床について、神秘的で異常な三つの夢を次々と見た。

バイエはデカルトがその夢をみずから解釈して書き記した内容を報告している。亡霊や渦巻きに襲われる夢、電光に撃たれて自身と彼の部屋が閃光を帯びてしまう夢、ローマの詩人デキムス・マグヌス・アウソニウスの「私の生はいかなる道に従うべきか」という句の現れる夢——この三つだが、夢の内容解釈よりもデカルトの意識の中に夢とともに侵入した神秘的霊感の尋常でない強度こそが大事である。これは「デカルトの夢」とされて有名であるが、「諸学問の体系的連鎖」という着想と、その体系を「一人で構築しよう」という野望に関する夢だった、との解釈が定説になっている。羊皮紙メモ「オリンピカ」が失われたのは残念だが、「デカルトの夢」とは「デカルトが非理性界の総合に誘われていく夢」にほかなるまい。言うまでもないが、偉大なるデカルトの合理性覚醒の根底に「夢」という非理性がうごめいていたことは再確認しておきたい。

さて、この前年の一六一八年には、神聖ローマ帝国でいわゆる三〇年戦争が始まり、ドイツ国内のカトリックとプロテスタントの戦争はスペイン・ハプスブルク家とフランス・ブルボン家との戦争にまで拡大してしまう。しかし、やがてプロテスタントのスウェーデンとカトリックのフランスが同盟を結ぶという意味不明の戦乱となる。ウェストファリア条約が結ばれた一六四八年までいろいろあるが、デカルトは一六二〇年頃には軍籍を離脱し、やがてオランダに亡命してしまうので、賢明かつ冷淡に身を処したと言っていい。

デカルトが軍籍を離れて、さらに北欧や東欧を旅してからフランスに戻ったのは一六二二年（二六歳時）だが、母国に腰を落ち着けることもなく、翌年から二年間をイタリアで過ごした。一六二四年、パリに戻って数学や光学を研究するが、一六二八年（三二歳時）、思索と研究の自由を求めてオランダに移り住んだ。オランダ生活は二〇年間にわたるので、旅行とか転居というより、独居と隠棲のための亡命に近い。この間にも、一六三五年には家政婦に女の子を産ませたりしていて、パスカル（デカルトより二七歳若い）のような痛ましいほどの敬虔と生真面目は、デカルトからは伝わってこない。

さて、オランダ亡命生活の中から、まさしく世界史を決定づけるような哲学の思索と公表が始まる。これを順に列記すると、以下のようになる。

『世界論』（『宇宙論』）（一六三三年完成、一六六四年公刊）および『人間論』（一六四八年完成、一六六四年公刊）完成。ローマでガリレオ・ガリレイ翁が一六三三年、六九歳時、地動説ゆえに断罪されたのを聞き知り、身の危険を感じたデカルトは、この二著作を公表しなかった。『方法序説』と『三試論』（『屈折光学』、『気象学』、『幾何学』）の公刊は一六三七年。これらは、当時としては異例だが、ラテン語ではなくフランス語で刊行された。有名なコギトの宣明「私は考える、ゆえに私はある」という命題は『方法序説』の第四部に書かれている。なお、この時点でニュートンはまだ生まれていない。ニュートンは二一歳になった一六六三年の夏（デカルト没後一三年頃）、ユークリッドを読み、デカルトの『幾何学』を読む、という研究生活に熱中し始めている。そして、ケンブリッジの孤独な青年ニュートンに対する大先輩デカルトの影響は決定的だった。

話を戻す。デカルトの主著とみなされる『省察』がパリで公刊されたのは一六四一年(四五歳時)。次いで形而上学の主著とされる『哲学原理』の出版は一六四四年(四八歳時)。ここでは形而上学と自然学を根幹とする一本の樹木としての「哲学体系」が論じられる。道徳を論じた『情念論』の公刊が一六四九年。そして、一六五〇年二月一一日、厳寒のストックホルムで肺炎にて客死。享年五四。晩年になっても「あるうら若い王女やスウェーデンの女王クリスティーナ」と親しくしていたわけで、寒かっただろうが、孤独な死ではなかった。

問題は、ルネサンスとデカルトの相互干渉はいかようであったか、あるいは、近代合理主義哲学の祖デカルトの登場によってルネサンス精神は変貌したのか、終焉に向かったのか、ということだ。そして、デカルトが生まれて(一五九六年)、活躍し(一六三七―五〇年)、北欧でかなり急に病死したのちの時代全体を大略、半世紀にわたって眺めても、「ルネサンス」と称せられるヨーロッパの全身を襲った熱病のような非理性の創造性ないし独特の祝祭状態は、なお続いていた。

一六一八年に始まった三〇年戦争はデカルトの人生の大半を覆っていて、何らかの影響を彼に与え続けた。『魔女の槌』は、刊行後すでに一世紀を越えていたが、コンスタントに版を重ねていた。デカルトの亡命先オランダでは、精神病者や犯罪者の作業療法が開始され、「サタンとの闘争は現世における勤労によってなされる」との信念ゆえに、魔女狩りの鎮静化と終了は他のヨーロッパ地域より一世紀も早かった(中井久夫)。これはデカルトにとって幸運な経緯であった。一五八八年、スペイン無敵艦隊がイギリス艦隊に敗れ、大航海時代以後の世界地図は大きく書き換えられていく。スペインからのオランダ独立戦争（八〇年戦争）（一五六八―一六四八年）もデカルトの人生と無縁ではないが、スペイン・カトリックの守護者を自任するアルバ公フェルナンド・アルバレス・デ・トレドによるカルヴィニスト弾圧は無敵艦隊の没落とともに激しさを失ったゆえ、オランダがデカルトの亡命先になりえた。

時代がガリレオ（一六四二年没）を、ケプラー（一六三〇年没）を、デカルト（一六五〇年没）を要請してもなお、祝祭空間としてのルネサンスの異常な熱気、人類が二度と経験できないであろう芸術的創造性の途方もない群発、錬金術と占星術に代表される神秘的なネオプラトニズムの充満は終わっていない。デカルト的理性の力は、まだまだ弱かった。

「バロック」という言葉が通念になって、正統ルネサンスとも言うべき時代は一六世紀で終わってしまい、一七世紀から新規にバロックの芸術時代が幕を開けた、との思考が習癖になってしまっているが、そんな単純なことはありえない。正統ルネサンスの最盛期が一六世紀のレオナルド、ミケランジェロ、ラファエロの三巨人によって絶頂を形成することは確かだが、バロックもまた創造的非理性のプラトーとして、なおルネサンスだ。

絵画に限って見れば特に明瞭だが、もちろん芸術上の変質はある。瞬間を捉えて動きの誇張や劇的激しさを、人間の姿の一瞬の不均衡とはかなさをバロックは描く。だが、ニコラ・プッサン（一五九四―一六六五年）に典型的に見られるように、バロックは正統古典主義とも言うべき正統ルネサンスに急転してしまう。これは奇妙なことだ。それゆえ、問題は「ルネサンス」という呼称の妥当性に関するものではなく、人為でも自然でもいかんともしがたい創造的非理性の「うねり」がヨーロッパを襲い、デカルトもプッサンも、その「うねり」の上で揺れながら立っていたという事実を知ることだ。そう言いたければ、デカルトはバロックの自然学者なのだ。あまり発見的な表現ではないから、こういう形容詞は使われないだけである。

人間と宇宙の存在の不安定性とバロック的はかなさが問題なら、今ここで「うねっている何か」を、無意識と言い、非理性と言い、夢幻冥界と言い、創造するエスと言う、と換言しても、もはや拙速ではない。人類は、確かにルネサンスという名の巨大なエスの奔流を経験してきた。そして、この「うねり」が巨大すぎるから、さまざまな形容詞で分画する試みが反復された。

デカルトとの関連で言うなら、その息子の世代に属するブレーズ・パスカル(一六二三―六二年)は、二〇年間くらいデカルトと同じ時代の空気を呼吸していたわけで、デカルト哲学の不気味なはかなさと不安定性を感じ取っていた。『パンセ』にある多くの露骨なデカルト非難から少し引用しておく。

(七七)私はデカルトを許せない。彼はその全哲学のなかで、できることなら神なしですませたいものだと、きっと思っただろう。しかし、彼は、世界を動きださせるために、神に一つ爪弾《つまはじ》きをさせないわけにいかなかった。それからさきは、もう神に用がないのだ。

(七八)無益で不確実なデカルト。(パスカル 一九六六、九九頁)

パスカルはデカルトに、敬虔さが皆無の傲慢無礼な鈍感さ、脆《もろ》さを見た。「神」を少しだけ利用する点で、デカルトは無神論者よりもひどい卑劣漢だと思われた。実際、パスカルにとって、デカルトのコギトなど、「神」の前では夢想家の寝言にすぎない。パスカルは人間の真下から噴き上げてきて人間に襲いかかり続ける非理性の威力について恐ろしいほど敏感である。

（四一四）人間は、もし気が違っていないとしたら、別の違い方で気が違っていることになりかねないほどに、必然的に気が違っているものである。（同書、二二三頁）

人間においては、一切合切が狂っている。もちろん、コギトも例外ではありえない。エラスムスが書いた「痴愚女神」の哄笑が、ここでも響きわたっている。「狂気あるいは非理性」は、実のところ人間の別称なのであって、理性と狂気（非理性）はメビウスの輪の両面のように際限なく交替し続けるだけであり、結局は非理性以外は何もない。パスカルはこう言う。コギトもまた、何らかの形で、いつも必ず「気が違っている」。コギトは確かに奇怪なる「デカルトの夢」から生まれたのであり、神から授かった理性から生まれ出たのではない。

パスカルと同じ地点に立って、ミシェル・フーコーはコギト

パスカル

の脆さ、危うさを指摘している。

> ニーチェとフロイト以来、現代人は自己の奥底にあらゆる真理を否認する地点を見出しており、現に自己自身について知っている事柄のなかに、非理性の威嚇がおこなわれる脆さのしるしを読むことができるのであるが、反対に、十七世紀の人間は自分の思考の、それじたいへの無媒介的現存のなかに、根本的なかたちでの理性が表明されるという確実性を発見していた。とはいえ、そのことは、古典主義時代の人間が、われわれ自身がそうでありうる以上に、真理の経験にあたって非理性から遠ざかっていたという意味ではない。なるほど〈われ考う《コギト》〉は絶対的な出発点ではあるけれども、忘れてならない点は、悪しき霊が〈われ考う〉に先立っていることである。〔…〕神と人間とのあいだで、悪しき霊は一つの絶対的な意味をもっている。すなわち厳密な意味で、非理性の可能性であり非理性の力の総体なのである。〔…〕独自の拡がりを狂気にとりもどさせるために、非理性という自由な地平のうえに狂気をふたたび位置づけることが必要である。(フーコー 一九七五、一八二頁。傍点は渡辺)

フーコーのこの文章は、非常に重要であり、かつまた非常に難しい。

まず「古典主義時代」という言葉。これは、古代ギリシア・ローマの文化にストレートに回帰して、その文芸を復興させようとした正統ルネサンスの時代あるいはその運動と解すべきである。フランス絵画史では、(ラファエロから) プッサンに至る系譜を「フランス古典主義」と名づけ、一七世紀芸術を秩序づけ、さらにこの流れを一八世紀後半に活気づく新古典主義までつなげる。それゆえ、フーコーも、ルネサンス以降、特にバロック的ルネサンス期のあとの時代を「古典主義時代」と呼ぶことがあるようだ。しかし、繰り返すが、ここでは「古典主義時代＝正統かつ最盛期のルネサンス時代」と読まないと意味が不明になる。フーコーには、半ば意図的に概念を曖昧にぼかし、二重化して、新たな地平を拓くような文章が散見される。

「理性」と「非理性」と「狂気」と「悪しき霊」の相互関係も冷静に読み解かねばならない。狂気は二重の意味で非理性と異なるとされる。まず、狂気はその動物性において、圧倒的に錯乱せる裸形の獣的生命体という意味において、非理性とは異質である。動物性の示す狂乱と躁乱は時に異様な神秘性を帯びるが、非理性にはもともと動物性も異様な神秘性もない。狂気が非理性から析出する分岐点は、ルネサンス時代（＝ここでは古典主義時代とほぼ同じ）に至るまで『痴愚神礼讃』の世界に生きていた千差万別の非理性的な道化者たちや犯罪者たちが今や皆と笑い合うのを禁止され、監禁され、徹底した監視のもとに置かれて、「監禁された獣たち」の特性＝狂気特性を刻され、凝固してしまう点に存した。はじめの狂気は自然的に生まれ、二番目の狂気は人為的に制作される。フーコーが言いたい非理性は、実は「無意識＝夢」のことであり、〈エス〉のことであり、「（呪わしいほどに）自由な地平」のことなのである。「悪しき霊」とは、ここでは最深・最大の非理性あるいは「夢とエス」の総体の換言だと考えていい。

だが、文脈に応じて際限なく意味を変更していく概念群の揺動は危険なものだ。この多義性を意図的に駆使して読者の思考連合域を拡大せんとする策略が、フーコーにはあるのかもしれない。コギトは「悪しき霊」という巨大な「うねり」に揺られて、大海原で嵐に襲われた小舟のように翻弄されている。パスカルもこれと同じ感覚をもって、コギト論を嫌悪した。

デカルトは常人の理解を超越した強靱な理性（合理的思考力）を鍛え上げた稀有の人物である。しかし、非理性の渦巻きに呑み込まれなかったデカルトは、たまたま幸運だっただけであり、いかに強靱無比かつ明晰な理性であっても、パスカルの言うとおり、非理性に呑み込まれうる。

## ニュートンと魔術的理性

創造的な奇人デカルトを真下から戦慄させている非理性の威力、「悪しき霊」の力は特別に強大であり、非理性の執拗さが痛感される。以下、有名な経済学者ジョン・ケインズ（一八八三―一九四六年）による評伝、科学思想史家・島尾永康（一九二〇―二〇一五年）、精神病理学者・飯田真（一九三二―二〇一三年）らの研究に依拠して、アイザック・ニュートンなる名を付与されたコギトを考えていく。

アイザックは、イングランドにピューリタン革命が起こった年のクリスマスの真夜中、ウールスソープという小さな村に生まれた。未熟児で（母親がアイザックに繰り返し話して聞かせたところによると一〇〇〇グラム程度だった）弱々しく、まわりの人たちは長くは生きられまいと思った。首が据わらなかったので頸部に添え木を要した、という話は生々しい。この虚弱未熟児が、八四歳という当時としては例外的な、非常な長寿に恵まれ、歯も死ぬまでに一本しか欠けなかったというから、しかも巨大な「人類の星の時間」を創造して彼以後の人類史を決定づけてしまったのだから、人生というのは不可解だ。なお、父親はアイザックが母親の胎内にいる時に、すでに他界した。後年のニュートン崇拝者は「父親の死後に生まれた男児には超能力がある」という俗信を抱き、クリスマス生まれという事実がそれを強めた。

母親は「驚くべき知性と美徳をそなえた婦人」と美化されていた。ところが、亡くなった父親は「自分の名前も書けず、粗野で、無茶で、意気地なし」と継父に言われたのだから、物心がついてからのアイザックはつらかった。しかも、母親はアイザックが三歳になってすぐにこの継父と再婚し、アイザックを母方の祖母に預けて去ってしまった。あっというまに父と母を失ったのである。アイザックが憎悪の念を向けた継父が死んだあと、継父とのあいだにもうけた三人の子供を連れて母親がウールスソープに戻ってきたのが、アイザック一四歳の時。神経質で孤独癖があり、小柄だったアイザックは、危険な思春期のさなかに、愛憎こもる実母から傷口に塩を塗られるような仕打ちをされたわけだ。ニュートンが終生にわたって極度に猜疑的だったのは、当然の帰結であった。

ニュートン

実際、大学一年生だった一九歳頃、ニュートンは「強い宗教的自覚を体験し」、それまでの生涯の「四九箇条」の罪を懺悔する速記体の告白をしている。その中に「スミスの父と母を殺し、その家を焼いてしまうと脅し、誰かが死ねばよいと思った」という箇条がある。これも、継父の悪意ある亡父誹謗、実母の悪意なき残酷を知るなら、了解可能な心意である。了解可能だが、無問題ではない。アイザックという名のコギトを「悪しき霊」が真下から震撼させ始めた。このとき、「悪しき霊」は破壊衝動あるいは死の欲動というエス固有のおぞましさに満たされていた。

一〇代の若いニュートンは、狂人にして殺人者たる悲劇の人ハムレット王子によく似ている。ウィリアム・シェイクスピア(一五六四―一六一六年)が『ハムレット』を完成したのは一六〇〇年だが、後年ニュートンがこの問題作を読んだか否か、その舞台上演を観たか否かは不明である。ここで私がニュートンとハムレットにこだわるのは、精神科医の悪癖ゆえではない。問題は、人類の宇宙像を決定づけたニュートン力学と過度に純化されすぎて異端となったニュートンの一神教、彼のユニテリアニズム信仰との関係にある。一つここで記しておきたいのは、ニュートンの継父が実際に牧師であり、自分の死後の経済遺産贈与ではアイザックを無視したが、ニュートンに約二〇〇冊の神学蔵書と一〇〇〇丁を超える大冊の備忘録を残したこと、そしてニュートンがそれをすべてもらい受けたことである。島尾永康は「これはのちにニュートンのユニテリアニズムを文書づけるのに役立った」(島尾 一九七九、六頁)とはっきり書いている。さらに島尾は、継父が残した備忘録の余白にニュートンが数学のオリジナルな研究を書き記したという事実にも触れている。

『ハムレット』では、実父ハムレット王を毒殺して王位を簒奪した叔父を、王子ハムレットが復讐の果てに殺害する。また、叔父と再婚してしまった母親をも結局は殺害してしまうわけだが、ここには一人の父親が二人に分割されて、善悪二元化される夢幻/解離的神秘性が感じられる。ハムレットにとって、父親は二人であり、一人である。さらに言うなら、冒頭に現れる故ハムレット王の亡霊も独

ドラクロワ《ハムレットとホレイショー》

立してこれに加わって、1＝3となり、まるで悪夢のように複数の父親たちがカオスを作り出し、ハムレット王子を非理性の坩堝《るつぼ》の中に突き落とす。シェイクスピアの天才が夢幻魔術によって読者や観劇者の感性を狂わせる。この非理性の混沌にフロイトは気づいて、それを理解すべくエディプス・コンプレクス論を持ち出すが、フロイトの論の成否はともかく、ニュートンが亡父への愛憎、継父への愛憎、母親への愛憎、という収拾のつかない悪夢のごときダブル・バインドの群れの中で、「三位一体」を否定して異様に純粋に唯一神のみを信仰するユニテリアニズムに救いを求めた経緯はよく分かる。

また、数学・力学・宇宙論・錬金術・神学という連合的／群発的豊饒と多義性の重圧に耐えかねて、これを切り捨て、ユニテリアンとなり、『プリンキピア』（一六八七年）のニュートン力学のみ」を残したかった、とも考えられる。推論はここまでにするが、継父と実母へのダブル・バインド的結合の地獄をアイザックが経験したことは事実である。要するに、ハムレットとニュートンは、ともに父なる神の唯一性をめぐって、のちにダニエル・パウル・シュレーバー法学博士（とフロイト）が身をもって体験することになる夢幻多重の非理性に襲われた。

さて、ロンドンにペストが流行した一六六五年から六七年にかけて、ニュートンはケンブリッジを脱出し、ウールスソープの田舎に戻って難を逃れたが、二二歳から二四歳にかけてのこの時期に、彼はその創造性の大爆発を経験する。つまり、万有引力、力学と光学の法則、微積分学などを一気に発見してしまう。もちろん、意図してできることではない。アイザック・ニュートンという名のコギトが根底から震撼させられる（理性＝理由を超越した）非理性的で巨大な「うねり」が到来したのだ。破壊的な「悪しき霊」ではなかったので、これは「創造的休暇」と言われるが、まさしく非理性的かつ発作群発的な革命性をもっていた。

きっかけは、一六六四年のアイザック・バロー教授（三四歳）とニュートン（二二歳）との出会いであり、バローから孤独な若者に惜しげもなく与えられた学問的かつ精神的な肯定と全人的受容だった。不幸な幼時以来、不安と猜疑と恐怖のまなざしで現実世界を回避してきたニュートンの心は、バローにおいて、信頼できる現実への窓口を見出した。だが、「創造的休暇」に明朗と希望だけを読み取ることはできない。ロンドンを襲ったペスト禍は苛烈なもので、田舎に避難していたニュートンの理性をも「世界終末・世界没落・最後の審判」の雰囲気が呑み込んだ。生存時間の制限に対する実感は、大発見を生んだだけでなく、錬金術と異端神学の研究をも、その絶頂に向けて激化させた。ニュートンの「創造的休暇」は、不気味な終末の暗夜の時、破壊的な非理性の嵐の時、魔的な黙示録の時でもあった。

「創造的休暇」が終わり、そこで直観されたことを実証していかねばならない時期が来るが、そういう時にバローは去って、ニュートンがその跡を襲って教授になった。

一六七二年（三〇歳時）、ニュートンは七歳年上の王立学会実験主任ロバート・フック（一六三五―一七〇三年）から「光と色の新理論」に関して激しく批判されてショックを受け、言動の乱れを呈する。王立学会から自分を除名するよう要請し、今後いっさいの自然科学研究をやめると言って法学者に転向しようとしたり、突然、地理学の講義を始めたり、と奇異な衝動性を示し始めた。「フックの一撃」は、ニュートンの世界を深く破壊した。ニュートンは魔術的な隠遁生活に入り、研究発表やそれへの反論を異常に恐怖するようになる。いつも不機嫌で、人間不信はまた亢進してしまった。言動や人格が変化しただけでなく、一六七五年（三三歳時）から八三年（四一歳時）にかけてニュートンの創造性は明らかに低下した。ほとんど聴く者のいない講義を続けては、「しばしば放心状態に陥った」という。

フックはニュートンにとって二重の存在であった。和解して『プリンキピア』完成のきっかけを作ったかと思うと、ニュートンの全存在を否定してくる、まさに「招きつつ拒むもの」であった。フック体験は幼い頃の継父と実母のダブル・バインド的態度の反復だった。フックは肯定と否定を同時に突きつけてくる、『プリンキピア』完成への厄介な刺激者だった。他方、ハレー彗星で有名なエドモンド・ハレー（一六五六―一七四二年）は、高度の知性と誠実でニュートンを支える一四歳年下の若い俊才で、ハレー青年の純粋な好意と支持の出現によって、破裂／発狂（ラプトゥス）寸前に陥っていたニュートンは息を吹き返す。一六八四年のハレーとの対話から創造性が猛然と噴き出し、この対話からわずか一年後に『プリンキピア』は完成した（四三歳時。公刊は一六八七年）。ニュートン力学の正式の誕生である。彼は「空虚な空間に重力を行き渡らせることで物理学と天文学を、運動する物体についての一個の科学に統一し、ピュタゴラス、コペルニクス、ケプラー、ガリレオ、そのあいだにいた無数の人びとの夢を実現した」（クリスティアンソン 二〇〇九、一二七頁）。

だが、ニュートンのコギトを震撼させる「悪しき霊」のうごめきはやまない。一六八九年、昔はその死を願った最愛の母親が死亡。アイザックは最後まで献身的な看護をした。一六七三年頃の「フックの一撃」による困惑、不穏、科学研究への無関心が再燃する。ニュートンのために尽力した友人たち（哲学者ジョン・ロックや政治家チャールズ・モンタギュー）を迫害者とみなし、無礼千万な攻撃に出たりする。飯田真は、ここではっきりと「妄想型の精神病にかかったことは疑いのない事実」としているが、飯田は、実は一六七三年頃（「フックの一撃」の一年後）に始まった心的変調において、すでに統合失調症性の破綻を考えていた。飯田は以下のように書いている。

> 昔からニュートンの精神錯乱の原因として、火事のため彼の研究成果が失われたことがあげられている。しかしこれは病気の原因というより病気の結果ではなかろうか。ふつう分裂病の急性期には錯乱状態のため身に覚えのない火事——実は錯乱による不注意のためなのだが——が起こったりするものである。それがまた彼のパニックを強める。火事のあと、彼は気を失っているところを発見され、その後一ヵ月月間正気をとり戻さなかったことが、同時代のケンブリッジ大学人の日記や書簡に記されている。火事の直前からの緊張病性昏迷状態が続いたと考えるのが最も妥当であろう。（飯田・中井 一九七二、四〇頁。傍点は渡辺）

この見解は正しいだろう。ケインズによれば、この精神病が約二年間続いてから回復したニュートンは一七世紀の魔術者から一八世紀の理性時代の君主という伝説的人物に変貌をとげた（ケインズ 一九五九、三二七頁）。ニュートンは、その後、王立学会総裁となり、最高の地位と名誉の中で八四年の生涯を閉じるが、特に二年間の病気の中で「一ヵ月間、緊張病性昏迷状態が続いた」という記録が重視される。生涯の長きにわたって続けられた錬金術と異端神学研究への異様な没頭は、そのまま、妄想者を夢幻者にまで変貌させるニュートンの「熱情的恍惚」（カールバウム）を示唆するが、三世紀前に死んだ人物に精神医学は確実な診断は下せない。ただ、人類が大昔から知っている妄想者と夢幻者の問題なら、ここでも考えうる。ニュートンは、動揺を示したにせよ、基本的には夢幻者であった。「内面の祝祭」（飯田真）に陶然と浸る癖は幼児期からのものであり、錬金術や聖書の異端神学的解読への没頭、『ダニエル書』や『ヨハネの黙示録』への常軌を逸したこだわりに見られる神秘的終末の予感、確固たるユニテリアニズム信仰から伝わってくるイデア的「一者」に発する万物湧出（唯一神による万物創造）の雰囲気――これらはニュートンに固有のもので、ネオプラトニズムの影響が感知される。これらは神秘的夢幻性への絶対的な帰依を物語っているのだ。ニュートンのコギトを震撼せしめ続けた「悪しき霊」は、やはり夢幻的非理性の暴発、エスの顕現であった。

ニュートンにおいて、非理性は錯乱狂気にまで至りうる。それは妄想ではなく、夢と霊感に支配された夢幻症であり、獣性と神性によって決定づけられた非理性である。なるほど、ニュートンについて、「妄想、妄想性精神病、パラノイア」などの言葉が時に飛び交う。これは、対人関係妄想病が一過性には出ているゆえ誤謬ではないが、不適切だ。アイザック・ニュートンという名を与えられた生命ないしコギトは、むしろ夢幻症、夢幻性精神病、あるいは緊張病などの原始原生的で深い病理に親和的である。ニュートンは、知覚相即（外界近接）的なリアリストではなく、夢幻親和的・昏迷親和的な夢遊病者だろう。ニュートンは、デカルトよりもケプラーに似た気質ないし体質をもっていた。

第2章

# 非理性の噴出

18世紀

## 1　スウェーデンボルグ問題

スウェーデン生まれのキリスト教の大神秘家エマヌエル・スウェーデンボルグ（一六八八―一七七二年）。自然科学系の教授として活躍し、第一級の地位を占めていたこの人物の生涯が大転回したのは一七四三年（五五歳時）、ニュートンがロンドンで没してから一六年後のことである。それまでの思考と著述に一貫して見られた自然科学的精神に、彼はもはや興味すら感じない。その後の厖大な著述は、接神術的、神秘宗教的、超感覚的、心霊主義的内容で満たされる。

スウェーデンボルグは「一七四三年から一七四四年にかけて」と明記された『夢日記』を書いた頃から超能力者に固有の体験をし始め、独自の宗教書を書くようになった。一七四五年、彼はすべての官職からの解職を願い出た。後年、自叙伝的に言う。

主は僕《しもべ》なる予の前に現われ給い、予の魂を精神的世界に開き給うた。かくて主は現在に至るまで、予に精霊及び天使と交流し得る能力を与え給うた。それ以来予は予の洞見し、また予に啓示された多くの秘密を印刷せしめた。とりわけ至福と智慧とのために最高の価値あることがら、すなわち天国と地獄について、人類の死後の状態について、言葉及びその霊的な意味について……。（ヤスパース 一九七四、一三二―一三三頁）

宗教的に整えられた厖大な神秘書をここで再録し、解読するのは不可能である。むしろ、生々しい神秘体験の萌芽のいっさいが書かれている『夢日記』の中から、一七四四年の復活祭の時にスウェーデンボルグを襲った異様な夢体験記述を、断片的にではあるが引用しておくべきだろう。この頃の彼の夢に関する日記文は、いろいろと教示的である。

〔復活祭が始まった四月五日から六日にかけて見られた夢の一部分〕私の心と体に中《〔ママ〕》に表現できない至福のような意識もあり、それで、もし高い段階にとどまったなら、体はわずかな至福の中ですら溶けてしまうかのようだった。これは復活祭の日曜日と復活祭の月曜日の間の夜のことだった。また復活祭の月曜日、一日中。（スヴェーデンボリ 二〇一一、二四頁）

スウェーデンボルグ

それから眠りに就く、夜のおよそ十二時か一時または二時、多くの風が吹き付け合うような雷の音を伴い、頭から足まで強い震えが襲ってきた。揺すられる。それは表現できないものであり、そして顔からうつ伏せにさせられた。私がうつ伏せにさせられた時、まさにその瞬間すっかり目覚め、投げ出され

ているのを見た。（同書、二五頁）

「夢」の内容は、明らかに広義のキリスト教神秘主義に属する。だが、スウェーデンボルグ自身がしばしば記しているように、彼の「夢」は質的に通常の夢とは異なる。そもそも、これほど多くの夢を一晩のうちに見ること自体が常軌を逸している。彼には通常の意味での睡眠も覚醒も到来しなくなったのだ。

そして、「天界の恍惚状態、至福の中で溶けてしまう、頭から下がって全身に広がる強い震え」というような反復記述される神秘体験が、特に注目に値する。これらのスウェーデンボルグの超常体験は、一世紀のちの時代になって北欧ケーニヒスベルク近郊で仕事をしていた精神科医カールバウムが『緊張病』の中で「熱情的恍惚（エクスタシー）」と「全身の多様な痙攣的諸現象」の結合を明快に記述した業績に（非‐医学的にもせよ）先立つ。また、カールバウムに前後して現れた二人の夢幻的非理性人の作品たち、悲劇的夢幻家ジェラール・ド・ネルヴァルの『オーレリア』（一八五五年）その他の不気味な作品、およびドレスデンの裁判官であったダニエル・パウル・シュレーバーが書き残した『ある神経病者の回想録』（一九〇三年）における「神の神経（神の光線＝始源の言語）」と「至福」などを連想させる。カールバウムとネルヴァルとシュレーバー――この三人の作品については後段で考察する。ここでは、スウェーデンボルグの『夢日記』と酷似した神秘体験が中北部ドイツで、かつて魔女狩りが最も激しかった地域で繰り返し観察されているという事実だけを指摘しておく。睡眠でも覚醒でもなく、通常の夢体験でもない、奇怪な意識変容状態が人類には起こりうる。その変容意識は、理性とも狂気とも言いにくい、「持続性夢幻様体験という非理性状態」なのだ。

さて、スウェーデンボルグは長生きして、一七七二年にロンドンで八四歳の生涯を閉じたが、もちろん神秘家・視霊者・超能力者のままであり、彼の宗教を信じる人々は増えていった。その代表的著書は『天界と地獄』（一七五八年）だろう。偉大なるイマヌエル・カント（一七二四―一八〇四年）は、早くも一七六二年には、この大神秘家に着目し、一七六六年には「視霊者の夢」と題する論文を書いて、霊界体験可能性について、礼節を保ちながらも懐疑的な意見を述べている。カントの主著『純粋理性批判』（一七八一年）刊行より一五年早い論文である。

批判的・懐疑的であったにせよ、カントがスウェーデンボルグの心霊論を無視できなかった、それどころか個人的交流を求めて三六歳年長の霊能者に手紙を書き送った、という経緯が重要である。交流や対話が実現しなかったのは残念だが、カントのこの批判的・懐疑的態度は「物自体」は人間には知りえないという形而上学不可能性の思想にまで通じている。「視霊者の夢」の最後の文章――

カント

> それに人間の理性もわれわれにあの世の秘密をかくしているあの高い雲を、眼前から取り払うことができるほど高揚することはない。〔…〕わたしは本論文をかのヴォルテールがあの誠実なカンディード

に、多くの無駄な学問論争のあと最後に言わせた「われわれはおのれの幸福の心配をしよう。庭に行って働こうではないか」という言葉をもって閉じることにする。（カント 二〇一三、一二八頁）

まだ存命中だったスウェーデンボルグ（七八歳くらいの時）がこの壮年期のカントの論文を読んだか否か、読んだとして、どう読んだのかは分からない。お互いに名前と研究方向くらいは知っていただろうが、中身のある交流は生じなかった。ともかく、カントの言う「物自体」の非常な多義性は、この暗黒の概念が「霊魂／霊界」をも含むという事実にも、よく表れている。

さて、この章の主題はスウェーデンボルグという名の非理性である。カントのスウェーデンボルグ批判がその後どのように展開されていったかを、「理性と実存」の関係を思索した哲学者カール・ヤスパース（一八八三―一九六九年）のスウェーデンボルグ論を参照しつつ考えてみたい。ヤスパースは、一九二一年に『ストリンドベルクとファン・ゴッホ』と題する論文を書き、これを単行本として出版した（さらに増補版を一九二六年に公刊）。

思えば、本書はここに至るまで、理性と非理性の質的差異を明瞭にはしてこなかった。むしろ、エラスムス（＝痴愚女神）とともに、また理性と狂気の無差別（交代・二重・逆転・同質）性を言うパスカルとともに、差異の明瞭化は不可能だとの見地に立っている。これはやがてフロイトの「自我とエス」の奇妙な力動に至る難路だが、では、カントやヤスパースこそが正しいのだ、理性は一世紀ののちに学問知となり、精神医学となり、非理性の荒野を各狂気区域の精神病理学へと開拓し特化しえた、と即断しうるのか。事実、非理性をめぐる包囲網作りという啓蒙的合理性の実践は、ヴォルテール（一六九四—一七七八年）、カントからヤスパースへの道を進んでいる。スウェーデンボルグに興味はもつにせよ、肯定的になれずに「庭に行って働こう」と言うヴォルテール＝カントの要請は、スウェーデンボルグを「精神分裂病」として固定せんとするヤスパースの仕事に結びつく。

スウェーデンボルクを精神分裂病なりとする診断には反対もある。グルーレはそれは可能であるが本当らしくないと述べた。材料が少ないためストリンドベルクの場合程はっきり断言はできないが、私はこの診断を確かだと思う。彼を聖テレサなどのようにヒステリーと考えることもできる。（ヤスパース 一九七四、一四二頁。傍点は渡辺）

ヤスパースにとって、スウェーデンボルグは妄想型統合失調症ないしパラノイア近縁の精神病に罹患した科学者・宗教家であり、真の霊能者ではなかった。だが、一点、気になることが残される。ヨハン・アウグスト・ストリンドベルク（一八四九—一九一二年）とスウェーデンボルグは二人ともヤスパースにとっては大差のない妄想病者ということになるが、ストリンドベルクの妄想の嫉妬・迫害・追跡・被害という主題は世俗的人間関係の欲望に限定されていて、言うならば「対人関係妄想病」という地上の愛憎の臭気に満たされている。これに反し、スウェーデンボルグの体験は、それが尋常ならざる膨大な夢の噴出であるにせよ、その後の異様なまでの神秘体験にせよ、世俗の欲望や他人との闘争という主題を欠いている。要するに、ストリンドベルクが妄想者であるとすれば、スウェーデンボルグは夢幻者なのだ。ここに、ヤスパースより三歳年上の盟友ハンス・グルーレ（一八八〇—一九五八年）がヤスパースの考えに対して抱いた懐疑の深い理由と、それに応じるようなヤスパースの聖テレジアへの言及が生じてくる。

ヤスパースのスウェーデンボルグ妄想者論が変更されるわけではないが、すでに述べたように、パラノイアを極とする妄想者には夢幻様体験が少ない。スウェーデンボルグにおいては、妄想ではなく夢ないし夢幻様体験こそが、パラノイアではなく緊張病《カタトニー》（オネイロフレニア）こそが考えられるべきである。思うに、スウェーデンボルグは緊張病的大神秘家であり、聖テレジアはヒステリー的大神秘家であった。スウェーデンボルグは、ストリンドベルクよりもゴッホやヘルダーリンに近い生命様態変質を呈した夢幻者であり、「熱情的恍惚」（カールバウム）に陶然とした者だった。

しかし、ヤスパースの「スウェーデンボルグ＝統合失調症《シゾフレニー》」説をすでに否定していた精神医学者がいた。ロンドンで活躍していた英国精神医学の泰斗ヘンリー・モーズリー（一八三五—一九一八年）である。モーズリーが独自のスウェーデンボルグ論を公表したのは、ヤスパースの研究より五〇年も早い。モーズリーより七歳年上の（要するに同時代人）カールバウムが『緊張病』を刊行した翌年の一八七五年にモーズリーは『心の病理学（*The Pathology of Mind*）』を刊行し、その中で「スウェーデンボルグの最初の神秘体験は、癲癇《エピレプシー》に引き続いて生じた急性精神病状態の発症によるものであった」との見解を記述していた。あまり知られていないことだが、ゴッホ診断の場合にも生じた酷似の（ヤスパース的な診断への）疑問を根拠づけるモーズリーの見識である。ここでは、松浦雅人の論文「てんかんからみる人物の横顔」に依拠しながら考えたい。

五六歳にもなったスウェーデンボルグが一七四四年四月四日の復活祭前日に二日間部屋に閉じこもって、口から泡を吹き、呂律もまわらず、「神と遭遇した、私は救世主だ」と言い、悪霊に窒息させられそうになった恐怖や幻味、幻嗅、体感幻覚（自分の髪が無数の蛇になった）を示し、見えざる力によって自殺させられるという体験をして興奮状態に陥ったことを、モーズリーはおそらくは『夢日記』と『霊界日記』の解読によって研究調査し、記録にとどめている。また、モーズリーとは別の癲癇研究者は、スウェーデンボルグが急性錯乱で発症したのち、約半年間も「夢うつつ状態（夢遊病状態）」を呈していたことに着目し、ここに癲癇発作後の持続的解離状態（ヒステリー状態）を認めようとした。この種の意見には批判が多いものだが、有名なアヴィラの聖テレジアの生々しい神秘体験やニュートンの長期間にわたる緊張病性昏迷の例などを連想すると、即座には否定できない。こうしてスウェーデンボルグの「夢」体験記を読んだモーズリーから「癲癇／ヒステリー／緊張病」という根源的な生命様態連合の問題がすでにして浮かび上がってきているのは興味深い。なお、モーズリーは、一八九五年に刊行された改訂版『心の病理学』から自身の「スウェーデンボルグ＝癲癇」論を削除した。これは単純な自説撤回ではなく、スウェーデンボルグ信奉者の心情に対する配慮に基づくものであった。

モーズリー

　スウェーデンボルグに関するモーズリーの見識は、この稀有の視霊者について、小児性の空想にまで退行した幻覚性狂気を説いたカントや、その二世紀後に妄想性統合失調症説を論じたヤスパースに比べて、著しく具体的で生気に満ち、意義深い「緊張病」親和性を帯びている。モーズリーの見識は大陸におけるカールバウムの「緊張病」発見をめぐる八年間以上にわたる悪戦苦闘とは無関係に現れた、と考えるのが自然だろう。

イギリスにおいて「癲癇」説と「ヒステリー」説が、ドイツにおいて「統合失調症」説が優勢であった事情は教示的である。そして、モーズリーこそスウェーデンボルグの精神に最も深く踏み込んだ尊敬すべき精神科医だった、彼こそが非理性における「癲癇／ヒステリー／緊張病」という生命様態連合の重要性をカールバウムをも凌ぐ明晰さで論じた先駆的研究者だった、と私は考える。「スウェーデンボルグ＝癲癇」論のすべてがモーズリーの独創だとは言うまい。世界の癲癇研究を一変させたロンドンのジョン・ヒューリングス・ジャクソン（一八三五―一九一一年）はモーズリーと同い年の偉大な精神科医だが、モーズリーがスウェーデンボルグ論を含む著書を刊行したのと同じ一八七五年に「癲癇発作後の一過性の精神障害について」なる研究論文を公表していた。ジャクソンの独創は「癲癇」研究から「陽性症状」（幻覚妄想状態の意）と「陰性症状」（精神的エネルギー・ポテンシャル低下の意）という精神疾患の層次構造論に進み、結果的に「緊張病」まで説明しえた点に存する。「癲癇」は神経系の原始原生状態への解体／退化に基づくが、ここには当然、夢幻状態も含まれる。ロンドンでのジャクソンの研究が同市内のモーズリーに影響を与えた可能性は否定できない。しかし、ことスウェーデンボルグ問題に関するかぎり、モーズリーの臨床経験、思索力、宗教的誠実は、やはり群を抜いている。

それゆえ、本書で繰り返し問題提示される「癲癇／ヒステリー／緊張病（＝エス）」なる生命様態（特殊人間学的な生命の根源的特質）論に疑義が生じた場合には、モーズリーの「スウェーデンボルグ＝癲癇」論の豊饒に何度でも戻って再考すべきだと思われる。モーズリーは精神科医のあいだでも忘却の彼方に去ってしまった人物なので、あえてこの点を強調したい。

## 2　無意識の発見――メスメルとピュイゼギュールをめぐる人々

カントが四二歳で「視霊者の夢」を発表したとき、スウェーデンボルグはなお健在ながら、七八歳の高齢になっていた。一八世紀後半は、心霊現象に興味をもち、神秘家という存在に共感する人々が大勢いた時代である。カント自身、スウェーデンボルグにまつわる世間の評判を引き写す形で「奇妙な人物、少なからぬ信者がいる反面、世間では狂者とも噂され、懐疑の目で見られている。すべての視霊者の中で最大の視霊者、すべての夢想家の中で最大の夢想家」とみなしている。

スピリチュアルな雰囲気に満ちたこういう時代に、フランツ・アントン・メスメル（一七三四―一八一五年）は生まれた。カントよりも一〇年遅く、ゲーテよりも一五年早く生まれた。この時代、特に一七六〇年頃は、イギリスで産業革命が始まり、同時に異端審問、拷問、火刑がなお行われ、跋魔《ばつま》術《じゅつ》が歓迎される、何とも騒々しく猥雑な雰囲気に満ちていた。実際、「最後の魔女処刑」が執行されたのは、こういう混乱のさなかの一七八二年（スイス）のことである。

メスメル

メスメルは、領主の御猟場の番人の息子として生まれ、イエズス会神学校を経て、一七六〇年にウィーン大学医学部に入学、一七六七年（三三歳時）に医師資格を得た。ウィーン大学は皇帝マリア・テレジアの改革により、オランダの方式を採用し、オカルト医学を禁止していたというから、医学はなお（皇帝があえて禁止令を出さなければならないほど）魔術のほうに怪しげに揺れていた。メスメルは医師になった翌年の一七六八年に富豪貴族で年上の寡婦と結婚し、ウィーンにて開業。「金はないが野心だけはある」若者は、当時よくこうした結婚を出世の足がかりにした。患者は富裕の有名人たちであり、メスメルの妻名義の大邸宅（二〇世紀前半まで現存していた）には、父レオポルトに連れられたモーツァルト少年やハイドンといった音楽家たち、社交界の大物たちが参集していた。

モーツァルトの父親レオポルトの証言が残っている（モーツァルト自身はまだ一一歳か一二歳の子供だった。もちろんすでに神童であり、主賓的な注目の的であった）。「庭は比較するもののない素晴らしさで、見事な並木道がいくつもあり、立派な彫像がこれまたいくつもあり、劇場が一つ、鳥小屋と鳩小屋が各々一つ、いちばんの高みには、見晴らしの小阿《あずまや》がある」（エレンベルガー 一九八〇、(上)六七頁）。メスメルとモーツァルト、互いに挨拶くらいはしただろうが、何とも奇妙な出会いである。互いに影響し合うことはなかったろう。

メスメルを有名にし、かつ力動精神医学史的に重要な存在にしたのは、一七七五年（メスメル四一歳時）に起こった、大変高名なエクソシストであるガスナー神父（四八歳）との対決だった。

ヨハン・ヨーゼフ・ガスナー（一七二七―七九年）とは何者であったか。少し触れておく。彼はオーストリアの寒村に生まれ、一七五〇年にカトリック教会に入って、一七五八年からは神父になった。ところが、自身が不可解な病状（信仰的行為をするとひどくなる）に苦しむようになり、一七七四年頃には自己克服を経てエクソシストとして有名になる。一七七五年になると、すでに動物磁気治療を行って病人を治療して有名になっていた医師メスメルと対決することになる。ガスナーは今でこそ忘却されたが、当時は奇跡を起こして病人を救う超人のごとく尊敬されていた。この奇跡のエクソシスト神父は、カトリック、プロテスタントを問わず、両陣営の神学者や聖職者、医師や貴族、そして富裕層の市民の熱烈な尊崇の念を集めていた。ガスナーの跋魔術に関しては多くの公式文書と目撃者の証言記録が残されているが、以下はその一例に関する要約である。

ガスナー

初めに呼ばれた患者は尼僧二人で、痙攣発作のために修道院から追放されていた。ガスナーは第一の尼僧に自分の前に跪くように命じ、名前と病気を手短かに問うて「自分が命令を下すことが、そのとおり起っても、それでよいか」と念を押した。尼僧が「よろしゅうございます」と頷いたので神父はラテン語で厳かにこう言った。「もしこの病いが自然以外によるところあらば余はイエスの名において命じる。直ちに正体を現わせ。」患者は直ちに痙攣し始めた。ガスナーにいわせれば、これこそ痙攣が悪霊の手によるもので、自然的な病いが原因でない証拠であった。そこで彼は自分の力が悪魔に打ち克てることを証明する段階に進み、悪魔にラテン語で患者の体のあちこちに痙攣を起すよう命じた。また、次々に悲歎に暮れる人、馬鹿者、疑り深そうな人、腹を立てている人などにそっくりの姿をやらせ、終いには死人そっくりの姿までとらせた。ガスナーの命令はすべて全くそのとおりに実行された。悪魔がひとたびここまで調教されてしまえば悪魔の追放はもう比較的簡単だろうと論理的にも思われようし、実際もそのとおりで、ガスナーはここで悪魔を退散させた。ガスナーは次に二番目の尼僧も同一の方法で治療した。(同書、(上)六二頁)

ガスナーの名声は沸騰し、患者たちの狂乱と騒乱、神学上の論争が狂ったように吹き荒れた。多数のパンフレットが、ドイツ、オーストリアで、そして、フランスでも出版され、賛否両論の大騒ぎになった。

どうしてこんなものすごい熱狂が起こったのか。それは一七七五年当時のヨーロッパの状況を見れば分かる。フランスやイギリスは国家統一を成し遂げつつあったが、ドイツは名ばかりの神聖ローマ帝国の下に三〇〇以上もの諸邦に分割され、収拾がつかなくなっていた。オーストリア皇帝はオーストリア以外に一ダース以上もの従属国を支配して、きらびやかな宮廷の所在地ウィーンは第一級の芸術や学問の中心地となったが、硬直した社会階級世襲制度で国の隅々まで自縄自縛になっていて、カトリック教会が中流下層階級をがっしりと掌握していた。他方で「理性」至上主義とも言うべき啓蒙思想が勃興し始めていて、国王や皇帝は「啓蒙的専制主義」を採用した。加えて、ここに「魔女狩り・魔女裁判」が併存している、というありさまだった。一七七三年のイエズス会廃止は、こういう混乱を収拾するための生け贄であった。そして、最後の犠牲となった「魔女」は、一七八二年にスイスで処刑された。こういう時代背景の中で、ガスナーに対する反発は非常に大きくなった。堕ちた異端のエクソシスト、つまり「魔女」のような神父ガスナー、というわけだ。

一七七五年六月には「ガスナー異端審問」に近いものが行われ、ガスナーの活動に制限が加えられた。バイエルン選帝侯も、このような「審問」の必要を感じ、「動物磁気」という「新原理の発見者」と称するメスメル博士を招聘した。時あたかもバイエルンの一神父は痙攣病にかかっていたが、メスメルは指一本でその神父の痙攣を出したり、ひっこめたりしてみせ、また、廷臣と学士院会員の前で癲癇患者に痙攣発作を引き起こしてみせた。メスメルは「私は動物磁気によって患者を治すことができる」と公言し、さらに「ガスナーは決してハッタリ屋ではなく、ただそれと知らずに動物磁気で患者を治していただけだ」と言った。ガスナーはメスメルへの反論を許されず、沈黙するのみ。一七七九年に享年五二で死去した。

ガスナーの敗北は、社会が受け入れうる方法では彼が患者を治せなかったことによる。ガスナーの人格の高潔は、記録を読んでいて伝わってくる。人格的にも、宗教的にも、メスメルを凌ぐ人物だった。理性至上の啓蒙主義という時流にうまく乗ったメスメルは、敬虔な跋魔術師を葬った。「最も高名な跋魔術師」と墓碑に刻まれたガスナーに対する民衆の悪意すら感じられるエピソードである。歴史は残酷なもので、メスメルの言う「動物磁気」も、その「理性」的論理づけなどうまくいかず、これがフロイトによって「エス」と発見的に名づけられるまで、なお一世紀以上の多くの努力がなされ、辛辣なメスメル批判も起こってくることになる。

メスメルが発見した何かの意味をはっきりさせたのは、メスメルの最も忠実な弟子であったアマン＝マリー＝ジャック・ド・シャストネ・ド・ピュイゼギュール侯爵（一七五一—一八二五年）である。メスメルの動物磁気術は、この優れた弟子によって、師が考えていた方向性を一変させることになった。この侯爵は、メスメルの一七歳年少。ピュイゼギュール家三兄弟は、フランス屈指の名門貴族の家に生まれ、家系的に慈善事業に熱心な一家で、三人ともメスメルに学んでいる。後年になってのことだが、ノーベル賞を受賞した、ある生理学者は「『ピュイゼギュールの名はメスメルの名と同列に置かるべきである。……メスメルが磁気術に手を染めた人であることは間違いないが真の開祖ではない』し、さらに「もしもピュイゼギュールという人が存在しなかったならば磁気術は短命に終わり、ただ磁気桶《バケー》を中心に置いた心霊現象の流行が一時あったなあ、という記憶が残っただけだったろう」」（同書、上八一頁。傍点はエレンベルガー）と述べている。

メスメルはピュイゼギュールの術式とその効果、さらには世間の評判を知って非常に不機嫌になったというが、ピュイゼギュールはさらに、重症の精神病とは「夢遊病性精神歪曲（distorsion somnambulique）」の一型ではないか、という仮説を立てた。一連の出来事は、一七八九年のフランス革命勃発のあと、およそ二〇年間に起こった。一八一五年にメスメルが死に、一八二五年にピュイゼギュールが死んで、二人の名は忘却され、「メスメル」が人名であることすら知らない若い時代に入って、「メスメル化する＝磁化すること」のみが拡散していった。にもかかわらず、メスメルが今日言う神経症や精神病の背後に非‐身体性の「磁気」を見出し、ピュイゼギュールが師の見出した磁気において、暗示や催眠の作用を、さらには今日言う転移や逆転移の無意識的力動をすでにして感知していた見識は驚異的である。

ピュイゼギュールの言う「夢遊病性精神歪曲」は、その臨床記述を見ると、「重症（破瓜）緊張病」性の精神病以外の何ものでもない。「名をアレクサンドル・エベールという、時折り見た目にも怖ろしい錯乱憤怒に襲われていた十二歳の少年の治療を企てた。侯爵は六ヶ月間をその子と過した。実に昼夜を問わず少年のそばを離れなかったのである。これは後世における重症精神病への精神療法の試みを先取りする行為であった」（同書、㊤八五頁）と書かれている。かすかな記述からでも、この少年が「ヒステリー的」というよりも、重度の「解体型兼緊張型統合失調症」に近いことが分かる。そして、この重症例でも、妄想ではなく夢（夢遊病）が問題とされているのは興味深い。

ピュイゼギュール

メスメルの死から一三年、ピュイゼギュールの死後わずか三年の一八二八年、北欧にカールバウムが生まれている。メスメリスムによる社会的騒乱は、決して大昔の話ではない。

ここまで主にアンリ・エレンベルガー（一九〇五―九三年）に沿ってメスメルの流れを略記してきたが、「力動精神医学」と一線を画しているジルボーグはメスメルという一風変わった人物をどう描いているか。要約的に引用しておきたい。

〔四四歳のメスメルは、三三歳の〕ピネルよりは未熟でずっと落着きがなく、はるかに烈しく、攻撃的で気まぐれで空想的であった。同年にヴォルテール〔一六九四―一七七八年〕が死去したという事実は象徴的な〔意味ある偶然の〕一致であったようにみえる。ヴォルテール時代のパリの鋭い合理主義と啓蒙された懐疑主義はヴォルテールと共に墓の中にはいってしまったようであった。〔…〕

メスメル〔…〕は騒々しくパリに入りこんだ。彼がそこへやって来たのはいくぶんいやいやながらであった。彼はウィーンで「動物磁気」"Magnétisme animal"を発見し、その当初においてこの発見の優先権につき、真摯な物理学者であるジェズイット派の神父〔マクシミリアン・〕ヘル Hell と言い争いを始めた。メスメルは自分が傷つけられたと感じた。傷つけられたと感ずると、メスメルはきまって攻撃に出た。攻撃するときには公平でもなく、親切でもなく、分別もなく、真実でもなかった。すべてをはなばなしく、かなり無礼な猛烈さでやってのけた。（ジルボーグ 一九五八、二四六―二四七頁）

ピネルは一七八四年十一月二十七日にデフォンテーヌに宛てて次のように書いている。「マグネティズムについて一言話そう。〔…〕この種のマニーはただ一味の人々の努力によって流行になったのだが、政府はこれについて民衆が啓蒙されることをずっと前から望んでいた。〔…〕」

ピネルはここで上機嫌になっているが、これが彼の見通しをいくぶん歪めた。彼の死後四半世紀経った頃、即ちデフォンテーヌ宛の手紙より四十年以上も後に、ヨーロッパはまだ動物磁気に関心を持〔っていた〕〔…〕。メスメルはピネルより十一年前に死んだ。ピネルは死ぬときまでサルペトリエールの院長をつとめ、これを改革して人情味あるものにしたのであったが、この同じ病院においてジャン・マルタン・シャルコー Jean Martin Charcot〔一八二五―九三年〕は催眠術 hypnotisme の研究を始めたのであった。これはメスメリズムから直接生まれ出たもので、シャルコーがこの研究を始めたのは、ピネルが手紙の中で冗談を言ったり、メスメルやデロン博士が芝居の中でこっけいな埋葬をされてから九十四年後のことである。(同書、二四九―二五〇頁)

アントン・メスメルとフィリップ・ピネル――ジルボーグは、この二人を比較しつつ、よく見ている。下品な卑劣漢とフランス革命精神をそなえた最も上品な部類の貴族との対照と、その皮肉な結果をジルボーグは書いている。ジルボーグはメスメルに対する嫌悪と侮蔑感を隠そうともしない。だが、力動精神医学史を考えるエレンベルガーのほうは、それほど強くはメスメルの人格的欠陥を指摘しない。そして、「理性／非理性（意識／無意識、自我／エス）」の祝祭的世界を駆動させたのは、人道主義者ピネルではなく、下品で卑怯なメスメルだった。ジルボーグは不快感を抑えつつメスメルのすごさを肯定した。エレンベルガーはメスメルの人格攻撃などせず、彼の創造的非理性を指摘したが、嫌悪感を隠さないままメスメルに多大の関心と頁を割かざるをえなかったジルボーグのほうが、歴史家として人物発見的であった。メスメルという人物は、彼をめぐる人たちの特徴を映し出す鏡のようでもある。

メスメルという鏡に誰がどう映ったか、瞥見しておく。時期的には一七九〇年から一八二〇年頃にかけて、といちおうは限定しておくが、心霊術など超常現象一般への波及効果を含めると、実は一八五〇年くらいまで、メスメリスムの異様な影響は及んでいた。

ヨハン・ヴォルフガング・フォン・ゲーテ（一七四九―一八三二年）は四〇歳過ぎの壮年期にあったが、まったく懐疑的で、メスメリスムを一顧だにしなかった。これはこれで卓見であるが、個人的体験（例えばメスメルの傲岸無礼な人格を知ったとか）でもあったのだろうか。感受性的には神秘性に親和的でもあったはずだが、ゲーテに固有のリアリズムと美意識は強靭だった。ゲーテは悪しき（極端な）ロマン主義には遠い人だった。例えば、ゲーテ自身とロマン主義については、その逆説的な関係が次のようにも言われる。「シューベルトやベートーベンのように、ゲーテの心にもっとも近く、熱いあこがれを捧げていた作曲家たちに対して、ゲーテが無関心であったことも、偉大なもの、美しいものに心を開いていた人として、おどろくべきことです。ロマン派の音楽家たちに対する、この、あきらかな嫌悪は、ロマン派の詩人たちを家にも寄せつけず、心のドアもとざした気持ちと、同じ根を持っています。このワイマール風の慎重さという貝ガラの中へゲーテを閉じ込めた感情は、平たく言えば、恐怖でした」（ブリオン 二〇〇四、四二頁）。

これほどまでに自身の内なるロマン的感性を恐れていたゲーテが、多少とも超常神秘的でオカルト的なメスメルの思想と行動を嫌悪し、黙殺したのは当然だった。とはいえ、このゲーテは七二歳になって一九歳の美少女に激しく恋をし、求婚して追い返され、ロマン的詩の絶品「マリエンバートの悲歌」を謳った。美的品格の高さは当然別格だが、非理性（非常識、非日常）の強度自体もまた、ゲーテのほうがメスメルより高かっただろう。

フリードリヒ・ヴィルヘルム・ヨーゼフ・フォン・シェリング（一七七五―一八五四年）（ガスナーとメスメルの決闘の年に生まれたのだから、だいぶ後年の人だ）は、メスメル言うところの磁気夢遊病を「人間と世界霊魂（Weltseele）の結合を樹立する手段」あるいは「実験形而上学の基礎となる方法」として称揚した。シェリングの思想は他のドイツ観念論的哲学者たちの思想とは併記できない特異なもので、それゆえ危険とも魅惑的とも感じられる。宇宙はいっさいの部分が他のすべての部分と相互に共感（Sympathie）し合って相互牽引的に連合をなしているとみなすシェリングにとって、メスメルとピュイゼギュールの動物磁気理論と実践は無視できないものだった。シェリングとその継承者たちは、この宇宙的な相互牽引力としての動物磁気は具体的には「極性」を帯びているがゆえに引き合う、「雄と雌、昼と夜、覚醒と睡眠、光と重力などが極性をもって引き合っている」と考えた。シェリングの影響下にあった、ある生理学者は「自然とは力と力の闘争、陰陽の力の相剋である」と言っている。

シェリング

こうして、メスメルの動物磁気説の影響はシェリング自然哲学の力で増幅され、後年のカール・グスタフ・ユング（一八七五―一九六一年）の分析心理学（特に集合的無意識という連合網、またアニマ・アニムスの極性と相互牽引の考えなど）にまで及ぶ。「メスメルからフロイトへ」という流れは通説になってしまったが、この流れは、実は、切断された両性具有体の相互牽引に関するプラトンの神話から、シェリング自然哲学の「極性」原理に至る底流を前提としてのみ感知されるべきだろう。

ピネルとエスキロールのいた病院では、メスメリスムの実験が行われたが、結果は出なかった。ナポレオン政権が崩壊してから、若く新奇な磁気術師たちは多く登場したものの、メスメルの名前は忘却された。ピュイゼギュールがメスメリスムを「ラポール論」に基づいてパリで再興したのが一八〇五年のことだから、著名人を巻き込んだ磁気術のブームは、時期的には一九世紀前半を占めていたわけだ。以下、この時期のメスメリスムをめぐるエピソードは際限もなく多いので、ここではその一部分を、無視できない例に限定して簡単に列記するにとどめる。

アメリカ合衆国では、エドガー・アラン・ポー（一八〇九―四九年）が磁気術に感銘を受けている。磁気流体の実在性を信じると公言している匿名の本を書いたのは実はポーではないか、と言われてきた。（その本によれば）夢遊病者にならたぶん見えるように、磁気流体は白熱光のように白くきらきらした火花を一面にふりまいている。ポーの物語『ヴァルデマール氏の病気の真相』（一八四五年）は、よく読まれている――死にゆく男の霊魂を友人の磁気術師が男の死体から離れないようにする。そして、何週間も経ってから霊魂がついに死体から離れると、肉体は粉々に分解する。

跋魔術から磁気術へ、磁気術から催眠術への奔流はやがて超常現象に密着した心霊術となり、その大波は一八四八年に合衆国で始まって、一八五〇年代の初期にヨーロッパ中に広がり、動物磁気を一時期、背景に押しやった。心霊術の実験が流行して、大霊媒たちが時代の寵児となった。霊が書いたとか、あの世からの口述筆記だと称する文学が氾濫した。

産業革命とフランス革命の大きな余震（特に流刑地セント・ヘレナ島におけるナポレオンの死（一八二一年）とベートーヴェンの交響曲第九番初演（一八二四年）時の騒乱状態の二つが注目される）が繰り返される中で、欧米の既成価値観はもはや維持できなくなった。中世には絶対を誇っていたカトリック信仰は、ルネサンスと宗教改革運動で揺るがされ、今や神の絶対性、全知全能性は疑わしくなった。王権神授説で支えられていた王を皆で殺してしまったのだ。絶対的存在に服従したいというのは人類の本能であるのに、絶対的存在としてのキリスト教の神が衰えていく。王権を超越したかに見えた神のごとき皇帝ナポレオンは、絶海の孤島で死んだ。教会は空洞と化した。教会の中で祈る意味も、もはや見出せない。

こういうとき、人類全体が一体となって服従する歓喜を感じさせたのが、ベートーヴェンの交響曲第九番だった。人々は巨大な交響曲が鳴り響く演奏会場を、教会に代わる神秘的信仰空間として必要とした。こういう「うねり」の中で、人間的主体性、自我の自由性、理知的意識の明晰性を圧倒する無意識存在に服従したくなるのが人間だ。メスメルの動物磁気も、シェリングの世界霊魂も、ベートーヴェンの音楽も、すべて人間的意識（理性／自我）の力を完全に超えている点で魅惑的なのだ。

しかし、人類史全体に普遍的なこの服従欲望は、実はコペルニクスによってすでにあらわにさせられていた。地球中心主義、人間中心主義は、神の（地球）天地創造を前提として、その寄る辺なさを克服してきた。創造主としての神が絶対存在であった。だが、太陽中心の地動説は、生命の本能的な向太陽性から力を得て、より深い本能である絶対存在への服従衝動を駆動した。そして、まったく同じ欲望と満足が、動物磁気への意識主体の服従、世界霊魂への自我の隷属で実現され、その実現のための空間は教会から巨大交響曲音響空間へと変化していく。ベートーヴェンの交響曲第九番の創造は、それ自体、独立した一章を要する「うねり」であり、「人類の星の時間」の閃光だが、今はそれは措くとして、メスメリスムは、無意識あるいはエスを絶対的中心として、意識あるいは自我を小さな惑星にして僻地に追放したフロイトの仕事を準備していた。

跋魔術、磁気術から催眠術を経て心霊術へと至る非理性の奔流が、一八五〇年頃まで持続していた。「神は死んだ」としたフリードリヒ・ニーチェはすでに生まれており（一八四四年）、やや遅れてジークムント・フロイトも生まれていた（一八五六年）。二人は人間精神のコペルニクス的転回を決定づけ、人間あるいは自我の似非《えせ》自立性を辺境に追放し、中心変換（安定化）させた。

すでに述べたとおり、二〇世紀になってミシェル・フーコーは「非理性という自由な地平の上に狂気を再び位置づける」ことを要請し、いわゆる「狂気の歴史」の言説たちを途方もなく広大な荒野に解き放とうとした。この「非理性という自由な地平」を拓いたのが、ピネルでもエスキロールでもなく、スウェーデンボルグであり、メスメルとピュイゼギュールであり、シェリングであり、ニーチェとフロイトであり、さらに言うならば、コペルニクスからケプラーを経てベートーヴェンにまで至る荒々しい奔流であったという経緯は熟慮されていい。

## 3　モーツァルトという陰翳——《ハイドン・セット》の誕生

ちょうど、この一八世紀末頃、時代に特有の集団的服従欲望の騒乱とは無縁の、孤独で自由な創造者がその創造の絶頂に到達せんとしていた。ヴォルフガング・アマデウス・モーツァルト（一七五六—九一年）。あまりにも有名なこの神童は、病跡学的に、発作の有無にかかわらず「癲癇」親和的な「中心気質」（安永浩）に属すると考えられている（後述）。この神童は、父レオポルト（一七一九—八七年）の教育的影響を別格とすれば、ウィーン古典派のフランツ・ヨーゼフ・ハイドン（一七三二—一八〇九年）に学ぶところが大であり、交響曲や弦楽四重奏曲の原型を作曲している師にして友たるハイドンへの感謝の念は篤かった。

《ハイドン・セット》とはもちろん後年の呼び方だが、呼び名は由来からして正確である。驚くべき六曲の弦楽四重奏曲が、有名なイタリア語の献辞を添えられて、師ハイドンに捧げられた。

一七八二年　弦楽四重奏曲第一四番（K三八七）
一七八三年　第一五番（K四二一）、第一六番（K四二八）
一七八四年　第一七番《狩》（K四五八）
一七八五年　第一八番（K四六四）、第一九番《不協和音》（K四六五）

二〇歳頃、私は仙台の下宿で第一四番と第一九番をアマデウス・カルテット演奏のLPレコードで聴いた。次いで六曲をすべて聴きながら半世紀が過ぎたが、「精神全体がふりまわされる」不気味な快感は不変である。その陰翳の閃光（矛盾した表現だが仕方がない）は、今日に至るまで、名状しがたい美しさを超えて、神秘不可思議であり続けている。

ハイドン

この六つのクワルテットは、凡そクワルテット史上の最大事件の一つと言えるのだが、モオツァルト自身の仕事の上でも、殆ど当時の聴衆なぞ眼中にない様な、極めて内的なこれらの作品は、続いて起った「フィガロの結婚」の出現より遥かに大事な事件に思われる。僕はその最初のもの（K. 387）を聞くごとに、モオツァルトの円熟した肉体が現れ、血が流れ、彼の真の伝説、彼の黄金伝説は、ここにはじまるという想いに感動を覚えるのである。（小林 一九六七a、八五頁）

これは小林秀雄（一九〇二―八三年）の『モオツァルト』（一九四六年）の中にある文章である。弦楽五重奏曲第四番ト短調（K五一六）に即して書かれた「モーツァルトのかなしさは疾走する。涙は追いつけない。涙の裡に玩弄するには美しすぎる」という見事な文章は、《ハイドン・セット》の六曲すべてにも妥当する。小林は、アンリ・ゲオン（一八七五―一九四四年）によって別の曲のために使われたこの名評を引用する前に、モーツァルトの「かなしさ」について前提的に書いている。「スタンダアルは、モオツァルトの音楽の根柢は tristesse（かなしさ）というものだ、と言った。定義としてはうまくないが、無論定義ではない。正直な耳にはよくわかる感じである。浪漫派音楽が tristesse を濫用して以来、スタンダアルの言葉は忘れられた。tristesse を味う為に涙を流す必要がある人々には、モオツァルトの tristesse は縁がない様である」（同書、七三―七四頁）と。

こう言ったのち、小林はゲオンに触れつつ、「モーツァルトのかなしさは疾走する」という独自の批評文を出してくる。スタンダール（一七八三―一八四二年）が聴き取って、なおうまく言えなかったこと、「かなしさ」、明朗と陰翳の無差別、高度がありすぎると真上の蒼空が不気味に暗黒化していくこと――こういう音楽を言語で言い表すのは至難の業だ。それに、ロマン派音楽が響かせる何かしら病的な絶望感のようなものなどモーツァルトとは無縁だ、とも言いきれない微妙さ。この複雑と曖昧、目のくらむような矛盾だらけの音響、神的かつ病的という対立を演じつつ、瞬時にこの対立を粉砕して非‐人間性の真空へと突破していく不可解な閃光……。「かなしさ」の深淵に言語が入り込むのは難しいが、その困難の理由はモーツァルトの音楽の透明で晴れやかな純粋無垢の光輝に存する。

ゲーテですら、七歳年下の不可思議なモーツァルトから湧いてくる音楽の複雑微妙さの理解に困惑している。彼はヨハン・ペーター・エッカーマン（一七九二―一八五四年）に次のようなことを語っている。

〔…〕魔神は人類をからかい愚弄するために、ときおりあまりにも魅惑的な個々の人物を生みだしてみせるのだ、〔…〕思考と行動とがおなじように完全であったラファエロもこうして魔神が生みだしたのであって、〔…〕モーツァルトも、音楽における達しがたきものとして、魔神によって生みだされたのだ。（一八二九年一二月六日付の対話記録。吉田・高橋編 二〇〇五、七六—七七頁（渡辺健訳））

ゲーテだけではない。多くのヨーロッパの芸術家がモーツァルトを「音楽のラファエロ」と間接的に評して絶賛している。ということは「音楽のラファエロ」と言うほうがモーツァルト自体を直接に言語表現するよりも分かりやすいからだが、ここにゲーテが意図せずして作り出してしまった後年のモーツァルト理解（＝誤解）の機縁がある。実際、『イタリア紀行』（一八一六年）には、ミケランジェロの作品に驚嘆し、ラファエロに予期した満足を得られなかった旨が正直に書かれている。壮年のゲーテの目はラファエロの作品（《アテナイの学堂》であった）から衝撃を受けなかった。それに、多くの素晴らしい「聖母子像」を描いたラファエロに、天使のような神聖性、慈愛、乳児の比類なき明朗、無垢の清らかさに輝く神の子という印象がつきまとうのは当然であり、これがモーツァルト音楽の印象につながって共鳴してしまうのは避けがたい。

この思い込みの根は深い。だが、ラファエロの作品とは相容れない曖昧と陰翳、そして不気味さこそが、モーツァルトから響いてくる。《ハイドン・セット》以降のモーツァルト音楽において特に、とあえて言いたいが、聞こえてくる非‐人間的なまでの陰翳あるいは「かなしさ」の両義的な深淵を感じるためには、いったん「音楽のラファエロ」という一面において正しいが、聴く者を誤解に誘惑する通念からは離れるほうがいい。音楽の素人である私にも、《ハイドン・セット》以降に、それまでの音楽史とは異次元の音楽がモーツァルトから響いてくることは明瞭に分かる。

この点に関して、はっきりと首肯できる意見を書いているのは高橋英夫である。彼は《ハイドン・セット》創造に潜む危機、異様な内面性と孤独、ハイドンを超越してしまって虚空に舞う不安などを指摘したのち、《ハイドン・セット》創造で始まった精神の運動の一七八七年の結晶体とも言うべき弦楽五重奏曲第四番を論じ始める。その論を逐一追うのはやめて、私が驚いた文章を示したい。

高橋の論は、モーツァルトのこのト短調クインテットに否応なくつきまとう「絶望的な歓喜」（ゲオン）、「死をくぐり抜けつつ・透明になってしまった」モーツァルトがこの弦楽五重奏曲の第四楽章の途中から響かせ始める不可解なほど急峻苛烈な長調、乱心したような極端な晴朗という謎まで進んできて、以下のように急転する。

> 歴史をふりかえって、「透明な謎」を表現した芸術作品、または封じこめた芸術作品が何かあっただろうか。朦朧とした謎ではなくて、くっきりと見え、きわだっているにもかかわらず不思議な奥底に誘われるような作品があっただろうか。〔…〕あれこれと思いめぐらしてから、私はやっとレオナルド・ダ・ヴィンチの《モナ・リザ》を思い浮べた。つづいて《聖アンナと聖母子》や《聖ヨハネ》が念頭に浮び出てきた。これらはそれではないのだろうか。だが、モーツァルトとレオナルド、このようなイメージ結合（連想）は従来行われていただろうか。（高橋　二〇

〇六、一八三―一八四頁。傍点は高橋)

モーツァルトの音楽が何を、誰を連想させるかと問い、ゲーテはラファエロを、カール・バルトはボッティチェリを、小林秀雄はピエロ・デッラ・フランチェスカを連想していたことに思い至った高橋は、「もう一度ルネサンスの画家へと連想を掘り下げないではいられない。感覚的相似・類似のレベルを超え、精神の次元で、レオナルドの謎の中に入ってしまえば、そこはモーツァルトの光と影の世界だといっておかしくないのではないか。私の連想はレオナルド・ダ・ヴィンチ以外にはありえない」(同書、一八四―一八五頁)とする。

高橋の論には飛躍があると感じられるかもしれない。しかし、耳をすまして《ハイドン・セット》の六曲から直後のピアノ協奏曲第二〇番(K四六六)を経て、問題のト短調クインテットへ、さらには一七九一年のクラリネット協奏曲(K六二二)に至る、途方もない音楽の霊気の持続に聴き入ると、透明晴朗すぎるがゆえの暗黒、明るすぎるがゆえの陰翳、官能的にすぎるがゆえの超越的霊性、輝く黄昏《たそがれ》とでも言うしかない両義性、逆説、曖昧、持続する絶対矛盾性が響いてくる。こうして、モーツァルトにレオナルドを連想する高橋英夫の感性に、私は共感する。

高橋の文章をもう少し読んでみよう。

レオナルドは最晩年、手もとに《モナ・リザ》と《聖ヨハネ》を残しており、決して手放そうとしなかった。なぜだろう。この伝記的な謎によって外側を被覆された内側には、画面の人物の

モーツァルト

謎の表情と表現がこもっている。右手の人指し指を立て、左手は胸もとにあてて、顔をこちらに向けている青年ヨハネは、何とも薄気味のわるい笑みをうかべている。この人物に両性具有《アンドロギュノス》的なものがこめられているのは確かだが、それにしても彼の笑いはいかにも謎めいている。あるいは《聖アンナと聖母子》の有名な画面も奇妙といえば奇妙なところがある。

　聖アンナの膝の上に横坐りして上体を前に倒し、幼いキリストのほうに手を差しのべている聖母マリアの捩《ね》じれた姿勢は何を意味しているのだろうか。〔…〕

　何より印象的なのは、背後で、一番高い眼の位置から全体を見守っている聖アンナかもしれない。アンナの伏目のもとにたたえられた微笑——これがこの画面の印象の最奥部での統一原理なのだろうか。こうして、謎の多いレオナルドのなかでも、謎の微笑というものが一番目にとまりやすいというだけでなく、一番深いところまで通じているように感じられてくる。この微笑の不可解さとモーツァルト的透明の底から噴きあげてくる不可解な微妙性とはどこか通じあっている。（同書、一八五―一八六頁）

　高橋はレオナルドとモーツァルトの連帯という謎を見出すが、その謎の透明な微妙性、透明な両義性、あるいは黄金のような陰翳を前にして、途方に暮れている気配である。実際、高橋の論を読みながら考えているわれわれもまた「魔神」に「愚弄」されているのだから仕方がない。

だが、ふと思う。レオナルドとモーツァルトが「人類の星の時間」を創造したとするなら、それは「謎」がまさしく永遠に「謎」でしかないような「時間」に違いあるまい。ここで、われわれは「枢軸時代」（ヤスパース）を反復する歓びに相対しているのではないか。いつも生産労働の歴史の地べたを這いまわっている人類に、歴史を超越して大気圏外の真空の高度を飛翔する霊的な「時間」は、いったい何を贈与しているのか。これは容易に分かるはずもない、創造された作品自体がそれであるような「謎」だ。

《ハイドン・セット》で起こったのは、底なしの透明性に陰翳が稲妻のように走ったことである。これは透明と陰翳の交替ではない。透明が透明のまま陰翳になって稲妻のように走った——言語表現的に無理があるが、仕方がない。正しい文法で表現できるモーツァルト音楽というのは形容矛盾だ。濃密な陰翳を帯びた至高の透明性こそ、「疾走するかなしさ」なのだ。しかし、常人の理性（言語）はモーツァルトの音楽に貫通されて叛意（逆転）語法的非理性へと誘惑されてしまう。

これは稀有なことではない。覚醒意識が発する言語の合理性は、ほとんど毎日毎晩、「非理性の語法」に変貌している。言うまでもなく、われわれも、理性を超越した世界の、矛盾に満ちて曖昧な、反対物がいつも一致してしまう世界を「夢」という形で体験している。レオナルドの絵画芸術も、モーツァルトの音楽芸術も、人類の「夢」なのだ。ただし、覚醒したわれわれに白昼夢のごとく肉薄してくる奇怪な「夢」だから、「清明な意識（理性）を包み込む陰翳のぼかし（非理性的スフマート）」という現れ方をする。ここにレオナルド゠モーツァルト的問題への入り口がある。

ここは夢工作という機制を説明する場所ではないし、まして夢見あるいは夢幻と言語性幻覚（あるいは妄想）との違いを論じる場所でもないが、レオナルド゠モーツァルト的問題にかろうじて応接できるのが「夢幻の言語」である点には留意を促したい。レオナルドとモーツァルトが狭義の狂気とは縁遠いのは確かだ。しかし、二人からは濃密な非理性が発散されている。幻覚にも妄想にもできないことを、夢は容易に行う。二人の創造行為において、透明無比の至高の芸術作品に陰翳の突風が過ぎいくとき、矛盾は矛盾でなくなる。これは「謎」だろう。

だが、言語（語法）を変えるなら、ここには何らの「謎」もない。理性にとっての「謎」が、創造的非理性にとっては自明事となる。《モナ・リザ》の微笑みに何か名状しがたい不気味な気配を感じることと、ト短調クインテットに言葉にならない眩暈《めまい》を感じてふりまわされることは同じことだ。そのとき、ゲーテが感知していた「魔神」が創造した白昼夢の遊戯が人間を襲っている。

《ハイドン・セット》からト短調クインテットに至るモーツァルトについて書き始めたが、途中でレオナルド・ダ・ヴィンチのほうへずれてきてしまった。もちろん、問いも答えもない荒野に出てしまったわけだが、こういう非理性の自由の地平を往く際に湧き出てくる戦慄こそ、思わずエスの脈動に触れてしまった時の感覚ではあるまいか。クロノロジカルな歴史時間秩序を超越した「人類の星の時間」の瞬間的炸裂、人類の発作的夢幻症の症状なのではあるまいか。

## 4　反復するラプトゥス(1)：ベートーヴェンの場合

ルートヴィヒ・ヴァン・ベートーヴェンは、一七七〇年一二月一七日、ボンの教会で洗礼を受けた。その前日か前々日に誕生したことになる。祖父はボンの宮廷楽団の歌手で、のちには楽長にまでなった人である。父親も歌手だったが、才能に乏しく努力もしない人で、出世せずアルコール依存症になって家計を圧迫するほどだった。ルートヴィヒより一四歳年長のモーツァルトの神童ぶりの噂が生々しかった時代であることに加え、酒代に困っている父親が幼い息子に芽生えた楽才に目をつけて教育したのなら、「厳しい練習を強いた」と婉曲に表現されるにしても、酒乱の父親の乱暴な音楽教育はありえた。ルートヴィヒの激情が噴出する性格傾向は、幼少期の父子関係で促進されたようだ。

一七八七年の春、ベートーヴェン（一六歳）は、かねてから憧れていたウィーンに旅行する。ウィーン旅行の目的は不明瞭だが、憧れを抱いていたモーツァルト（三一歳）を訪問して即興演奏を披露しているゆえ、やはりモーツァルトに弟子入りすることだったろう。ボンから来た青年の即興ピアノ演奏を聴きながら、モーツァルトは隣にいた人に「彼はやがて世間を驚かすようになる」との旨を語っている。モーツァルトは多忙で、ベートーヴェンを弟子にする時間的ゆとりがなかった。それでも事実、ベートーヴェンは七月までウィーンにとどまった。彼がボンに帰ったのは母親の病状悪化のためで、ルートヴィヒの母親は七月一七日に死去している。父親のアルコール依存症はひどくなっていき、ルートヴィヒは宮廷オルガン奏者を務めて一家（父と二人の弟）を養った。

ここでベートーヴェンの青年時代の艱難辛苦を離れて、彼がいかなる「人類の星の時間」に、どの

ベートーヴェン

ような同時代人と一緒に産声をあげ、成長したかを見てみたい。レオナルドとモーツァルトのように、三〇〇年もの歴史時間で離された関係であっても、非‐歴史的な「人類の星の時間」の共有と精神的連帯と共振が起こり、崇高な陰翳の稲妻が瞬時に走るのだから、同時代の芸術家たちの創造性から熱情家ベートーヴェンの内奥へと向かう影響力は直接‐間接的に濃密だったろう。

さて、一二月生まれのベートーヴェンと同じ年、すなわち一七七〇年の三月二〇日にはラウヘンでフリードリヒ・ヘルダーリンが、四月七日にはイングランド北部の湖水地方でウィリアム・ワーズワースが、また八月二七日にはシュトゥットガルトにゲオルク・ヴィルヘルム・フリードリヒ・ヘーゲルが生まれた。ヘルダーリン、ワーズワース、ヘーゲル、ベートーヴェンが一七七〇年に一気にこの世に現れたのだ。寡聞にして知らなかったので、今回、私は驚いた。まさに天才群発の光景と「時間」だ。

さらに、細かい数字のずれを無視すれば、この約一年前、一七六九年八月一五日にはナポレオン・ボナパルトがコルシカにて生まれているし、一七七二年五月二日にはオーバーヴィーダーシュテットにロマン派詩人の象徴ノヴァーリスが生まれ、同年一〇月二一日にはワーズワースの盟友サミュエル・テイラー・コールリッジが誕生。フランスに目を向ければ、同じく一七七二年二月三日にジャン・エスキロールが二七歳年長のフィリップ・ピネルの生地近くのトゥールーズに生まれ、四月七日には輝くような空想的社会主義理論を展開することになるシャルル・フーリエがブザンソンにて誕生。……このように列記してくると、一七七五年一月二七日にシェリングがヴュルテンブルクに、四月二三日にはウィリアム・ターナーがロンドンに誕生したことまで書き込みたくなる。シェリングはヘルダーリンとヘーゲルの五歳年少の親友になる俊才である。ターナーは、やがて出てくる印象派の画家たちの元祖的な存在だった。

こうして列記しても、各人の誕生年度の一致に学問芸術的創造性の連帯の秘密が隠されているわけではない。ただ、創造的才能が群れをなしてこの世に姿を現した光景は、見ているだけで楽しい。さらに多数の天才たちが相互に同時代人として影響し合うさまは、何やら空前の「人類のラプトゥス」の「時間」、その光景にも見えて、うれしくなってくる。

誕生ないし出生の律動を離れて、一七七〇年前後にどのような人がすでに社会に出て、どう創造していたかを知るのも、作品たちの連合／連帯の「うねり」の内実を知るのに多少は役立つ。

一七六七年、メスメルは三三歳になっていた。富豪の寡婦と結婚して自分の邸宅にハイドンやモーツァルト父子を招いている。先にも触れたが、その豪華さには父レオポルト・モーツァルトも驚いてしまった。メスメルが動物磁気を用いて患者の治療に成功し、動物磁気を宇宙に遍在する実体的磁力と考えたのは、一七七四年頃。これもすでに記したが、エクソシスト神父ガスナー（四八歳）とメスメル（四一歳）の公開の場での対決は、その翌年、一七七五年に行われ、メスメルの勝利に終わった。ガスナー神父もメスメル医師も、患者たちも、王侯貴族たちや見物人たちも、皆一緒に非理性のラプトゥスに襲われた奇妙な「時間」である。

一七七四年に刊行されたゲーテの『若きヴェルテルの悩み』（二五歳時）は驚嘆の念をもって世に受け入れられた。この年、一八歳だったモーツァルトは、交響曲第二八番（K二〇〇）、第二九番（K二〇一）、第三〇番（K二〇二）を次々と作曲。この頃、ゲオルク・クリストフ・リヒテンベルク（一七四二―九九年）という一風変わった若いゲッティンゲン大学物理学教授は『雑記帳』という名で知られることになるメモ帳を書いていた。書かれた日時は不詳だが、その中に「夢は、私たちの生の残りと合成され、私たちが人間的生と呼ぶものになる生である。夢は私たちの目覚めの中へと徐々に消えてなくなり、人間の目覚めがどこで始まるのかを言うことはできない」という記述がある。親交を求めてきた七歳年少のゲーテを冷遇したというエピソードもあるが、これはリヒテンベルクが三三歳の頃の出来事である。ともかく「夢」は「生」とは異質な、もう一つの「生」だとされている。

リヒテンベルクにとっては、無意識と意識の相違など自明事だった。無意識が意識を呑み込んでしまって、しかも自身が意識であるかのようにふるまうから気をつけろ、目覚めきったつもりが夢見ているだけかもしれないという奇怪な可能性も考えよ、と彼は言う。フロイトが『自我とエス』を書いて、自我（意識）とエス（無意識）双方の二重拘束的緊張関係を論じるに至るまで、まだ一五〇年もの歳月がある頃だ。また、「私が考える」というのは傲慢な誤謬で「それ（エス）が考える」だけだ、「稲妻が走る」のと同じことだ、とリヒテンベルクは断じた。ラプトゥス、非理性の破裂、発狂にあっては、意識とか自我は消去される。リヒテンベルクを思うと、理性以上かつ非理性以上の超-理性を呈したルネサンス万能人が連想されてしまう。

さて、ベートーヴェンに戻ろう。のちの楽聖がいかなる時代精神の中で、どのような人々とともに生きてきたか、気を配りながら見ていきたい。

ベートーヴェンは一七九一年、二〇歳のとき、ロンドンからウィーンに戻る途中でボンに立ち寄ったハイドン（五九歳時）に才能を認められて弟子入りを許可され、ボンからウィーンに転居して、ピアノ即興演奏の名手となった。ハイドンは一七八六年にモーツァルトから「わが敬愛する高名な友人よ、ここに六人の息子をお渡しします〔…〕。彼らは長いあいだの辛酸から生まれた果実であることをお信じください」という有名なイタリア語の献辞を添えられた《ハイドン・セット》を贈られていたが、今また異常な才能を感じさせる若者ベートーヴェンを教育する段になって、創造する生命の奔流の激しさを感じたことだろう。ハイドン自身、陰翳に乏しい明るく健全で綺麗な音楽を作曲していたゆえ、桁違いのラプトゥスの可能性を濃厚に感じさせる二人と立て続けに出会うめぐりあわせに複雑な思いを抱いたことだろう。

モーツァルトとベートーヴェン——この常軌を逸した二人の創造者たちの二様のラプトゥス＝非理性発作を合わせ論じた興味深い文章を小林秀雄は書いている。


ベエトオヴェンも、仕事に熱中している時には、自ら「ラプトゥス」と呼んでいた一種の狂気状態に落入った。これはモオツァルトの白痴状態とは、趣きが変っていて、怒鳴ったり喚いたりの人騒がせだったそうである。一人であばれているベエトオヴェンからは、逃げ出せば済んだだろうが、逃げ出すには上機嫌過ぎたモオツァルトとなると、これは、ランゲの様な正直な友達にはよほど厄介な事だったろうと察せられる。彼等のラプトゥスが彼等の天才と無関係とは考えられぬ以上、これは又評家にとっても込入った厄介な問題となろう。僕は、何も天才狂人説などを説こうとするのではない。人間は、皆それぞれのラプトゥスを持っていると簡単明瞭に考えているだけである。（小林　一九六七a、八六―八七頁）

人間は誰でも「ラプトゥス」に襲われる。精神的破裂、暴発の発作、激怒の噴出、絶望や歓喜の群発性発作、非理性（狂気）の突発などである。要するに、意識あるいは自我の急激な変容ないし混濁とともに、動物性の錯乱や神秘夢幻体験の暴発が起きる。睡眠中の夢も、信じ込まれた妄念も、ラプトゥスの自己表現だ。私は「天才狂人説」など採らないが、苛烈な創造行為とラプトゥスが相互に親和的であることは認めうる。リヒテンベルクに倣うなら、「稲妻が走る」ように創造が発生する。ここから出てくるのは「天才狂人説」などではなく、いかなるラプトゥスも理性を超越して彼方の非理性の荒野に叫ぶ、ということだけだ。

　それにしても、モーツァルトとベートーヴェン、二人の音楽を聴いたあとでは、二人の音楽と二人のラプトゥスに、なるほど、と思わせる特徴的（質的）な違いがあることが分かる。この違いを体験するにはそれぞれの音楽を聴くしかないが、強いて言語表現するなら、「陰翳が疾走する」ラプトゥスと「絶望と激怒が噴出する」ラプトゥスの違いだろうか。もちろん、陰翳を光輝（晴朗）と、絶望を歓喜（憤激）と言い換えることも可能である。

　このラプトゥスをさらに深く追うなら、ベルクソン流に言うが、これはやはり生命の極度の弛緩における異常な収縮（死の欲動に抗する発作的生命過熱と言っていい）という稀有ながら創造時にはよく見られるパラドクス、深々度に至った神秘夢幻性（動物性）状態における過剰覚醒発作とも言うべき非理性の瞬間的例外状態であろう。自我がエスに帰還没入してしまい、エスが純然と語り始める稀有の瞬間と言ってもいい。

さて、焦点を楽聖に絞ろう。

交響曲第五番（作品六七）（三七歳時）ののち、交響曲第六番《田園》（作品六八）を完成した一八一二年、楽聖は四二歳になっていたが、彼が身近に交際していた一女性に語ったことが、その女性によって記録され、それがロマン・ロラン（一八六六―一九四四年）の検証を経て、残されている。以下は、ロマン・ロランの『ベートーヴェンの生涯』（一九〇三年）からの引用である。

彼に逢ったベッティーナ・ブレンターノは、「どんな帝王や王様でも彼ほどに自己の力を実感してはいなかった」といっている。彼女はベートーヴェンの力に魂を魅了されていた。ゲーテへの手紙にこう書いている――「私が初めてベートーヴェンに逢ったとき、私は全世界が残らず消え失せたように思いました。ベートーヴェンが私に世界の一切を忘れさせたのです。そしてゲーテよ、あなたをさえも……。この人は今の文明よりはるかに先んじて歩いている人だと私が確言しても、自分の考えが誤っているとは思えません。」そこでゲーテはベートーヴェンを識ろうと努めた。ゲーテとベートーヴェンとは、一八一二年にボヘミアの温泉場テプリッツで逢ったのだが互いによく理解し合うことができなかった。ベートーヴェンの方ではゲーテの天才を熱烈に尊敬していたのに〔…〕。（ロラン　一九六五、四三頁）

この出会いと会話、のちにアヒム・フォン・アルニム（一七八一―一八三一年）の妻になるベッティーナという若い巫女風の女性のゲーテ宛の手紙投函は、一八一二年の出来事である。ベートーヴェンという人は、単なる自信家とか傲慢な性格という形容ではまったく理解できない、途方もない人物だった。もちろん、欠点も短所も失敗も多かったし、多くの世俗的悩みに苦しめられていたゆえ、超人聖人のごとき存在ではないが、ゲーテの女友だちだったベッティーナが錯覚したとも思われない。おそらく、ベートーヴェンは、感覚ないし霊感の鋭い相手を、相手が男性であれ女性であれ、自身のラプトゥスの渦巻きに巻き込んでしまう異様な力をもっていた。意図せずに（おそらくは創造に際してのみ起こってくる人格のラプトゥス＝解離＝飛散の中で）無意識的に相手の意識や自我の様態を変えてしまう力をもっていた。

暗示や催眠は問題にならない。長年、精神科医として臨床をやってきたから少し分かるが、ベッティーナはベートーヴェンという巨大なエスの渦巻きに彼女の精神的かつ情念的エネルギーのいっさいを与えてしまった。彼女の全存在が吸収されてしまったのだ。ベッティーナを医師と、ベートーヴェンをラプトゥス患者と仮定するなら、ベッティーナはこの患者に全的に魅惑され、逆転移を起こして、関心と愛情と尊敬のすべてを彼女の患者に捧げてしまい、ベートーヴェンという男性の存在以外の世界への関心を放棄せざるをえなくなった。事情は「トリスタンとイゾルデ」を残して世界が消え去った事態と似ている。この種の吸引力をもつ患者は確かにいる。ベッティーナとベートーヴェンは、一緒に一つのラプトゥスに襲われ、一つの非理性に溶融した。

ベッティーナと二人でいるとき、ベートーヴェンは一瞬だが、音楽創造のさなかにおけるのと同様に異常な精神状態に陥った。だから、通常の意味での対話や会話はなかったわけだが、二人のエスは激しく交流していた。こういう形で、ベートーヴェンは孤独地獄を脱していた。

ベートーヴェンのこの種のエピソードを知ると、モーツァルトの静かな孤独が痛ましいほどに伝わってくる。モーツァルトは――レオナルドもそうだったろうが――不気味な「謎」のままであり、相手の人の感情が動きようのない、意味不明な、瞬時に走る陰翳のごとき存在だった。

さて、一八二四年、ベートーヴェン五四歳（ゲーテは七五歳）時、ついに交響曲第九番（作品一二五）が完成する。作曲者自身がつけた名前は《シラーの詩「歓喜への頌歌」による合唱をフィナーレとせる交響曲》であった。初演は《ミサ・ソレムニス》（作品一二三）の一部とともに、五月七日にウィーンでなされた。

この歴史的初演について、ロマン・ロランは書いている。

成功は凱旋的であった。それはほとんど喧騒にまで陥った。ベートーヴェンがステージに現われると、彼は喝采の一斉射撃を五度までも浴びせかけられた。儀礼的なこの国では宮廷の人々の来場に際しても三度だけ喝采するのが習慣であった。警官が喝采の大騒ぎを鎮めなければならなくなった。第九交響曲は気狂いじみた感激を巻き起こした。多数の聴衆が泣き出していた。ベートーヴェンは演奏会のあとで、感動のあまり気絶した。（同書、六一頁）

《第九》初演は激しい集団的ラプトゥスを引き起こした。この狂騒の基本は、ベートーヴェンのラプトゥスに直面して、これに全精神を吸収されてしまったベッティーナのラプトゥスに通じている。時代はメスメルとピュイゼギュールが無意識の強大な威力を発見した、ちょうどその頃。時代の雰囲気には、自我（意識／理性）にとって危急存亡の険悪さがこもっていた。

ベートーヴェンという名をたまたま刻印されたエスが、《第九》という炎になって集団のエスに火をつけ、これが一気に燃え広がった。感動に震え、泣き始めた多くの聴衆も、気絶してしまったベートーヴェン自身も、強大なエスの力に撃たれた。この巨大な稲妻はまさしく「人類の星の時間」の典型を発生させたが、また、大衆集団のラプトゥスを容易に導き出す音楽であるという点で後年の全体主義の陶酔の出現を予告してもいる。この点で、ベートーヴェンはヴァーグナーと似ている。熱情と恍惚の群れのための音楽が、こうして《第九》として響きわたった。自由と進歩を求める没我の歓喜とその集団の危険性が、ここには充満している。

## 5　反復するラプトゥス⑵：ヘルダーリンの場合

一七七〇年一二月にベートーヴェンが生まれ、それより九ヵ月早く、フリードリヒ・ヘルダーリンが生まれた。ヘルダーリンの世代精神の最も美しい光景として、フランス革命の知らせに熱狂して自由を謳い上げたテュービンゲン大学神学校のヘルダーリン、ヘーゲル、シェリングという三人の若い連帯精神と歓喜の乱舞が浮かぶ。

ヘルダーリンについては、詩論的、哲学的、伝記的、病跡学的といった膨大な研究と記録が残されているが、この三人相互の芸術／思想の絡み合いや、ゲーテ、フリードリヒ・フォン・シラーとヘルダーリンの微妙な関わり合いを明晰に描いた研究は多くない。そして、モーツァルトともベートーヴェンとも異なるヘルダーリンに固有の重篤なラプトゥスと、その深淵が周囲の人々にどう映じたかを慎重に検証した研究も少ない。友人たちとの出会い、巨匠たちとの接触の様相から激烈な発狂というラプトゥスに至る道は、ウルリヒ・ホイサーマンの論述が比較的明快なので、以下、その論述を圧縮して紹介していく。

> ヘルダーリン、ヘーゲル、シェリングの間の、ほんとうの、密接な共同の期間は一七九〇年秋に始まり、一七九三年秋に終わった。ヘルダーリンとヘーゲルとの間の友情は世紀の変わり目ごろまで続けられ、ヘルダーリンとシェリングとの間の友情はたぶんまもなく後退し、やがて互いに距離をおきながら、たいそうまじめに互いに敬意を払い合うようになった。〔…〕三人はその後、めいめい自分の運命の道を、その使命の底深くはいっていかねばならなかった——ヘルダーリンは《花咲く精神》の領域へ至る道を、ヘーゲルは精神における協同体への道を、シェリングは《ヨハネの教会》への道を。〔…〕

この三つの星の配置のうちでいちばん重要な関係は、疑いもなくヘルダーリンとヘーゲルの関係だった。その原因は単に二人が同じ年だったというだけではない（シェリングはじつに五年も若かった）。この二人は、その天賦の才の極端に対極的な緊張によって、また彼ら相互の珍しく感動的な、情こまやかにしてきびしい愛によって、互いに力を及ぼし合っていたのだ。（ホイサーマン 一九七一、八七—八九頁）

簡明なホイサーマンの記述はさらに続くが、これくらいにしておく。

実に稀有としか言いようがない「三つ葉のクローバーの葉」。三人組が親密な関係を薄めていってから約七年で、ヘルダーリンを強烈で不可逆的な緊張病《カタトニー》性のラプトゥスが襲う。この七年間ヘルダーリンを苦しめたのは、シラーへの激しい片思いの苦悩、ゲーテとのあいだの相互無関心と相互無理解だった。三人の詩人は何が起こっているのか分かっていた。ヘルダーリンは、シラーに圧倒され、ゲーテの自分に対する無理解に驚愕せざるをえなかった。さらに加えて、ズゼッテ・ゴンタルト夫人との至高の、しかしかなわぬ相思相愛が持続した。これは理性にとって危機的だった。だが、危機的であるにもかかわらず、あるいは危機的であったがゆえに、稲妻のような詩人は『ヒュペーリオン』第一巻（一七九七年）と同じく、第二巻（一七九九年）を創造した。

ヘルダーリン

　のちに多くの精神医学者が、ヘルダーリンに重篤な「発狂・ラプトゥス」が噴出した時期を一八〇〇年と見定めている。ヤスパースはヘルダーリンを襲った疾患名を「統合失調症」とのみ論じているが、ヤスパースより年配で学派も異にしたミュンヘンのヴィルヘルム・ランゲ゠アイヒバウム（一八七五―一九四九年）は一貫して疾患名を「緊張病（Katatonie）」と記している。体系的妄想や明瞭な言語性幻覚（迫害者の存在感やその声）を欠き、興奮と昏迷、夢幻恍惚と絶望的錯乱、思考と感情の滅裂化、信仰と美意識における葛藤と困惑などが一貫して現れている以上、ランゲ゠アイヒバウムの「緊張病」という見識ある診断は、具体性においてヤスパースを凌いでいる。ヤスパースはどう書いていたか、少しだけ読んでみよう。

一八〇二年頃、彼がボルドーで家庭教師をしていた頃、〔…〕暴行を伴う興奮状態が繰り返された。一八〇三年にシェリングは彼について述べている。「精神は全く混乱し……魂の抜けた状態で……服装も極端に乱れ、……黙って自己の中に閉じこもっている」。〔…〕今や精神分裂病の発現と共に、ギリシャ的世界は彼に現前し、実存するものとなったと言い得るであろう。（ヤスパース 一九七四、一四九―一五八頁）

だが、臨床家であり、鋭い病跡学者でもあったエルンスト・クレッチマー（一八八八―一九六四年）は、ランゲ゠アイヒバウムと同様に具体的で、ヤスパースよりも深く詩人の本質に肉薄している。クレッチマーの有名な『天才の心理学』（一九二九年）からヘルダーリンに関する文を引いておく。

こうして宗教と詩歌とは彼にあっては融合して一に帰し、〔…〕大自然に対する敬虔な礼讃は、全人格的な、もっとも親しい愛の欲求であって、彼はそれをすべての樹、すべての花、すべての雲に対して感じた。なぜならば、自然はすべて分裂病的な人間のように静謐で、夢幻的で、孤独で、しかも世の人々のように他を傷つけることがないからである。

されればこそ、彼の小説『ヒュペリオン』なども、夢の島のように超時間的で孤独で、動きというものを全く持っていない。この作品の中では、登場人物たちが、全く非人間的で、透きとおるほど繊細な理想の姿をとって現われ、己れの意志を持たずに、ほとんど音楽にもひとしい言葉の抑揚のままに上へあるいは下へと浮動している。そして自然と古代ギリシアという二つの魔法の言葉によって、この世の不調和を調和へと織りなそうとしている。この調和こそ、この薄倖《はっこう》な詩人が、その全生涯を通じてあこがれてやまなかったものである。

分裂病質者にとっては人間世界の現実は不調和そのものである。調和はただ人気のない、夢のような、自然の美の中にのみある。それゆえに『ヒュペリオン』の中を一貫している切々たる汎神論の調子こそは、現実からの自己解放であり、また彼のまだ愛し得るすべてのものに対する愛情のみなぎりなのである。（クレッチュマー 一九八二、二九一―二九二頁。傍点は渡辺）

明らかなように、クレッチマーは精神科医としては例外的に美的感受性に恵まれた人であり、ヘルダーリンの真実を理解している。この文章で目立つのは「宗教、詩歌、夢、夢幻、超時間、孤独、音楽」という言葉、繰り返される「夢のような自然の美」なる表現だ。「分裂病」とされるのは仕方がない時代だが、厳密には「緊張病」である。夢幻様体験（「熱情的エクスタシー」とカールバウムが指摘した神秘的宗教性と夢幻恍惚性）をとった重篤な型の非定型精神病者のみが表出しうる至高の美的感性にクレッチマーは気づいている。要するに、「統合失調症」という言葉は発見性がなく、繊細な創造的感性表現を塗りつぶす。クレッチマーほどの感性に恵まれた精神科医は、明らかに「ヘルダーリンは妄想者ではなく夢幻者である」と知っているのだ。

さて、モーツァルトの陰翳の濃い静かで腕白な白痴という奇妙なラプトゥスにせよ、ベートーヴェンの荒々しく騒々しいラプトゥスにせよ、また多くの緊張病者にせよ、いったん夢幻界に達したのちは、この世界に戻ってくる。だが、ヘルダーリンのラプトゥスあるいはその緊張病は、こういう回帰を詩人に許さなかった。何ゆえに帰還できなかったのか――これは解けない難問である。この難問を解く力は、今の精神医学にはない。

ヘルダーリンが精神分裂病だったか否かはともかく（というのは、分裂病なりと診断しても具体的真実の隠蔽効果しかないから）、クレッチマーのような深い感受性は、詩人が「緊張病性＝夢幻様の発作」に襲われつつ神秘の嵐の中に落ちていったことを見抜いている。

不可逆的な崩落は、一八〇五年に起きた。『エンペドクレス』（一七九九年、未完）では、熱心に自然を学んで神のごとき存在になり、民衆を救おうとして神官と彼らに煽動された民衆に追放されて火山に身を投げる、というキリストのごとき悲劇的英雄が描かれ、『ヒュペーリオン』では、ギリシア独立戦争義勇兵となって部下に背《そむ》かれ、流浪の身になる「太陽神ヘリオス」が描かれている。こうした神話的・神秘的・悲劇的傾向は「熱情的エクスタシー」（カールバウム）と親和的な気分をもつ。

最後に、ヘルダーリンの創造の苦悩、詩人を持続的にラプトゥスあるいは緊張病へと引き裂いていた非理性がいかなるものであったか、彼の詩「一者」を引用しておこう。全篇を引くべきだが、乱暴を承知で印象的キーワードのみを示す（詩の訳者は川村二郎）。

あまりに強く
キリストよ　私はあなたに思いをかけている。
ヘラクレスの同胞《はらから》ながら
あえていえばあなたは
バッコスの同胞でもある。（ヘルダーリン 二〇〇二、一七七―一七八頁）

## 6　ラプトゥス、その病理性と生命性

ギリシアの神々とイエス・キリスト、特にバッコス（ディオニュソス）とイエス・キリストとの奇妙な融合。ディオニュソスとキリストが同胞であり「一者」であるなら、恐怖と誘惑、至福と絶望、至高の歓喜と地獄の悪寒が、繊細な詩人の魂を救いようもなく引き裂く。右に引いた詩句には、すでにニーチェ（十字架に架けられたディオニュソス）のラプトゥスと同じ悲惨が、七〇年先立って、実に明瞭に謳われている。この詩「一者」は、一八〇二年に謳われた、ラプトゥスが徐々に頻度と深度を

増して緊張病という非理性の坩堝《るつぼ》のごとき生命様態に至りゆくさなかに創造された、悪夢のような夢である。

均しくラプトゥスと言っても、その発作的発狂のさまは各人各様である。デカルトの不可思議な夢の発作、ニュートンの被害妄想から緊張病に至る重篤な発作、スウェーデンボルグにおける氾濫する夢から神秘体験に至る発作、メスメルの異常に亢進した演技性とラポールの発作、しばしば彼岸の白痴のようになってしまう類癲癇気質者（中心気質者）モーツァルトの夢遊病的解離性忘我の発作、緊張病と区別しにくいほどの興奮と忘我の錯乱と記憶変容を呈するベートーヴェンの精神運動暴発発作、そしてヘルダーリンの神秘的かつ悲劇的な緊張病発作、等々。まさに個性的で、均質のものが何もない破裂／発狂現象の群れだが、見方を変えるなら、各人が癲癇の彼方へ、ヒステリーの彼方へ、緊張病の彼方へと三様の異様な飛翔を発作的に遂げているのが分かる。

この飛翔は、はたして病理学的次元に尽きるものであろうか。それとも、形而上の生命論的次元に突破していったものであろうか。

すなわち、ここで精神医学用語を使うのは妥当であるか、不当であるか。三様のニュアンスを示す発作は、それぞれ相互に異質なのか。それとも、これらの天才たちは根幹において同質的な発作（例えばフロイトの言ったエスの発作／噴出）の三様の分枝を表現しているだけなのか。応接する能力をもつのは精神医学なのか、それとも、より普遍的な生命の形而上性に応じる直観なのか。ラプトゥス的非理性の三様態という表現は可能なのか、不可能なのか。――問いは続く。

これらの問いに決着をつけるまで、なお多くの学問・芸術・宗教的ラプトゥス者とラプトゥス現象群を、さらに追尋していかねばなるまい。ここで控えめに言えるのは、創造的ラプトゥス発作の基底には「癲癇／ヒステリー／緊張病」という、病理性と生命性の中間に位置してエスに癒着している発作性生命現象群が息づいている、ということだ。

# 第3章

# アポロンとディオニュソスの相剋

## 19世紀

## 1　《第九》以後に創造すること

《第九》初演時の異様な群衆の興奮と騒乱のありさまは先に述べたが、おそらくそれ以上に衝撃を受けたのは演奏会場の群衆ではなく、またゲーテのような鋭敏繊細な詩人だけでなく、轟然と先行していったベートーヴェンの巨大な後ろ姿を見つめるしかなかった若い音楽家たちであった。

具体的には、二七歳年少でこの途轍もない巨匠の去りゆく背中を凝視していたフランツ・シューベルト（一七九七―一八二八年）が、最も強烈かつ直接的にベートーヴェンという名を付与された途方もないエスの、ほとんど暴力的とも言える威力と衝撃を受けた。

シューベルトは、ベートーヴェンの葬列に参加した二万人の群衆の中にいた。二人のあいだには交流がなかった。若いシューベルトは、ベートーヴェンを尊敬するあまり恐怖心すら抱いて会うことを避けた。とはいえ、いつでもベートーヴェン宅に歩いていける近所に居を構えていたというから、愛すべき心情だ。ただ一回、友人に誘われて、臨終に近いベートーヴェンの病床に崇拝の念を表すべく訪問したが、この一回の見舞いだけでもシューベルトのためには歓ぶべきことだ。シューベルトの伝記作家の中には「ベートーヴェンに対する畏怖の念はシューベルトの成長を阻害した」と考える者もいたが、逆に「ベートーヴェンの存在がシューベルトの精神を鍛え上げ、シューベルトを根底からシューベルトたらしめた」とも言えるわけで、これは水かけ論である。

「ひそかに、心の奥底では、まだ自分がこの世で何かを成し遂げられるのを望んでいるけれど、ベートーヴェンのあとで一体何ができるというのか」（サックス 二〇一三、二五〇頁）とシューベルトはある友人に語ったという。このつぶやきがいつのことだったかは不明だが、シューベルトがまだ七歳の少年だった頃の一八〇四年にはすでに交響曲第三番《英雄》（作品五五）が創造されていたのだから、ベートーヴェンの圧力と言うなら、それはシューベルトの生涯全体を覆っていた。シューベルトの交響曲第七番（第八番）《未完成》（D七五九）（一八二二年）は、ベートーヴェンとは異質に美しく響く。ベートーヴェンの巨大な圧力は否定すべくもないが、それで創造性と独創性を圧殺されるシューベルトではなかった。

ベートーヴェンの死後二〇ヵ月で、本人も予感していたとおり、シューベルトは死んだ。享年三一。死因は梅毒性疾患である。この病いは《第九》が初演された一八二四年頃には、すでにシューベルトの心身をひどく苦しめていた。シューベルトは《第九》の初演に集中できなかった。この時点で余命は四年くらいだったが、彼は《第九》を徹底的に聴けるような健康回復を楽しみにしていた。彼が《第九》について具体的にどう感じていたか、明瞭な言葉がなく、よく分からない。シューベルトの音楽に、永遠の美への飽くなき憧憬と死の陰翳を感じるとき、音楽芸術が古典主義からロマン主義に転じたことが痛感される。

シューベルト

ベートーヴェンという巨大なラプトゥスがシューベルトを生み出したとは言うまい。だが、シューベルト以後のロマン主義音楽の異常な連続爆発、群発という凄絶な光景を見ると、やはりシューベルトも含めて多くの才能あふれる若者たちが、ベートーヴェンという名の巨大なるラプトゥスの激烈さによって根底から震撼させられ、無意識のうちにベートーヴェンとの闘争の中で、それぞれに創造的になった、ベートーヴェン以後のロマン派音楽はまさしく百花繚乱だ、と言うしかない。特に目立つ創造者に絞っても列記しきれないくらいだ。

少しクロノロジカルな観点を入れて、シューベルトに続く、この時代のラプトゥス群発、祭りのあとの喧騒を眺望してみよう。

エクトル・ベルリオーズ（一八〇三―六九年）。この高貴な精神に満ちたフランス人は、六歳年長のシューベルトに等しいくらい、直接的にベートーヴェンの衝撃を受けた。だが、シェイクスピアやゲーテ、さらにはバイロン卿（一七八八―一八二四年）の作品に酔い、自身の幻想に溺れ、感情に走るロマン的傾向が著しく強かったベルリオーズは、自身の夢幻境に酔うがごとく生きたゆえに、シューベルトほど深刻にはベートーヴェンのリアルな重圧を感じなかった。

「一八三〇年当時のフランスにおいて、『幻想交響曲』の出現は、二重の意味で新鮮な驚きであった。第一に、交響曲、それもベートーヴェンに匹敵するスケールの交響曲であるという点において。そして第二に、フランスでは従来ほとんど注目されることのなかった、ファンタジーというジャンルに属する作品であるという点において」（デームリング 一九九三、七七頁）と評価されるが、実際、初演は大センセーションを巻き起こした。ここには、E・T・A・ホフマン（一七七六―一八二二年）

の影響も大きかった。ホフマンが死んでから、もう八年の歳月が経過していたが、「一八三〇年は、フランスにおいてホフマン熱が一気に燃え上がった年でもあった。〔…〕血気盛んなジェラール・ドゥ・ネルヴァル〔二二歳〕とテオフィル・ゴーティエ〔一九歳〕のふたりは、熱狂的にホフマンを讃美した」（同書、八三―八四頁）。さらにこの時期、ゲーテの『ファウスト』のフランス語訳がネルヴァルらによって複数版翻訳刊行され、その中にはウジェーヌ・ドラクロワのリトグラフが添えられた翻訳版（一八二八年）もあった。ベルリオーズはベートーヴェンという重圧から、ロマン派芸術の総力をあげた力を救済の浮力にして脱出したとも言える。

ベルリオーズ

フェリックス・メンデルスゾーン（一八〇九―四七年）は、陰翳に乏しいが夢のように美しい、妖精が舞っているような明るい世界を顕現させた。……こう書き始めると終わりがないことが即座に分かるので、以下、ロマン派の大作曲家名を列記するにとどめる。ロベルト・シューマン（一八一〇―五六年）、フレデリック・ショパン（一八一〇―四九年）、フランツ・リスト（一八一一―八六年）、リヒャルト・ヴァーグナー（一八一三―八三年）……まだまだ挙げられるが、これくらいにしておこう。

肝腎なのは、これらの途方もないロマン派音楽の群発的な連続顕現が、バッハ、ハイドン、モーツァルトへの深い郷愁と、ベートーヴェンとの闘争、ベートーヴェン超克の試みを原動力にして起こったという事実である。音楽史的に言えば、ロマン派音楽はクロノロジカルな秩序を無意味にするほどに、巨大なネットワーク空間、非-歴史的、無-時間的な創造の連帯だった。改めて、ベートーヴェンの存在の深刻さが理解される。人類は、音楽史上に異常に大きなラプトゥスを体験した。その非理性の深淵、恐ろしい発作の暴発を何とか理解すべく、「ベートーヴェン」という固有名詞あるいは「一八二四年」という符牒を貼りつけて安心したがっているだけなのだ。

われわれは今日なおロマン派の音楽を享受しているが、「ベートーヴェンのあとでいったい何ができるというのか」というシューベルトのおそらくは独語に近い言葉も回帰してくる。ベートーヴェンの《第九》が現れてしまったのち、音楽史が進歩発展しにくくなっただけでなく、芸術全般が巨大なラプトゥスから立ち直れず、絶望と歓喜の区別ができない非理性の痙攣と麻痺を起こして立ちすくんでしまったのではあるまいか。

広い意味で言えば、ベートーヴェンの偉業は、彼の存命中さらには死後に西洋音楽において起きたすべての事柄に影響を与え、また他の芸術において起きた多くのことにも影響を与えた。一九世紀の前半に生まれたすべての作曲家は、多かれ少なかれ、そして良い意味でも悪い意味でも（あるいは両方）ベートーヴェンの音楽の影響を受け、その結果生まれた作品は、転じて次の世代の作曲家に影響を与え、それが代々続いて現代に至っている。他の芸術の実践家にかんしては、オノレ・ド・バルザック〔一七九九―一八五〇年〕の次の言葉が代弁していると言えよう。「私が嫉妬を感じたのはベートーヴェンただ一人である」と彼は書いた。「この人の中には神がかった力がある（……）私たち作家が書くものは終わりがあり、限定的であるが、ベートーヴェンが与えてくれるものは無限なのである」、と。（サックス 二〇一三、二四七頁）

バルザックほどの文豪にこう言わしめたベートーヴェンの名は、個人的なものではなく、まさしく非－歴史的かつ非－人間的なエスの力の噴出そのものが創造した「人類の星の時間」の作品に付された名前だと言うしかあるまい。ここまで至り来た芸術の歩みが「レオナルド＝モーツァルト的問題」（高橋英夫）から持続していることは忘れられない。また、ベートーヴェンであっても二一歳年長の大ゲーテの万能性と無縁ではなかった。ここにはゲーテ的時代精神（まさに「疾風怒濤」の芸術運動）が渦を巻いていた。ロマン派音楽の群発は、ベートーヴェンの音楽のディオニュソス的奔流とゲーテの精神のアポロン的造形、そしてヘルダーリンの悲劇から力を受けて起こっている。

## 2　ロマン主義芸術のラプトゥスに襲われた世代

ロマン・ロランが「詩と音楽の二つの星の千年に一度の出会い」と感動したゲーテ（六三歳）とベートーヴェン（四二歳）の出会いは、一八一二年の夏、カールスバート近くの湯治場テプリッツで起こった。貴人たちとのすれ違いに際してゲーテが道を譲って最敬礼をし、ベートーヴェンは傲然としたまま貴人たちを側方に控えさせて道の真ん中を歩いていった、という有名な逸話はこの時のものである。

ゲーテとベートーヴェンの邂逅――これは本来なら、まさしくそれ自体が「人類の星の時間」であったろう。だが、二つの巨星の接近遭遇は、すれ違いに終わった。ゲーテが冷淡だったかとか、ベートーヴェンが無礼だったかといったことは些事憶測にすぎない。この接近遭遇の不思議さは、もう一つ別の、これまた有名な後年のエピソードによって浮かび上がってくる。

その奇怪な出来事は、一八三〇年に起こった。ベートーヴェンが死んですでに三年も経ってから起こった一件、ということが忘れられてはならない。まだ二一歳で、ゲーテ翁(八一歳)に大変愛されていた若々しいメンデルスゾーンは書き残している。

　ひる前、私は此までの大作曲家達を歴史の順に従って、小一時間彼に弾いて聞かせねばなりませんでした。……彼は暗い片隅に雷神ユピテルのように坐っていました。そしてその老いた眼はぴかりぴかりと射るように光っていました。彼はベートーヴェンの噂を聞くのを好みませんでした。ですが私は、それはどうにも仕様のないことだと彼に言いました。そしてハ短調交響曲の第一楽章を弾いてきかせました。それは彼を異常に動揺させました。彼は先ずこう言いました。「この曲は一向に感動させはしない。ただ驚かすだけだ。実に大仰な曲だ!」彼はしばらくの間、ぶつぶつ口の中で呟いていました。それから、長い沈黙ののちに再び口を開いてこう言いました。「大変なものだ。まったく気ちがいじみたものだ!〔…〕」……それから食卓についた時もまた、ほかの会話の間にぶつぶつ呟きはじめました……(ローラン 一九四六、一〇〇―一〇一頁)

ゲーテ

注目すべきは、第一に、一八一二年に二人の巨人が出会っていたのに、一八〇八年にすでに完成されていた交響曲第五番をゲーテはこのエピソードに至るまでの二二年間、一度も聴いていなかった、あるいは聴いても無反応を装い、沈黙し続けたことである。ベートーヴェンに対するこの無関心（無意識的な忌避か）には慄然とさせられる。注目すべき第二点は、一八三〇年、八一歳になっていた老ゲーテの、まさしくラプトゥスに撃たれたとしか言えない激烈な反応である。その激烈さが異様だったから、二一歳のメンデルスゾーンも驚いてしまい、書き残さざるをえなかった。

ロマン・ロランは、メンデルスゾーンの思い出を引用する直前に「ベートーヴェンはゲーテにとっては、まさしく深淵であった」（傍点は渡辺）と前置きし、引用の直後には「たしかに手応えはあったのだ。彼は『感動した！』と言うべきであったろう。だが彼はそれを拒んだ。その思想の運命を完成するためには、彼は胡魔化さねばならなかった」と断じている（同書、一〇一頁）。ロマン・ロランは触れていないが、「その思想の運命を完成するためには」と記されているのは「『ファウスト』第二部を完成するためには」という意味である。

ベートーヴェンの死すら、しばらくは知らなかった（知らないふりのままでいた？）と言われるゲーテの無関心風の態度は、ただ単に冷淡などというものではない。ゲーテはベートーヴェンを恐れていた。『ファウスト』第二部――この六〇年間かけて創造してきた悲劇の完成の封印を際限もなく解かせるであろう夢魔のごときベートーヴェンの音楽を、ゲーテは心底から恐れていた。ロマン・ロランは「ベートーヴェンは〔…〕深淵であった」と書き、また（ゲーテにとって）ベートーヴェンには「深淵の恐怖があった」とも繰り返している（同書、一〇〇頁）。

シューベルトは「ベートーヴェンのあとで一体何ができるというのか」と嘆息しながら若くして死んでいったが、これは、その約三年後に死んだ老ゲーテにとっても、一八五〇年に五一歳で死んだバルザックにとっても同感のことだった。何を作ったとしても、震撼させられ、否定され、破壊されるという恐怖を感じていた点で、シューベルトとゲーテは似ている。いや、苦悩を突き破って轟然と歓喜に向かうベートーヴェンの非理性発作群発ののちには、音楽芸術のみならず、芸術全体が「巨大な愛と死の歌」を一斉に謳い始めてしまい、芸術全体がロマン派としてしか生き延びられなくなってしまった。

ベートーヴェンという巨大な衝撃によってロマン主義が生まれたわけではない。われわれは、すでにE・T・A・ホフマンにおいて、同じ幻想夢幻の作品創造に出会っていた。さらに言うなら、ホフマンより二七歳も年長であったゲーテは、ヨハン・ゴットフリート・ヘルダー（一七四四―一八〇三年）に主導された「シュトゥルム・ウント・ドラング（疾風怒濤）」運動に強い影響を受けて『若きヴェルテルの悩み』を書き、一躍時代の寵児となったが、この文芸運動と、今問われているロマン主義芸術と、どこがどう違うのか。

――違いはない。創造の星は、繰り返しディオニュソス神の「うねり」を示す。言えるのは、このことだけである。

古典主義時代とかロマン主義時代といった区別が無意味だとは言うまい。だが、問題の本質は等質的時間の区分法にはない。ゲーテにせよ、ベートーヴェンにせよ、巨大な存在は、自身を明瞭化するために、時間ないし時代とは次元を異にした、生命自体の拍動リズム差の直観を要求してくる。

時流と風潮に左右されないまま非 - 歴史的に持続しているのは、ディオニュソス対アポロンという二つの原理に基づく差異である。この原理に基づくなら、古典主義時代の芸術とロマン主義時代の芸術の質的差の由来だけでなく、ゲーテをも圧倒するようなベートーヴェンの桁違いのラプトゥス的創造性の異様な強度の由来も見えてくる。ゲーテとベートーヴェンを転機として古典主義時代の芸術が終わり、ロマン主義の芸術運動が始まった、と理解するのは、誤謬でこそないが不適切だ。有史以前から人類を深部において支配し続けてきたディオニュソス神が何らかの機会に応じてアポロン神を根底から震撼させ、世界を暗黒の夢幻冥界に誘う出来事が、数万年にわたって地上全体を繰り返し揺るがし、際限もなく幾度も回帰してきた。二人の巨人が作り出した渦巻きも、アポロン神とディオニュソス神が作り出す渦動の反復の一つだった。

## ドラクロワ

絵画芸術の世界でも、ディオニュソス神対アポロン神の闘争の「うねり」は反復されていた。ベートーヴェンとゲーテが去ったのち、過度にアポロン的な新古典派絵画を圧倒して絵画芸術界を席捲したのは、やはりロマン派であった。

ジェリコー

一九世紀初頭のロマン派という新たな芸術運動の先陣を切ったのは、テオドール・ジェリコー（一七九一―一八二四年）である。ジェリコーは二五歳から二六歳にかけてフィレンツェに旅して学び、特にミケランジェロの作品から非常な衝撃を受けてフランスに戻り、二八歳になって《メデューズ号の筏》を描き上げた。漂流、死の恐怖、飢餓と錯乱、屍体、人肉食など、新古典派の「理想美」に真っ向から挑戦する陰惨なるリアリズムは、七歳違いの弟分にあたるドラクロワ（《メデューズ号の筏》の制作現場でドラクロワはモデルの一人として筏の上にうつ伏せに倒れている）に吐き気を催させるほどであった。自然主義的な写実が、そのままロマン主義の情念の光景になった。ジェリコーは、この《メデューズ号の筏》をサロンに出品し、それまで古典主義的な「理想美」に親しんできた周囲を愕然とさせた。兄貴分にあたるジェリコーから、ドラクロワがいかに強く、深く、多くを学んだことか。残念なことに、ジェリコーは三二歳の若さで、落馬がもとで死んだ。しかし、二人の創造のための連帯は豊かであった。

ウジェーヌ・ドラクロワ（一七九八―一八六三年）に至って、ロマン主義芸術は一つの絶頂に達する。ドラクロワが七歳年長のジェリコーから受けた影響の大きさは触れたとおりだが、ドラクロワがギリシア独立戦争に際してのトルコ軍の虐殺行為を描いた《キオス島の虐殺》を完成したのは一八二四年であるから、ジェリコーの死とほぼ同時的で、ドラクロワは二六歳であった。《キオス島の虐

ジェリコー《メデューズ号の筏》

ドラクロワ《キオス島の虐殺》

ドラクロワ

ドラクロワ《ミソロンギの廃墟の上に立つ瀕死のギリシア》

アングル《ルイ 13 世の誓願》

殺》を見て「これはキオス島の虐殺ではなく絵画の虐殺だ」と罵倒したのは、ジャック゠ルイ・ダヴィッド（一七四八―一八二五年）の弟子だったアントワーヌ゠ジャン・グロ（一七七一―一八三五年）である。グロは他方で古典主義の不徹底を師のダヴィッドから叱責され、彼の内なる矛盾は若いドラクロワの作品によっても挑発され、悩みは深刻だった。他に「ドラクロワはパリを焼き尽くす男だ」とか「ドラクロワのデッサンは狂っている」などの非難が《キオス島の虐殺》をめぐって加えられていた。これらは古典派からの誹謗であった。

さらに古典派はイタリアに移住していた大御所ドミニク・アングル（四四歳）をパリに呼び戻し、彼の《ルイ一三世の誓願》（一八二四年）をサロンに出品してきた。ジェリコー亡きあとの若いドラクロワの孤軍奮闘ぶりが目に浮かぶが、実際はナポレオンのセント・ヘレナ島にての死（一八二一年）とともに、ダヴィッドのベルギー亡命、グロの自殺などが続き、古典派の美術家たちは、なお多数派でありながら、すでにして衰運にあった。《キオス島の虐殺》はごく身近な実際の事件を主題としているが、ドラクロワは時事問題に関心を限

ドラクロワ《民衆を率いる自由の女神（7 月 28 日）》

ドラクロワ《地獄のダンテとウェルギリウス（ダンテの小舟）》

定していたわけではない。確かに、彼は一八二四年にギリシア独立戦争に加わって前線で死んだバイロン卿の詩と思想を愛し、《ミソロンギの廃墟の上に立つ瀕死のギリシア》(一八二七年)を描いているし、きわめて有名な《民衆を率いる自由の女神》(一八三〇年)も「一八三〇年の七月革命市街戦」を描いた現在形の作品である。だが、ドラクロワの本領はその多義性にあり、絵画はもちろんのこと、音楽にも文学にも非常な感受性を有していたことにある。実質的処女作《地獄のダンテとウェルギリウス(ダンテの小舟)》(一八二二年)がダンテ・アリギエーリの『神曲』に依拠しているのは言うまでもなく、さらに古代ギリシアへの追憶は古典派のそれを凌ぐものであり、シェイクスピア作品への愛着と、その絵画化の意義深さは比類がない。また、すでに触れたように、ゲーテの『ファウスト』のフランス語訳出版のために一九点のリトグラフを制作し、老ゲーテに深い感動を与えた。実際、現代の人類に共有されている悪魔メフィストフェレスの姿は、ドラクロワの作品を原型としている。ドラクロワの夢幻的非理性界への共振能力には驚嘆すべきものがある。

ゲーテは一八二六年一一月、エッカーマンに次のように語っている。

「ドラクロア氏〔二八歳〕は」とゲーテ〔七七歳〕はいった、「偉大な才能であり、まさに『ファウスト』に本物の滋養分を見出したのだ。フランス人たちは、彼をあらあらしいといって非難する。しかし、ここでは、それが役に立っている。彼は、期待どおりに『ファウスト』全篇を描き終るだろうが、私は、ことに魔女の厨《くりや》とブロッケン山の場面を楽しみにしている。〔…〕」(エッカーマン 二〇一二、(上)二八三頁)

ドラクロワによるメフィストフェレス

ベートーヴェンの「荒々しさ」には恐怖を覚え、耐えられなかったゲーテだが、ドラクロワの「荒々しさ」は創造的であって、『ファウスト』の表現と理解にはこのような荒々しさが必要だ、とゲーテは老いてなお確信している。ジャン＝ジャック・ルソー（一七一二―七八年）からヘルダーの「疾風怒濤」文芸運動に至った波動は、ゲーテに至ってベートーヴェンとは異質なラプトゥスに襲われ、『ファウスト』に結晶化したが、この大作にこもるロマン主義的なディオニュソス神の破壊力は、ドラクロワの絵画芸術のほうにだけ親和性を有した。思うに、ベートーヴェンとドラクロワのディオニュソス的原理は等しい強度を示したが、音楽と絵画という芸術表現の相違が、二人の作品に対するゲーテの異なる態度を生んだのだろう。

《キオス島の虐殺》が「絵画の虐殺」と恐れられ、嫌悪されつつ出現したのは、この対話のおよそ二年前である。音楽でなく絵画であったとはいえ、この作品の稲妻のような衝撃は全ヨーロッパ的だった。そして、フィリップ・アルベルト・シュタプフェルによる『ファウスト』フランス語訳（一八二八年）に掲載されたこのドラクロワのリトグラフ連作一九枚は、ゲーテ自身によって『芸術と古代』（同年）に紹介された。

ゲーテは、ドラクロワがなぜかくも偉大であるかについて、続けてエッカーマンに語っている。「つまりこういう芸術家の完全な想像力は、彼自身が考えている通りに、いろんな状況をわれわれに考えさせてくれるからだ。そして私は、ドラクロア氏が、私自身のつくり出した場面において、私自身の表象を凌駕していることを白状せざるをえないね」（同書、㊤二八四頁。傍点は渡辺）と。一九世紀前半のロマン主義という名のラプトゥスは、急性発作性に人類を襲ったのではない。ロマン主義におけるディオニュソス的情念の炎は、古代ギリシアのディオニュソス神以来、中世末期からルネサンスにかけての非理性の乱舞、非理性的な創造と破壊の反復以来、一貫して燃え続けていた。瞬時のうちにアポロン神に転じてしまうディオニュソス神という不可思議な逆説的芸術を、ゲーテは若いドラクロワの作品から発せられる非理性の閃光において感知した。

クロノロジカルな連接性にこだわるのではないが、ドラクロワが死んだ一八六三年、ニーチェはもう一九歳に、フロイトも七歳になっている。ドラクロワという稀有の才能は現代から遠くない。そして、夢、無意識、エスの世界、理性を呑み込んで「うねり」続ける圧倒的な非理性の世界への扉は、まもなく本格的に開かれる。ドラクロワは決して異常な夢幻者でも病人でも奇人でもない紳士だったが、その作品から発せられる非理性の閃光は、シャルル・ボードレールを貫いてニーチェとフロイトに至る強度を有していた。

## ベルリオーズ

ベルリオーズが《幻想交響曲》（作品一四）を完成したのは一八三〇年、二七歳の時である。ベートーヴェンの《第九》がウィーンで初演されてから六年後、ベートーヴェンが享年五七にてウィーンで死んでから三年後。ゲーテが『ファウスト』第二部を書き上げたと信じたいあまり、強迫的に幾重にもその原稿に封印を施したのは《幻想交響曲》完成翌年の一八三一年、ゲーテが八三歳でヴァイマールにて死んだのが、さらにその翌年の一八三二年である。

一九世紀はじめの三〇年間、ゲーテ、ナポレオン、ベートーヴェンという巨星たちがいかに輝いていたか、その閃光のもとにいかに多くの学問芸術的天才たちが生まれ出てきたことか、驚くばかりである。そして、『ドラクロワの日記』に見られる「私にとって最も現実的なものは、私が絵画を通して生み出す幻影だ。それ以外は流砂に過ぎない」（ドラクロワ　一九九九、二三頁。傍点は渡辺）という文章は、ベルリオーズのものとしても妥当で、この時代のロマン主義的芸術精神の「うねり」の激しさを刻印づけている。「夢、幻影、幻想、夢幻、悪魔的雰囲気と悪魔的光景、破滅、奇怪、煉獄と地獄、愛と死と無限への憧憬……」――これらの言葉で輪郭づけられる暗黒界こそが、この時代の創造的精神界だった。

言うまでもなく、ベルリオーズの《幻想交響曲》も、ロマン主義的主題に貫かれた物語性によって構成されている。しかも、きわめて自伝的な夢幻様体験の器楽音楽化がなされている。ベルリオーズ自身による主題進行の「プログラム」が幾通りも書かれているが、以下に、現代において聴ける演奏に則した、一八四六年頃にベルリオーズ自身によってスコアに記されたプログラムを簡略化して示しておく（デームリング　一九九三、三八六―三八七頁）。

第一楽章　夢・情熱――情念の迷走と呼ばれた内面の病いを患《わずら》う一人の芸術家が、胸に想い描いてきた理想の女性像のあらゆる魅力を一身にそなえた女を見初《みそ》め、彼女に夢中になる。恋人の姿は決まって、ある楽想をともなって芸術家の心の中に現れ、彼はその楽想に、多分に情熱的でありながら、気高くつつましやかな性格を感じる。

第二楽章　舞踏会――芸術家はさまざまな環境下に置かれ、ある時は饗宴の喧騒に包まれ、ある時は美しい自然の中で瞑想に耽《ふけ》る。

第三楽章　野の風景――ある夕方、遠くから二人の牧人が牛追い唄を歌い交わすのが聞こえる。心に新鮮な安らぎが生まれ、心は明るくなる。

第四楽章　断頭台への行進――自分の愛が無視されたと確信した芸術家は、阿片を飲む。麻薬は彼を死に至らしめるには弱すぎ、彼は眠りに落ち、恐ろしい幻影に包まれる。夢の中で、彼は自分の愛した女を殺し、判決を受け、断頭台へと引き立てられ、自分自身の処刑に立ち会う。

第五楽章　サバトの夜の夢――彼はサバトの場におり、彼を弔《とむら》うために集まってきた亡霊や魔女など、ありとあらゆる怪物たちの身の毛もよだつ群れに囲まれる。奇怪な物音、うめき声、哄笑、遠くであがる叫び声に、別の声が応じている。彼の愛した旋律がもう一度現れるが、気高くつつましやかな調子は見る影もない。それはもうグロテスクな踊りの旋律にすぎない。

現在でも頻繁に演奏される交響曲なので現代人の耳になじんでいると思うが、不気味というか、奇怪というか、まさに悪夢の世界の露骨な出現を強く感じさせる作品である。

ここは《幻想交響曲》に関して詳細に論じる場ではない。ベルリオーズという特異な、病的なまでに夢幻的な創造性の分析の場でもない。問うべきは、ベートーヴェンののちにヨーロッパ音楽がいかに変貌したか、ゲーテと一代の楽聖をめぐってヨーロッパがいかなる創造精神の変貌を遂げたか、という難題である。シューマン、ショパン、リスト、ヴァーグナーらが一気に生まれ出た光景を見ても、彼らが質の差はあれ異常に創造的（かつ非理性的）であったことが直感できる。

これらの音楽家群像において異様に輝いているのがベルリオーズだ。それゆえ、ロマン的時代精神の代表として、ベルリオーズという鋭敏すぎる神経の持ち主に私は主眼を置いている。また、E・T・A・ホフマン、バイロン卿、ネルヴァルらも、尋常ならざる情念の炎で自身を焼き尽くした不気味な夢幻者たちであった。さらに、自殺したグロ、夭折したジェリコー、「絵画の虐殺」者にならざるをえなかったドラクロワ——この者たちも、現実と夢幻の差異を、また美と醜の差異をほかならぬ芸術において消し去る、という苦しい道を歩みきった。

ここには、ルネサンス以来の古典主義的創造が不可能になった世代の、換言すれば、ゲーテとベートーヴェン以降の時代に放り出された稀有の才能たちの苦悩が見て取れる。この世代は、ゲーテとベートーヴェンという二人の途轍もない圧力によって歪みながらも創造的になりえたと言えるので、一九世紀前半の「人類の星の時間」は、二〇世紀以降を生きる人類を茫然とさせる。二大巨人は息子たちの世代を生かしたのか、殺したのか、分からないのだ。

確かなのは、二人によってヨーロッパ的創造精神における皮膜としての自我が危険なほど薄くされ、その薄膜を透かして奥底の不気味なエスのうごめきが見え始めてしまったことだ。ヨーロッパ精神においてアポロン神の黄昏が始まり、ディオニュソス神の暗黒界が一帯を覆い始めた。理性が薄膜化し、その薄膜を通して非理性の「うねり」があらわになってしまった時代、あるいは、意識が薄膜化してしまい、その薄膜を通して「無意識界／非理性界あるいは夢幻冥界が露出してしまった時代」とも換言される。

そして、ゲーテとベートーヴェン、さらには同時代のヨーロッパ社会全体という背景を変えてしまったナポレオン——この三人が、目のくらむようなロマン主義という夢幻非理性の身ぶりを生み出し、そのロマン主義の非理性に潜む異様な夢魔性、神秘性、深淵性、そして無限の多様性を創造してしまった。この三人が引き起こした巨大なラプトゥスは、ヨーロッパ精神の亀裂とも、破裂、発狂とも言い換えうるが、巨大なラプトゥスの生々しい巨大性を人類に直に実感させているのは、三人自体ではなく、三人の破裂から生まれたロマン主義芸術家たち、「三人の巨人の圧力で負傷した怒れる若者たち」だ。

ルネサンス初期の時代から一九世紀ロマン主義芸術群への約五〇〇年間、人間の創造は、理性の背後から非理性が静かに、着実に肉薄し、密着し、理性を呑み込んでいくプロセスだった。そして、今や理性を呑み込んだ非理性の暗夜が「創造の星」に到来している。ルネサンス時代以来、久しく裏面に隠されていた非理性の暗闇が、表面に露出しつつある。

### ネルヴァル

ドラクロワが『ファウスト』のフランス語訳に一九枚のリトグラフを刻み込み、これが人類のみならずゲーテその人の悪魔の形象をも決定づけてしまったことは、すでに述べた。また、ベルリオーズの《幻想交響曲》の五つの楽章が構成する自伝的夢幻の物語は『ファウスト』のプロットと酷似している。特に、第五楽章「サバトの夜の夢」が『ファウスト』における「ヴァルプルギスの夜」の音楽化であることは確かだろう。ダンテ、シェイクスピア、ゲーテ——この三人の大文豪がロマン派の芸術的創造に与えた影響は大きい。

ゲーテのほうもフランスの若者たちの動きに無関心ではなく、例えば一八三〇年一月三日にエッカーマンは書いている。

「妙な気持がするな」と彼はいった、「五十年前には、ヴォルテールの支配していた言葉で、現在もこの本が読まれていることを考えるとね。こういっても、君には私の胸の中を察することができまいね。それに、ヴォルテールやその同時代の偉大な人びとが、私の青年時代にどれほど権威をもっていたか、どれほど道徳の世界全体に君臨していたか、とても理解できないだろうな。〔…〕」

前に書いたジェラールの翻訳は、大部分散文体になっていたが、ゲーテはじつに見事な出来ばえだといってほめた。「ドイツ語では」と彼はいった、「とても『ファウスト』をもう読む気がしないさ。だが、こういうフランス訳で読んでみると、全篇があらためてじつに清新で生気に満ちた印象をうけるね。」

「『ファウスト』には」と彼はつづけた、「とてつもなくはかりしれないようなところがある。悟

性を武器にしていくらあれに近づこうとしても、無駄な話だよ。〔…〕」(エッカーマン 二〇一二、(中)一八七—一八八頁)

フランス特有の明快な言語・知性でフランス革命を準備したヴォルテールにまでゲーテの連想が遠く及んでいることは、ジェラール・ド・ネルヴァル(一八〇八—五五年)の『ファウスト』訳文がいかにゲーテ好みの明快流暢な文体であったかを示している。『ファウスト』第一部のフランス語訳刊行時(一八二七年)、ネルヴァルはまだ一九歳の青年で、ドイツ語もよくできなかったらしいが、ネルヴァルの訳文が見事だったのは、ゲーテその人が褒めていたのだから事実だろう。また、ネルヴァルは、田村毅によれば、崇拝する大文豪ゲーテのこの褒め言葉を知らず、一八五〇年の改訳再版刊行時に「訳者覚え書き」を追記して、昔の自分の翻訳についてのゲーテの賛辞を初めて紹介した(田村二〇〇六、一八頁)。ゲーテの賛辞はネルヴァルによって他の雑誌にも紹介されたから、ネルヴァルはよほどうれしかったようだ。ネルヴァルは、こうして若き『ファウスト』翻訳者として文壇にデビューした。

また、ベルリオーズの『回想録』にもネルヴァルをめぐる意義深い一節がある。

ここでまた、私の生涯のなかでのいま一つの特筆すべき事件について書かねばならない。ゲーテの『ファウスト』との出会いである。私はそれをジェラール・ド・ネルヴァルのフランス語訳で読んだのだが、それは並みはずれて深刻な印象を私にもたらした。このすばらしい書物はたちまち私を幻惑した。私は、もうこれを手放すことができなくなった。食卓でも、劇場内でも、街路でも、ところかまわずに読み耽った。

ネルヴァルの訳は散文訳であったが、ところどころにいくつかの断片とか歌とか頌歌などが韻文に訳されていた。私はこれに音楽をつけようという誘惑にどうしても逆らえなかった。〔…〕さきに述べた『ファウスト』の作曲の直後に、やはりゲーテの詩の影響から抜けきらないままに『幻想交響曲』を書きあげた。（ベルリオーズ 一九八一、(1)一五三―一五五頁）

ネルヴァル

ネルヴァルが『ファウスト』フランス語訳を刊行したのは一八二七年、ドラクロワがネルヴァル訳とは別のフランス語訳に「ファウストのためのリトグラフ一九枚」を添えてゲーテに絶賛されたのが一八二八年、ゲーテがエッカーマンに対してネルヴァル訳を大いに褒めて語ったのが一八三〇年、ベルリオーズがネルヴァル訳『ファウスト』読後の興奮の中で《幻想交響曲》を作曲したのが同じく一八三〇年であるから、ネルヴァルの翻訳になるフランス語『ファウスト』の果たした役割は大きかった。この若者たち――ドラクロワ、ベルリオーズ、ネルヴァルという三人の相互間に個人的な深い交流はなかったらしいが、『ファウスト』第一部を中心的な引力点にして、目に見えない連帯、見事な連合、あるいは夢幻様の共振が起こっていた気配があり、感動的な史実である。

なお、一八四〇年には第二部のネルヴァル訳が追加されて、『ファウスト、およびファウスト第二部』が出版されるが、第二部は筋書きの要約だけであった。実際、第二部は難解で、邦訳でも私にはよく分からない。ゲーテ自身にとっても、また当時のヨーロッパ文壇でも、難解すぎて困惑のもとになった。思えば、ドラクロワの『ファウスト』リトグラフも、ベルリオーズの《幻想交響曲》も、第一部の力だけで十二分に鼓舞されていて、ネルヴァルのフランス語訳も、同様に第一部だけで十分に過不足ない仕事として評価されうる。

そして、ゲーテその人も、その息子の世代にあたる三人のロマン派芸術家も（われわれもそうだが）、第一部の「メフィストフェレス」と「ヴァルプルギスの夜」に特別の関心を抱く。ロマン派の奔流は、人類の根底的かつ普遍的な「悪魔性」あるいは邪悪な属性を帯びた「非理性」ないし「無意識」へと向かう衝動なのだ。これは「獣性」と「神性」が溶融し合って渦を巻く夢幻界への衝動（これは夢見への衝動、弛緩と睡眠への衝動、死の欲動へと深化する）でもあろう。それゆえ、多くの芸術派の中の一派としてロマン派を特殊的に考えるのは間違いなのだ。

とりわけ非理性の圧力に圧倒された創造者として、ネルヴァルは特異である。この特異性は、創造された作品だけでなく、創造自体にこもる生命のリズムにも現れている。ネルヴァルという人物とその人生は謎が多く、確かなことは言えないが、一八四一年（三三歳）頃には「悪魔性／夢幻性／幻想性／非理性」に依拠する創造基盤を突き抜けてしまい、「発狂」あるいは「狂気の発作」としか言えない狂乱状態に陥って、入院（最初の入院は数ヵ月間という）を要するようになった。いったん落ち着きを見せて近東や南方に旅行するが、一八四九年（四一歳）頃からは「狂気の発作」の重篤化ゆえに、精神病院への入院と退院が慌ただしく繰り返されることになった。

彼の最期は一八五五年一月（四六歳）で、パリの裏町のひどく不潔な場所で首吊り死体となって発見された。この不気味な一件には他殺説も流れた。悲惨なことだが、彼が自死（？）に至った経緯は、悪夢のひとこまのようで、現実感に乏しいと感じられる。

さらに関心を引くのは、ネルヴァルの傑作と言われる作品が最晩年の五年間、四一歳以降、「狂気の発作」が重篤になればなるほど豊かに公表されてきたことである——『東方旅行記』（一八五一年）、『火の娘たち』（一八五四年）、『幻想詩集』（一八五四年）、『オーレリア』（一八五五年）など。一八二七年の『ファウスト』フランス語訳刊行から二〇年間以上、発表された作品は乏しく、田村毅はそのネルヴァル論著に「なにも発表しないロマン派青年」という一節を設けているほどだ。

ここでは否応なくヤスパースの立てた病跡学上の問題が想起される。ヤスパースは、ストリンドベルク、ゴッホ、スウェーデンボルグ、ヘルダーリン、ニーチェらを論じつつ、「精神疾患ゆえに創造したのか。精神疾患にもかかわらず創造したのか」と問い続ける。結果的には、ヤスパースによる明快な答えはない。だが、ネルヴァルの場合、事実として「精神疾患ゆえに創造した」と言うしかない。人生最後の五年間、「狂気の発作」の群発と創造的自己表現の暴発強度は軌を一にしていた、相互に作用し合っていた。

だが、ここで狂気と創造の関係の法則性を見出したと思ってはなるまい。ゲーテとベートーヴェンという桁外れのラプトゥスのあと、ロマン派芸術の連続的噴火ないし群発が起こり、この芸術は、非理性が理性を圧倒し、無意識が意識を併呑し、エスが自我を再吸収してしまう過程が進んでいくのを体現した。ロマン派芸術は「アポロンがなくともディオニュソスは実在し続けるが、ディオニュソスなしではアポロンなどありえない」という根拠的な関係を示した。この力の差異は恒常不変と言ってよく、ネルヴァルがそうだったように、ディオニュソス的な非理性／無意識に身を委ねる芸術は、死の欲動に身を委ねる創造であり、弛緩していく生命を謳う夢幻界創造なのだ。

ネルヴァルにとって「夢＝生」という等式は思想ではなく生々しい実感であって、われわれにはひどく不気味である。


現実生活への夢の流出とでも呼びたいものがこのときからはじまった。そのときから、あらゆるものがときとして二重の相をとりはじめた。——しかし、判断力が論理性を欠くことはなかった。身の上にふりかかったことなら、どんなことも記憶から脱け落ちることもなかった。ただ、行動だけが狂った外見を呈し、人間の理性が幻覚と呼ぶところのものに従っていた……（ネルヴァル 一九八六、一六頁。傍点は渡辺）

「夢」が、液体であるかのごとく、生々しく描かれている。夢と生が、幻覚と知覚が、記憶と物質が相互に直接に浸透し合い、溶け合い、現実をはるかに超越した夢幻境地が顕現している。こうなると、実在とか存在とされる世界全体が危機に陥り、壊れていくしかない。

激烈なラプトゥスの極限に至って、ついに世界は没落する（「黒い太陽が空の荒野にのぼり、……テュイルリー宮の上には血のように赤い星が見える……」）。ネルヴァルの最期に関しては、自殺説、他殺説、事故死説などさまざまあるが、この最後の引用を読むなら、世界没落体験がネルヴァルを殺害した、夢幻体験がネルヴァルを殺した、と言うしかない。ここには、殺すネルヴァルも、殺されるネルヴァルもいない。まるで神隠しのように、死の欲動が異様な一人の夢幻者を連れ去った。

ドラクロワ、ベルリオーズ、ネルヴァルを介してゲーテとベートーヴェン以後のロマン派芸術を考えてきたが、見えてくるのは、非理性が理性を粉砕する光景、無意識（エス）が意識（自我）を溶かしゆく光景である。ラプトゥスの原意が「破裂」であり、転じて「発狂」という意味をも含みもったのであれば、ロマン派芸術は「理性／意識／自我」の破裂の光景に魅せられて、これを追い求めてしまったのだ。

さて、先にも触れたとおり、この文脈では一貫して「非理性」と言い、「狂気」という使われすぎて錆びついてしまった言葉、あるいは便利すぎて意味不明になってしまった言葉を回避してきた。原則として「非理性＝狂気」という無差別視がいちおうは適切だが、以下に引用するミシェル・フーコーの『狂気の歴史』の一節は別の問題の持続を示唆している。

十八世紀以来、非理性的な生活は、もはやヘルダーリンやネルヴァルやニーチェやアルトーらの、閃光のような作品のなかにしか現われない。――しかもそれらの作品は、治癒するたぐいの精神錯乱につれ戻されることは永久にないし、また、例の大規模な道徳本位の投獄監禁――人々が、おそらく反語的にであろうが習慣上ピネルと［ウィリアム・］テュークによる錯乱者の解放

と呼んでいるあの投獄監禁に自分に特有な力で抵抗している。（フーコー 一九七五、五三一頁。傍点は渡辺）

フーコーにとって、ここに挙げられた四人、そして多くの場合、これに「ゴッホ」が加わった五人――この創造的人物たちは特別の意味をもっている。さすがのフーコーにも些細な混乱が見られるが、非理性は「非理性的な・閃光のような作品」を指示し、狂気・狂人は「道徳本位の投獄監禁によって・解放〔＝監禁、監視、治療〕された・錯乱者」を指すと読んでいい。フーコーにとって、非理性とは厳密には「作品」の属性であり、超‐歴史的かつ非‐生命的に屹立しているが、狂気は生まれては生きて死ぬ生身の「錯乱者、狂人」の属性である。「狂気＝狂人」の概念成立には、排除と監禁、さらには監視のための形而下的特質、すなわち身体性が必要であり、精神医学者、精神病理学者、精神分析家の言説の介入が必要である。非理性の概念は、超‐歴史的・超‐社会的な高みの次元に、ほとんど神聖性を帯びて「作品＝閃光」としてのみ成立する。もっとも、これは非理性と狂気の区別を意図的に定義しようとした言いまわしで、フーコー自身はあまり拘泥せずに、曖昧に二重化して使っている。「非理性」と「作品」の連結が多少とも留意されれば、それでいい。

## 3 夢幻恍惚と痙攣発作と――作品の不在以前の問題のほうへ

狂気／狂人の創造性について何か言うとき、本書では常に「夢幻」という言葉を併記してきた。「妄想」とは言わず、「幻覚」という言葉もあまり使わなかった。夢幻性――これこそが、ダンテ、シェイクスピア、ケプラー、デカルト、ニュートン、スウェーデンボルグ、メスメル、ゲーテ、ヘルダーリン、ドラクロワ、ベルリオーズ、ネルヴァル、シュレーバー、ニーチェ、ゴッホらから学んだ、創造的狂気／狂人ないし非理性の創造（作品）にふさわしい言葉だと理解しつつ、論を進めてきた。

もちろん、ベートーヴェンに至って異様な規模で炸裂してしまった「芸術的「物自体」たる音楽」は、根本からして濃密な夢幻性を帯びている。のちに大問題になってくるヴァーグナーの巨大楽劇が夢幻性実現の典型である。興奮するにせよ、陶酔するにせよ、音楽は人間を不可思議な神秘夢幻と至福恍惚の境地あるいは彼岸の不気味な夢魔に誘《いざな》う。換言すれば、持続的「対人関係（世俗的利害関係）妄想病」が真に創造的であったことは稀有ないし皆無なのだ。

ロマン派的夢幻性について芸術的創造性を連想するのは、もういいだろう。ここでは、カールバウムが緊張病において熟知するに至った神秘夢幻性を簡潔に引用して、夢幻狂気に震える身体の痙攣性を感知しておきたい。カールバウムが引用した宗教的集団ヒステリー風の光景が連想されればいいわけだが、この集団における各自全身の筋肉性器官の痙攣と麻痺をともなう夢幻恍惚の記述ののち、カールバウムは次のように四三歳の平凡な一男性公務員の世界の病理に記述を転じる。

その日の夜、往診にやってきた医師は、家族全員がみすぼらしい服を着て患者の寝ているベッドに寄りそって泣き叫んでいるのを目撃したが、その時、患者自身は外見上平静であった（恍惚状態 Ekstase)。彼は家族たちに向って、自分の病気〔の〕ことを熟慮した結果、自分は血液の中毒のために死ななければならないことがわかった、とおごそかに説明した。その晩は医師になだめられ、次の日には自分が興奮していたこと、頭が一トンもの重さの大きな桶のようであったこと、屍臭がしたことなどを自分から述べた。しかし、その日のうちにまたしても興奮状態が出現し、夕方になるにつれて彼の話し方はひどく変化してゆき、彼は自分が「素晴らしく健康」であると語った。それから、二時間の睡眠をとった後、著しい恍惚夢幻様の状態が現われた。「彼がこのような睡眠をとったのは生まれて初めてのことです。彼は別の場所、霊の世界のなかにいるかのようです。彼は自分の妻も同じように幸福になれるように望んでいるのです」(疾患が展開してゆくところを記述した妻の言葉)。翌日、興奮は更に強くなった。彼は自分をめぐって奇跡が起きたこと、自分はすでに死亡して神が自分に神々しく輝く身体を与えてくれて自分を生き返らせたことなどを語った。〔…〕浣腸されそうになった時にはそれを強く拒否した。「私の肉体は聖なる肉体である。私の肉体に触れることは許されぬ。——それは神性を冒瀆することになるであろう」〔…〕。(カールバウム 一九七九、一六二—一六三頁)

唐突と思われるだろうが、先に少し触れたように、カールバウムの病像記述はフョードル・ドストエフスキーの小説世界の雰囲気と主人公たちの言動を連想させる。カールバウムより七歳年長のこの大文豪は、周知のように典型的な「癲癇《エピレプシー》」の人であり、作品の中にも多くの「癲癇」性神秘事象・神秘体験と痙攣事象を深く刻み込んでいるが、この偉大なロシアの作家については後述するので、ここではカールバウムの症例記述が発する独特の雰囲気に触れた時の私の連想が四〇年以上にわたって揺るがない、という事実を記しておくだけにする。

話をカールバウムの症例報告に戻す。この病者は改善し、諸々の痙攣発作も神秘夢幻の体験も消えていき、約三ヵ月で退院して、五年後には精神病になった知人に病院への入院を勧め、誠実に協力した。この病者は「閃光のような・非理性的作品」産出も、創造的営みも示していない。フーコー流に言うと「カールバウムによって解放された、治癒する類いの精神錯乱」者とでも言うしかない平凡な病者の一人にすぎない。痙攣や麻痺を反復した筋肉症状も、熱情的な夢幻性を帯びた神秘体験も臨床上ありふれているがゆえに、これは典型的な狂気（ヴェザニア）の人である。カールバウムの報告例も、私個人の経験例も、緊張病者《カタトニー》であれば、その人は常に超俗的・宗教的・神秘的世界に漂う。緊張病性の冥界には、世俗的欲望ゆえの迫害妄想（「対人関係妄想」）に支配された生臭い闘争の因果物語）など出現しえない。

ここまで来ると、夢幻性の狂気が充満する緊張病者の世界と妄想性の非理性を刻印づけられたパラノイア者の世界との対極性が見えてくる。言い換えれば、夢と妄想は違う、という実証がなされてくる。『狂気の歴史』の中にも、ジャック・デリダ（一九三〇―二〇〇四年）の批判に応じるフーコー自身の反論が書かれているが、「眠る人ないしは夢をみる人は狂人以上に狂っている〔…〕。夢をみる人は、ここでデカルトの関心をひいている認識の問題についていえば、真の知覚から狂人よりもっと遠く離れている」（フーコー　一九七五、五八九頁。傍点は渡辺）とのデリダの指摘を、フーコーは高く評価している。

フーコーもデリダも、狂人と非理性の概念差異にあまり神経質になっていない。二人がともに大いに問題にしているのは、狂人と「夢を見る人」の違いだ。「夢を見る人」は「真の知覚」から「狂人よりも離れている」としていること、「痙攣者＝夢幻者」は「夢を見る人」に近く、「狂人＝妄想者（パラノイア者／妄想知覚者）」からは遠く離れていることが熟考されるべきである。「痙攣者＝夢幻者」が精神医学と宗教社会学の二方法によって重ね描きされていた一九世紀、芸術界においても「痙攣者＝夢幻者」の創造あるいは「癲癇／ヒステリー／緊張病」と表記されうる病理性ないし生命性の様態に依拠する（濃密にロマン主義的な）作品創造が優勢化してきた。これは、具体的に芸術家の創造行為を見ていけば明瞭になる。

以下、この問いにふさわしく考えていきたいが、念頭にはすでにロシアの超絶的大文豪とバイロイト楽劇の巨匠の顔が浮かんできている。夢／夢幻冥界／緊張病／癲癇／ヒステリー……という連合の創造性が明瞭に湧出してくるのは、ドラクロワ、ベルリオーズ、ネルヴァルらの作品群産出に遅れること数十年、一八六〇年代以降のことである。まず痙攣の具体相を見るためにも、カールバウムの文章を再読してみたい。

## 4　癲癇／ヒステリー／緊張病

『緊張病《カタトニー》』という小さな本の中には「痙攣者」の記述がある。重視すべきは、カールバウムが「熱情的恍惚（エクスタシー）」と名づけた「神秘夢幻体験と痙攣する身体（痙攣する生命）」が、緊張病において、また痙攣者において、特に強烈な宗教性と不可分に密着している、と指摘した点である。カールバウムは、ルイ・フロランタン・カルメイユ（一七九八―一八九五年）という医師の総括的研究論文「ヨーロッパにおける科学のルネサンスから一九世紀までの……視点から考察した狂気について」（一八五二年）を引用し、その中で見るべきドイツ語圏内研究者に論を進めている。カールバウムの詳細な文章を簡略化して引用しよう。

彼〔カルメイユ〕は次のように述べている。ヤンセン宗派の熱狂的な信者にはさまざまな形の痙攣性状態の後、またはその最中にいろいろな出来事が起こるのである。多くの出来事（麻痺やつんぼなどの治癒）の他に、不随意的な祈禱衝動、朗吟や説教の衝動が現われてくる。「多くの者は二日も三日間も無動無感覚の状態にあり強直した姿勢をとり続ける。両眼は大きく見開かれ、すわっていて、顔面は蒼白であり、それはまるで死人のようである」〔…〕――「また聖メダールの痙攣者はカミサールのように長い長い談話を始める。〔…〕たいていの者は痙攣発作の後、自分に何が起こったのかわからなかった〔…〕。この流行は一七二七年の春に始まり、一七四一年頃まで持続しその後も認められた。〔…〕」〔…〕。しかし、これらの痙攣者のなかには、緊張病と見なし得る症例の他に、なお別種のものとして理解すべき諸状態（たとえばヒステリー、舞踏病、強硬症 Katalepsie, てんかん）が存在していたように思われる。ただし、この事件は、宗教的ならびに政治的な党派間の激しい論争や、当時かなり支配的であった秘密主義や神秘主義の風潮によって不明確にされてしまっており〔…〕。

今世紀〔一九世紀〕スウェーデンに発生した説教病をめぐる状況はより単純明解〔…〕。「一八四二年以降、説教癖は多勢の少女たちを侵している。特に、スマランド州で目立つ。これらの少女たちは病的な症状を示しながら、内的には自分たちが否応なく説教へと突き動かされてゆくと感じている。〔…〕彼女たちの異常な状態は、悔悟と改心への強烈な覚醒感とともに始まり、それには、不快感、頭部や下腹部の重苦しさ、胸の焼けつくような感じが伴う」（初期メランコリーの段階！）「……痙攣によって多くの者は開眼し、説教病の段階に達する。穏やかな痙攣では両肩が胸部に向って激しく突き上げられる。しかし、程度がひどくなると両腕そして全身が荒々しく震るえ出す。……説教中の少女の目つきや表情は独特であって、肉体的な苦痛の際にのみよく現われて来るような現象である。……運動は完全に不随意的である。この状態が過ぎ去ると患者たちは、不随意運動に身を委せていたのではなく、そうするように強いられていたのだと主張する。そこで彼女たちは、自分がより高貴な力の影響下に立っていると確信するわけである。〔…〕」。

この報告のなかから、先に記述して来た緊張病特有の傾向、つまり、初期メランコリーという第一段階と音誦症（説教癖！）によって特徴づけられる絶頂段階とを認めない者がいるだろうか？　宗教的熱狂性に襲われた者では、恍惚状態の姿をとった弛緩症段階も出現してくる。一般に宗教的な狂疾 religiöser Wahnsinn の歴史や宗教的熱狂に関する歴史的な記述のなかには緊張病との著しい類似性を発見することができる。このような問題をめぐって、臨床的研究というわくを踏み越え、私自身の観察の限界を乗り越えてゆくことは、有益なことなのかも知れない。（カールバウム 一九七九、一〇七―一一〇頁）

現代精神医学の立場からは、これが宗教的雰囲気で濃密に染め上げられた「集団ヒステリー」の記述であるとの推測は容易になされよう。中世以来の魔女や魔女狩り、異端審問に関する多くの歴史書、心理学書の記述と酷似している。それなのに、カールバウムという臨床家は、いったいなぜ緊張病という臨床単位を克明に記述し、確定したと信じた途端、しかも自分自身もヒステリー者や癲癇者の病像を熟知していたにもかかわらず、さらにまた故郷の大先輩カントの批判書やゲーテの文学書を熟読し、カール・フォン・リンネ（一七〇七―七八年）の偉大な分類学の論文を愛読するほど高度の知性をもっていたにもかかわらず、あえて緊張病の臨床単位性を明示した直後に、これをヒステリーや癲癇と再び混ぜ返すような論の進め方をしたのだろうか。

カールバウム

理由はいろいろあるだろう。以下、比較的明瞭な三つの理由を挙げておく。

第一、カールバウムは緊張病を見出した頃、表向きは精神疾患が複数の独立疾患単位から成ると言いつつも、ヴェザニア（狂気）は結局一つなのか、と思い悩んでいたふしがあること。第二、緊張病が典型的ヴェザニアとして精神病群の中心に真っ先に措定されるべきなら、古代から「狂気」と言われてきたいっさいの精神事象（古代ギリシア以来、神聖なる病とされた癲癇を含む発作性事象群）が再検討されねばならない、とカールバウムが考えていた可能性が大きいこと。第三、フランス語圏で「モノマニー」とか「理性的狂気」と言われる「パラノイアあるいは近縁の妄想性疾患」は除外されているが、しかしメランコリー／マニー／ヒステリー／癲癇／緊張病という一連の現象はその質的異同を幾度も検証されるべきだ、とカールバウムが考えたこと。実際、メランコリー／マニー／ヒステリー／癲癇という、いわばディオニュソス的な系列は緊張病の疾患諸段階とみなされるに至る。したがって、カールバウムは、分類学者として、精神病学は「疾患単位論」に立脚すべきだと思考しつつ、現実臨床では「緊張病・一元論（緊張病＝ヴェザニア中核論）と言うべき単一精神病論」が妥当なのか、という葛藤に陥っていたこと。

以上三つの厄介な事情が、緊張病とメランコリー／マニー／ヒステリー／癲癇という系列との鑑別にカールバウムが異常なほど拘泥した理由だろう。言い換えれば、カールバウムは非理性事象の中でディオニュソス性生成とアポロン性存在を同視するのは原理的誤謬であることを、すでにして知っていたと言える。

## 5　ボードレールにとってのドラクロワ

一八二一年、常軌を逸してディオニュソス的な創造者が二人、シャルル・ボードレールが四月九日パリに、そしてフョードル・ドストエフスキーが一一月一一日モスクワに生まれた。この種の同期的出来事は、むろん偶然だ。しかし、ヨーロッパの非理性的創造の歴史を遠近法のもとに見るには知っていていい事実である。「非理性の連帯、作品の連合、創造の群発」の実例が、ここにもある。特にボードレールとドストエフスキーの同時的誕生は、ナポレオン・ボナパルト誕生の翌年にあたる一七七〇年に一気に開始されたベートーヴェン、ヘーゲル、ヘルダーリンという奇蹟的生命群発の祝祭楽劇を連想させるほどの強度を帯びている。

ボードレール

ともかく、パリにシャルル・ボードレールが生まれた。そして一八二七年、シャルルが六歳のとき、哲学や芸術に親しんで絵も描いていた父親が六八歳で死亡する。父親の死の翌年、シャルル七歳時、まだ三五歳であった母親が再婚したことが、シャルルの繊細すぎる感受性に外傷的に作用した。この比類のない詩人は、絵画芸術に、同時に音楽芸術に異常に鋭い感性をもっていて、見事な批評文を残してくれた。『悪の華』（一八五七年）の徒でありながら総合芸術の達人でもあり、デカダン的でありながら、どこか万物を照応せしめる晴れやかさをも兼ねそなえていた。

この時代、フランス絵画芸術は、アングルからドラクロワへ、またジャン＝フランソワ・ミレー、ジャン＝バティスト・カミーユ・コロー、ギュスターヴ・クールベから、エドゥアール・マネ、クロード・モネへと歩んでいた。詩人にとって、ドラクロワはまさしく別格的な大天才であった。この二三歳年長の、燃え上がる情念の火焔と色彩の画家は、若い天才詩人に芸術の総合性という理想を官能的に植えつけた。以下に引くのは、ボードレール二四歳時のドラクロワ頌歌である。

　ドラクロワの愛するダンテとシェークスピアは、人類の苦痛を描くもう二人の大画家だ。彼はこの二人を徹底的に識っており、彼らを自由自在に翻訳することができる。彼のタブローの打ち続くさまを眺める時、さながら、何かしら苦痛をともなう秘儀に参列するの思いがする――《ダンテとウェルギリウス》、《キオス島の虐殺》、《サルダナパロス》、《橄欖《かんらん》の園のキリスト》、《聖セバスティアヌス》、《メデイア》、《難船者たち》、そして、かくも嘲弄され、かくも理解されるところすくなかった《ハムレット》。〔…〕《コンスタンティノープルの十字軍》の前景にひざまずき、髪を垂らしている女がそうだ。《キオス島の虐殺》の、かくも陰気でかくも皺の寄った老婆がそうだ。この憂愁《メランコリー》は、彼のタブローとしては最も瀟洒で最も華やいだ《アルジェの女たち》の中にまで息づいている。憩いと沈黙に満ち、豪奢な織物とくさぐさな小物類でいっぱいの、この小室内詩は、何やら知れぬ悪所めいた高い香りを発散させており、それがわれわれをかなりすみやかに、悲しみの測り知られぬ冥府の方へとみちびくのだ。一般に彼は綺麗な女性を描きはしないが、それはただし上流社会人士の観点からしてである。ほとんどすべての女たちは病んでいて、一種の内面的な美しさに輝いている。力を表現するのに筋肉の太さをもってするのではいささかもなく、神経の緊張によってするのだ。〔…〕こと崇高な身振りに関して、ドラクロワの好敵手は、彼の芸術の外にしか見当らない。（「一八四六年のサロン」、ボードレール 一九九九、(1)一一九―一二二頁。傍点は渡辺）

若いボードレールの陶酔したような文章は「ロマン主義と色彩とは、私をまっすぐにウージェーヌ・ドラクロワへとみちびく」と始まっている。すなわち、神経的に、道徳的に病んで、著しい緊張の中で、けだるさが、陰鬱な閃光に輝いていることがボードレールの理解したドラクロワであり、ロマン主義だ。ここまで徹底してロマン主義の非理性を生きた芸術家は、彼以外にはいなかった。この憂鬱と苦痛ゆえに病的になってしまう稀有の画家ドラクロワより四歳若かった大詩人ヴィクトル・ユーゴー（一八〇二―一八八五年）もここまでは異様でないし、リストやシューマンやショパンの楽曲にも、これほどまでに徹底したロマン派楽想はない。ドラクロワと遭遇したボードレールから発せられた「閃光」は、後続の詩人たちにとって、いかに強烈であったことか。

こうして、ドラクロワからボードレール、ボードレールからベルリオーズ、ヴァーグナーへ、という絢爛たる夢幻様連合が紡ぎ出されていく。この豪華な非理性の連帯は、ドラクロワの創造とともに成立した。この連帯の真実の豪華絢爛に気づく精神は少なく、人は発生した連帯の偉大さを感知すべく、ボードレールやニーチェら第一級の慧眼が開くのを待たねばならなかった。

ボードレールがいかに徹底的にドラクロワを愛し、いわゆる古典主義的理想美を忌避していたか、その比較対照の激しさは驚くほどだ。先に少し触れたが、古典派の巨匠としてドラクロワの前に立ちはだかったドミニク・アングルは、ボードレールにとって、いかなる作為であったか、いかほどまでに不自然な人為と見えたことか、少し読むと分かる。引用はしないが、偉大なるアングルを理想美という空想にとらわれた「正確な形をした型紙作り屋」と指弾するボードレールの批評文の激しさは、新古典派の作品たち全体にとって破壊的ですらあった。

自我がエスを矯正・改良するのではなく、エスが自我（という「型紙」作り屋）を貫通し、引き裂く時にのみ、「自然と画家は一体となって」比類なく美しい連帯が起こる――この経緯をボードレールの眼光は見抜いた。

自我（＝型紙）の人為性が粉砕され、花火のように破れて飛散するとき、エスの美はその姿を現す。自我＝型紙の敗北こそが美の必須要件だ、危うい（自我とエスの）均衡（緊迫関係）こそが不可欠だ、という感覚は、ボードレールが字義どおりには言っていないにせよ、重要だろう。もちろん、ボードレールは単なる自然主義作家などではない。デカダン的な神秘家、苦痛の夢想に陶然とする一種の倒錯者だ。このこともドラクロワ評を媒介にして告白されている。

> まことドラクロワの絵画こそは、そのような、精神の美しき日々の表出だと私には思えるのだ。それは強烈さを身にまとうているし、その輝きは特権にめぐまれたものだ。超敏感な神経によって知覚された自然と同じように、それは超自然主義を啓示する。（同書、(1)三四〇頁。傍点は渡辺）

これはボードレールのドラクロワ論の絶頂だろう。神経があまりにも敏感になるなら、リアリズムも超 - 自然（超 - 現実）主義になってしまう。しかし、これは後年のシュルレアリスム芸術の人工性とは別である。異次元の高みの「熱情的恍惚」（カールバウム）に震える色彩の夢幻界から発せられる超自然性のありさまこそがドラクロワによって描かれた、そういう出来事をボードレールは目撃した。「病的な、神経的な、緊張」は、そのまま「超自然の輝き、夢幻の啓示、神経の痙攣と弛緩」を意味する。この種の背理の語法、矛盾／両義的というよりも（語られるごとに意味がひっくり返ってしまう）叛意の語法は、ボードレールにはよくある、というより、必要な語法なのだ。

ドラクロワ《アルジェの女たち》

《アルジェの女たち》（一八三四年）を見れば、「病的な、神経的、生命の緊張」は、とりもなおさず「けだるい、蕩《とろ》けるような、生命の弛緩」なのだと納得される。夢幻界の異次元性は、夢幻の感覚が五感のままで五感の差異を超越して神秘的溶融に至ることに現れる。ドラクロワという絵画芸術家には、超越と神秘が充満している。彼は色彩と同じくらい、いや、色彩以上に音楽を愛していた。この画家は「無意識／非理性

／エス」の化身であった。

ボードレールがドラクロワからヴァーグナーへと歩みを進めること自体、この詩人の非理性的創造力の桁違いの強度を証明している。ドラクロワからヴァーグナーへの歩みの途上で、詩人は『悪の華』を生んだ。詩歌が音楽から何かを強奪しようと、逆に音楽が詩歌から何かを強奪しようと、象徴の森の中で起こる出来事は理性的ではありえない。狂気／狂人と断定することはできないが、『悪の華』という「作品」は弛緩と痙攣を反復する非理性から発する「閃光」だった。

ここからヴァーグナーの夢幻的な祝祭空間に没入し、陶酔し、痙攣しながらつぶやくのは、詩人にとって必然だった。

## 6　ヴァーグナーとボードレール

ヴァーグナーが四八歳のとき、《タンホイザー》がパリ・オペラ座で初演される。だが、妨害が起こり、公演は三回で断念された。傷心のヴァーグナーはパリを離れてウィーンに向かい、そこで自作《ローエングリン》を初めて観る。このとき四〇歳になっていたボードレールは、一連の不穏と騒乱の件について、一八六一年に重要な批評文「リヒャルト・ヴァーグナーと《タンホイザー》のパリ公演」を即刻書き上げる。以下、ヴァーグナーとボードレールの照応がいかに美しく実現したのかを知るべく、この批評文の一部を引用してみよう。

『タンホイザー』は、人間の心情を主戦場に選んだ二つの原理の、すなわち肉体と精神との、地獄と天国との、魔王《サタン》と神との闘争を表象する。そしてこの二元性は冒頭から、序曲によって、比類のない巧妙さで表象される。〔…〕「巡礼の歌」がまず最初に、至高の掟の権威をもって、あたかもただちに人生の真の意味、普遍的な巡礼の目標、すなわち神を指し示すもののように、出現する。しかしいかなる意識にあっても神に対する内面的な感覚は間もなく肉体の淫欲によって溺らされてしまうのと同じように、聖徳を表象する歌は、逸楽の吐息によって少しずつ沈められてゆく。〔…〕『タンホイザー』の序曲でも、二つの相反する原理の闘争において、彼は劣らず巧妙で劣らず力強いところを見せた。いったいどこから楽匠は汲んできたのだろうか、この狂暴なる肉体の歌、人間の悪魔的な部分に対するこの絶対的な認識を？　最初の数小節からして、神経は旋律に呼応して生きる。想起する肉体はいずれも慄《おのの》き始める。〔…〕彼〔タンホイザー〕は、精根を涸《か》らす愉楽に飽きて苦痛を熱望する！（ボードレール　一九九九、(2)三〇二―三〇五頁。傍点はボードレール）

ヴァーグナーとボードレールの万物照応的共振は、夢幻の境地で狂的に痙攣し合う〈ヒステリー／緊張病《カタトニー》〉という生命の非理性発作そのものではないか。カールバウムが北欧の田舎の精神病院でヒステリー／緊張病の者に見出した「熱情的恍惚」と「痙攣する生命」の異様な結合は、「閃光のような作品」こそ生まなかったにせよ、ヴァーグナーの楽劇の原始原生的な培地であった。そして、《タンホイザー》は《ローエングリン》と一体になって「痙攣する生命／熱情的恍惚／神秘的至福／夢幻の愉悦と苦痛の奔流」と化して、ボードレールを、さらにはヨーロッパ精神史を刺し貫いた。

だが、既述したように、「ヒステリー／緊張病」という表記は、あまりにも医学的、あまりにも病理的ではないか。ヴァーグナーやボードレールは精神異常者なのか。むろん、そんなことはない。精神医学的概念や精神異常者の次元を踏み抜いて、いったん深淵に没し、暗黒の冥界から回帰してくる原始原生的な生命の質と威力こそが問題なのだ。この深い次元の生命の拍動は、例えば病理性に回収されてしまう「ヒステリー／緊張病」とは表記できない。しかし、他に適切な名づけがないので、原始原生的な生命性の質と威力を〈ヒステリー／緊張病〉と表記する。ラプトゥス事象群としてこれに癒着している癲癇も、その病理性の床板を踏み抜いて生命性の深みに達するなら、〈癲癇《エピレプシー》〉と表記されるべきだ。

この表記上の差異は真贋正誤の記号ではない。ドストエフスキーは「癲癇／ヒステリー」者だが、作家の深淵からの〈癲癇／ヒステリー〉親和的生命力こそが異様な作品群を群発的閃光として創造した。最終的に〈癲癇／ヒステリー／緊張病〉なる生命様態は、いわば三つ巴《どもえ》になって、フロイトが論じ始める〈エス〉に肉薄していく（病理的個性を失って「一者」になりゆく）。「癲癇／ヒステリー／緊張病」は、いわば「自我」に近く浅い表層に現象して病理的個性を発揮するが、〈癲癇／ヒステリー／緊張病〉は〈エス〉と同等の深層にあって、生命たる〈エス〉の三様の個性を表現している。

## 7 『罪と罰』出現以降の創造——ドストエフスキーの巨大な懊悩と夢幻界

ボードレールがベルギーで「脳病」に倒れ、死の床に臥した一八六六年（翌年死去）、詩人と同じく四五歳になったドストエフスキーは、とうとう大作『罪と罰』を完成し、出版した。

ナポレオン的強者のキリスト的愛への屈服……全体として、病的に合理的な冷血の思考が夢幻様の至高の愛の光景に抱かれて浮遊する不思議さが特筆に値する。いっさいが夢幻か実在か分からない不気味さ。いや、いっさいは夢幻なのだが、その夢幻地獄の熱情と夢幻地獄の恍惚の混淆が独創的であって、これを文豪の最高傑作とする見解は、よく理解できる。

ボードレールとドストエフスキーの二人よりも七歳若いプロイセン（ケーニヒスベルクとゲルリッツ）の精神科医カールバウムが『緊張病』を刊行したのは一八七四年、『罪と罰』刊行の八年後だが、そこに明記された「熱情的恍惚、宗教的熱狂性、痙攣する生命、夢幻様神秘体験」の狂気世界と、ドストエフスキーの『罪と罰』以降に続く巨大な小説群全体に充満する雰囲気は酷似していると私が気づいたのは、既述のごとく四〇年くらいも昔のことである。以後、類似の印象を言った人はあまりいない。理由はもちろんカールバウムという精神科医の知名度の低さゆえ、仕方がない。私的直感に一理あるなら、雰囲気的類縁性が北欧辺境のスラヴ化された大地のキリスト教的宗教風土の共有と関連しているのかもしれない。

ドストエフスキーの文学と「癲癇」という連合なら、誰でも認めよう。多くの論者が多くを語っている。だが、この文学を「熱情的恍惚の夢幻境に浮かびつつ痙攣する生命＝〈緊張病〉」に近接させるなら、新奇な連合の成立もまた容易ではないか。実際、二〇世紀の精神医学が分解し、ばらばらにして（生命の表層の「症状名」として）しまう以前の〈癲癇《エピレプシー》／ヒステリー／緊張病《カタトニー》〉という三つのラプトゥス性生命様態（ディオニュソス性生命様態）の連帯は、本来、相互に切っても切れない癒合癒着状態にある。

それゆえ、分解操作は精神科医の内に潜む「パラノイア（理性的狂気）性の知的体系秩序への強迫と偏執」の帰結だった。ベルクソニスムに則するなら、自然科学は収縮を好み、芸術は弛緩を好むが、ここ一世紀間のクレペリン＝ブロイラー流の精神医学は強迫的にひきつったままの収縮攣縮と強迫的鑑別に拘泥している。常識的に言えば、自然科学は過度に弛緩してはならないし、人文科学は臨機応変で伸縮自在であっていい。しかし、芸術は過度に合理的に収縮してはならない。これは大作曲家たちやドラクロワ、ボードレールの言うとおりだ。

では、精神病理学は基本的にどうあるべきか。非理性（無意識／エス）あっての理性（意識／自我）であり、決して理性（意識）あっての非理性（無意識）ではないと知るなら、ボードレールほどの至高性には至らずとも、精神病理学もある程度は弛緩する能力を身につけなければならない。それゆえ、〈癲癇／ヒステリー／緊張病〉という、かなり弛緩した生命的連帯の表記法が、妥当かつ有用だとみなされるのだ。

臨床上の必要に応じて臨機応変に収縮する能力を医学は失ってはならないが、いつも収縮していたら、「人体」物質相手の物理と生理はともかく、人間の生命性は見えなくなる。柔軟に弛緩した感受性に瞬間的収縮の閃光が走る時にのみ、《……ヘルダーリン／ベートーヴェン／ドラクロワ／ネルヴアル／ベルリオーズ／ヴァーグナー／ボードレール／ドストエフスキー／ニーチェ／ゴッホ……》という豊かな深層の夢幻連合が、つまり人類の夢が透視されてくる。一流の非理性的ロマン派芸術家たちがこの夢幻連合に参入してくるだけでなく、ピタゴラスやプラトン、ケプラーやニュートンも、その夢幻的非理性の創造という点で、この連合に溶け込んでいる。

精神医学の臨床においても、患者と医師が全人的に直感し合うこと、つまり弛緩した雰囲気の中で出会い、瞬時の収縮を反復することが、相互理解の土台になる。ヴァイヤー、メスメル、ピュイゼギュールから、シャルコー、カールバウム、モーズリー、ジャクソンを経て、フロイト、ユングに至る、弛緩と収縮の意味を熟知した深い流れのごとき臨床医学は、もう戻ってこないのだろうか。

精神と生命の弛緩と収縮の脈動、これを最も明晰な形で論じたのはベルクソンだが、これらすべての事情を承知した上で、ドストエフスキーの不気味な夢幻境を自身の文体で完璧に描ききったのは、世にドストエフスキー研究者は多いが、小林秀雄だけだ。特定視点、特定方法、そこに生じる分解癖を捨てて神秘をそのままに受容しないと、以下のような妖気漂う文章は書けない。

――いつの間にか、ラスコオリニコフは、又、あのアパートの階段を登り、あの室に来ている。婆さんを殺してから三日目の夜の事である。何んとは知れぬ力に押されて、この部屋を訪れ、鈴の紐を引き、あの時と同じブリキの様な音に耳をすまし、奇怪な快感を味ったのは、つい昨夜の事だ。しかしラスコオリニコフには、もはや時間の観念という様なものはない。読者にしてみても同じ事で、幾時何処で昨夜が終り、今朝が来ていたか、誰も言う事が出来まい。この長篇には、主人公の殺人から自白まで、一週間の出来事が書かれていると聞かされて、驚かぬ読者はないだろう。〔…〕見ると椅子の上には老婆が腰をかけていた。彼は、静かに斧をとり出し、脳天目がけて打ちおろす。手ごたえはない。老婆は低く低く頭を垂れる。身をこごめ、覗き込むと、彼女は笑っている、相手に聞かれまいと笑いを嚙み殺し乍ら笑っている。彼は狂憤にかられて、又一撃する。老婆は、全身を揺ぶり高らかに笑う。――目が覚める。見知らぬ男が戸口に立っている。一体これは夢の続きであろうか、とラスコオリニコフは訝る。確かに夢は続くのだ。この長篇は、主人公に関する限り、一つの恐ろしい夢物語なのである。

美しい夢も、やがては覚めねばならぬ、と人は言うが、何も彼も夢だと観じた頭脳の悪夢に、覚める期があるのであろうか。これが、極めて難解な全篇の主題を成す。〔…〕事件の渦中にあって、ラスコオリニコフが夢を見る場面が三つも出て来るが、そういう夢の場面を必要としたについては、作者に深い仔細があったに相違ないのであって、どの夢にも、生が夢と化した人間の見る夢の極印がおされている。彼は、目覚めては又もう一つの一層深い夢を見ねばならぬ様子である。（小林 一九六七c、二二七―二二八頁。傍点は渡辺）

何と不気味で妖怪じみた夢幻性を小林は読み取っていることか。何度か『罪と罰』を読んだあと、この批評に出会うまで、私はこの小説の恐ろしさをこれほど明瞭には感知しえなかった。これは底なし沼のごとく深まっていく夢（夢幻冥界への落下）の恐怖だ。『罪と罰』は、わが国に、推理小説として、次いでキリスト教的な愛の文学として波状的に輸入されたが、ここにおけるほどグロテスクな夢幻冥界の物語として喝破されたことはなかった。そして、当時も、以後も、この批評の非理性的な独創が気づかれたことは、あまりなかった。

この批評はラスコーリニコフを新たな「ヴァルプルギスの夜」へと際限もなく投げ返す。これは、ドラクロワの《地獄のダンテとウェルギリウス（ダンテの小舟）》、《キオス島の虐殺》、そしてメフィストフェレス（リトグラフ）が、ベルリオーズの《幻想交響曲》が、ネルヴァルの『オーレリア』が、そしてボードレールの「二重の部屋」や「酔いたまえ」が否応なく連想されてしまう、そういう独創的な批評文である。

この夢幻様の熱情的（かつ熱病的）恍惚の文章には「時間」がない。あると強引に言っても、それは無意味な時間にすぎない。主人公も、読者も、作者も、無‐時間の〈エス〉の深みへとひきずり込まれていく。「時間‐以前とも、時間‐以後とも、時間‐の彼岸とも」言えるこの世界には、存在の基盤とか、現実の根拠とか、生命の自覚と言うべき意識秩序の基盤がない。著者も、主人公も、読者も、評者も、不気味な夢幻渦動に呑み込まれる。こういう恐ろしい「瞬間の長編」なのだと心底から痛感したのは、ドストエフスキー自身を別にするなら、小林秀雄のみかもしれない。

無‐時間性の宝石が散乱している、〈エス〉に殺された自我の瓦礫《がれき》が散乱している夢幻空間の光景は、アポカリプス的としか言えない幻覚（現実抜きの幻覚なのだから幻覚とすら言えない）であって、ここには知覚も、感覚も、錯覚も、妄想も、睡眠も、何もない。何かが「ある／ない」と言っても意味をなさない、そういう異界が書かれ、読まれ、論じられている。ラスコーリニコフという名を与えられた一個の生命は、時間が死んだ「夢（らしき何か）の中で」戦慄し、全身をひきつらせて痙攣しながら、底なしの虚空を落下していく。時間を剝奪された（行動秩序を完璧に禁止された）生命様態は、（まだ屍体ではないのだから）無秩序不規則に痙攣するしかない。

『罪と罰』には、その後の『白痴』（一八六八年）、『悪霊』（一八七三年）、『カラマーゾフの兄弟』（一八八〇年）の場合のような鮮烈な癲癇発作体験は明瞭には描かれていない。しかし、緊張病に固有の「夢幻地獄・夢の神秘」がぞっとするほど露骨に描かれているのは『罪と罰』なのだ。ソーニャという無垢の女性において露骨なヒステリー性はまだ背景に退いているが、ラスコーリニコフ自身の「解離し尽くせない解離と夢魔、呪われた（何も忘れられない）忘却、何も演じられない演技性、際限なく夢魔に翻弄される狂憤」――これらがヒステリーの代理現象になっている。

『罪と罰』刊行の二年後の一八六八年、四七歳になったドストエフスキーは『白痴』を完成し、出版した。「真に美しい人間」を描こうとしてムイシュキン公爵を創造するが、イエス・キリストと似て非なる「美しい人」しか書けなかったのは、たぶんムイシュキンの「癲癇者」という病理性規定とその描写が強すぎたせいだ。また、『白痴』以降、今日の精神医学で言う、いわゆる「人格障害的人間、とりわけ境界性人格障害的な女性」が、しきりと描かれる。カメレオンのように変貌し続ける自我と、嵐のような激情と行動が発作的に荒れ狂う、そして周囲の人間、特に男性の人生を衝動的に破壊してしまう、そういう女たちが登場してくる。

この人格異常も〈癲癇／ヒステリー〉親和的な生命様態が生み出す自我たちだが、『白痴』に登場するムイシュキン公爵の真性〈癲癇〉発作の神秘夢幻の描写は圧倒的な迫力をもっている。登場人物に託してドストエフスキーが自身の〈癲癇〉発作体験を告白している。

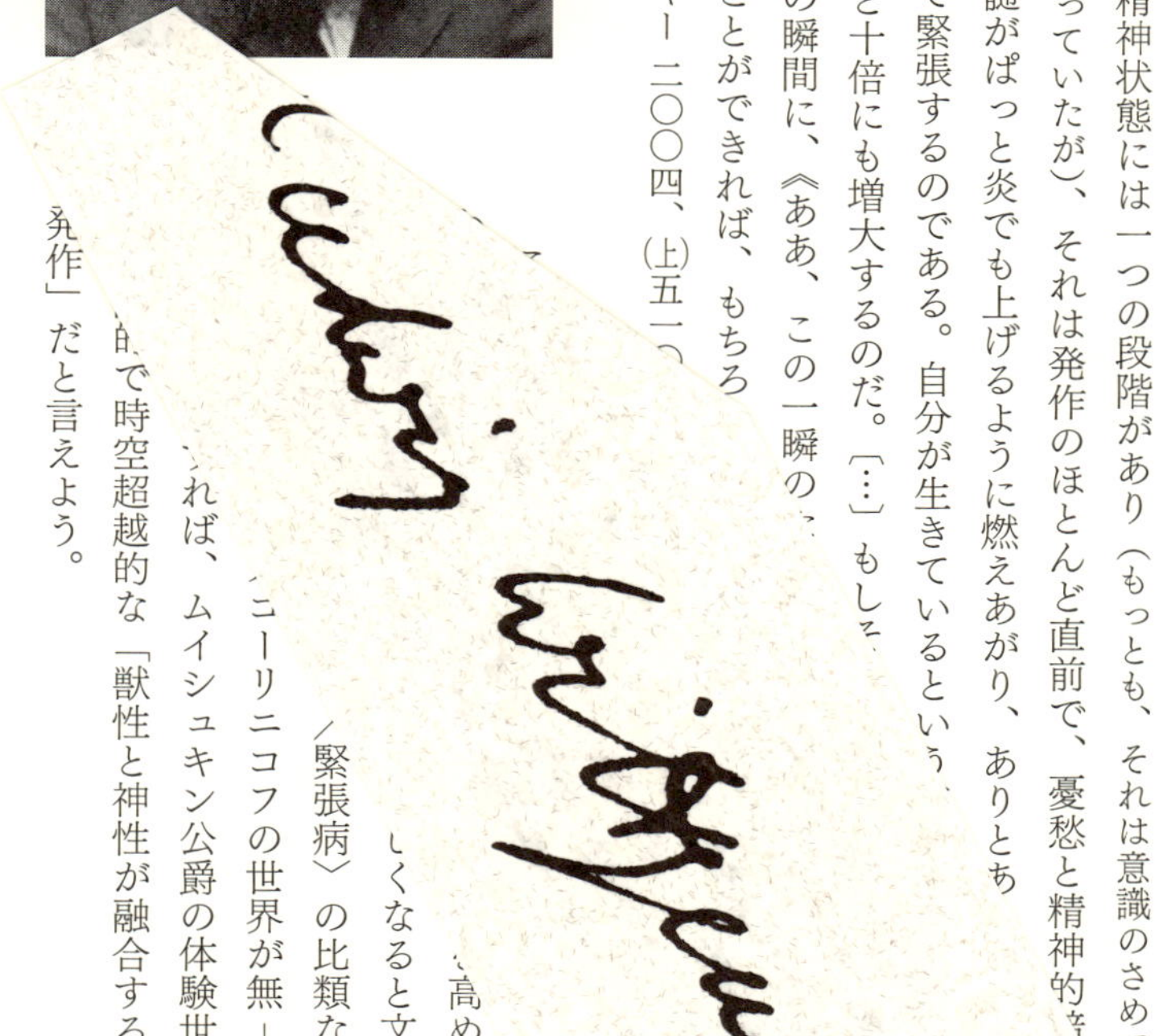

自分の癲癇に近い精神状態には一つの段階があり（もっとも、それは意識のさめている さに発作がおこった場合に限っていたが）、それは発作のほとんど直前で、憂愁と精神的 さの最中に、ふいに脳髄がぱっと炎でも上げるように燃えあがり、ありとあ 一時にものすごい勢いで緊張するのである。自分が生きているとい 一瞬間だけ、ほとんど十倍にも増大するのだ。〔…〕もし 識の残っている最後の瞬間に、《ああ、この一瞬の つきり意識的に言うことができれば、もちろ ある。（ドストエフスキー 二〇〇四、(上)五一〇

体験が描
高める作為がない
くなると文学的作為それ
〈緊張病〉の比類なき創造なのだ
ニーリニコフの世界が無‐時間的な夢幻
れば、ムイシュキン公爵の体験世界は、まった
的で時空超越的な「獣性と神性が融合する火焔のごとき発作」だと言えよう。

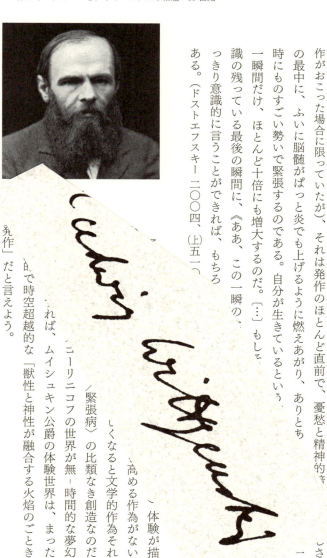

イエス・キリストは、このような瞬間ないし発作を必要としただろうか。もっと自然であったように思うが、回答不可能なこの種の問題はドストエフスキーには日常茶飯事だった。だが、ムイシュキン公爵は（ネルヴァルやゴッホと似て）神に近づこうとして発狂した（ラプトゥスの群発で痙攣し続けた）病人であり、イエスは人間に近づこうとして十字架で死んだ静謐なる神の子である——そんな決定的な差異が、ここには存する。ともかく、ムイシュキン公爵の異様な体験は、やはり単純に症状論的に「癲癇」と言うべきではなく、〈癲癇／ヒステリー／緊張病〉という深い次元に固有の、多彩な、夢幻の、熱情的恍惚の、非理性の瞬間の、病理性よりも深い生命性（壊されていく自我よりも深い不壊の〈エス〉）に固有の発作である。

ドストエフスキーという作家の恐ろしさは、途轍もない難問を立て続けに巨大な文学に造形してしまうところにあり、実際、『白痴』完成後四年で、またしても悪夢的大著『悪霊』を書き上げてしまう。ドストエフスキーは、まだ五一歳であった。周知のように、悪魔的超人スタヴローギンにせよ、自殺によって神を消し去り、絶対的自由を獲得せんとするキリーロフにせよ、実に多くの非理性的な人間たちがあふれ出てくる。すべてが地獄に堕ちていく。悪徳と官能的醜怪が、獣的陶酔と神的恍惚が混然として渦を巻いている。ムイシュキン公爵と酷似した告白、（シャートフを相手にした）キリーロフの〈癲癇／ヒステリー／緊張病〉的な体験告白は後半部分にあるが、自殺直前のキリーロフの不思議で不気味な錯乱のさまは、ムイシュキンに似ると同時に、ラスコーリニコフの夢遊病状態にも似ている。

ドストエフスキーの化け物じみた懊悩と神秘の拍動は、やむことなく、奔流となって、一八八〇年の『カラマーゾフの兄弟』の完成に至る。肺内部の循環不全でドストエフスキーが急死するのは、この完成直後である。四六歳で死んだボードレールよりは長生きしたとはいえ、まだ五九歳。しかも、このロシア人は自身の死を予期しなかった。次の巨大作を構想していたという。もう手がつけられない創造の群発だ。

ヤスパースに倣って、ドストエフスキーの創造は「病気ゆえに」可能だったのか、「病気にもかかわらず」可能だったのか、と問うてみると、「病気ゆえに」としか言えない、つまり〈癲癇／ヒステリー／緊張病〉親和的な生命性の〈エス〉固有の熱量の）亢進ゆえに、としか言えない。非理性の亢進が創造性を亢進させ、創造の過熱が非理性の強度を高め、ついには全人的なラプトゥスに、さらには重度の錯乱に至ってしまう例を、われわれはすでに幾人か見てきている。異常なまでの弛緩のさなかに途轍もなく強い収縮が起こる、そういう奇跡は否定できない。ドストエフスキーも決して例外ではなかった。この大文豪の作品に触れると、「獣性と神性の錯乱的渦動」をよくも言語にもたらしえたものだ……と嘆息することしかできない。

さて、『悪霊』が現れた時点で、同年齢だったボードレールは死んでしまったが、この二人よりも八歳年長だったヴァーグナーは健在であり、まさに情念の炎と化して巨大楽劇を創造していた。若いニーチェに「ヒステリー」呼ばわりされても頓着せず、前人未到の総合芸術を目指していた。ニーチェその人がそうなのだが、この時代の精神（生命様態）は実に〈癲癇／ヒステリー／緊張病〉親和的だった。息苦しいほど濃密な夢幻性に支配されていた稀有の時代であった。

職業柄、私は〈癲癇／ヒステリー／緊張病〉という非 - 医学的、超 - 精神医学的な生命性の表記については繰り返し神経質にならざるをえない。

ここで少し念を入れておこう。いろいろな学者がいろいろなことを言っているうちに、「癲癇とヒステリーが違うのは研修医でも分かる」とか、「シャルコーは詐欺師だ」とか、「カールバウムの研究は古い」などという高慢が精神科医の心を汚してきている。ここは私自身の不快感の妥当性を根拠づけてくれる、頼りになる盟友の証言が欲しいところだ。私は反精神医学の徒ではないが、一九八〇年頃から精神医学は、ひきつって、ひからびて、「荒廃」（松本雅彦、高柳功）し、変質してしまった、とは思っている。

望みうる最高の証言があるので、ここに引いておく。盟友と呼ぶにはこちらが恥ずかしくなるほどの大碩学ジルボーグの傑作『医学的心理学史』の中に、その文章は見出せた。

> 「ヒステリー」という名称は保存されたが、その語源的な意味は次第に失われた。この心理的反応は時に痙攣を伴い、てんかんもまた痙攣を伴うが故に、それはなおhystero-epilepsy（ヒステリー性てんかん）と呼ばれていた。名称やレッテルは原則としてどうでもいいことであるが、この時代の用語はきわめて教訓的である。「ヒステリー性てんかん」という言葉はまず、医師というものは、素人としてさえも、理解に欠いていたため、純粋に外面的なものに注意をはらった、ということを示す。この場合外的な特徴であり決定的な因子は痙攣的な発作すなわち症状であった。人間の判断というものは、たとえそれが誤りに導くことになろうとも、まず明白なものへと引きよせられるのである。シャルコーも、精神医学史上の彼の偉大な先輩たちの群も、この傾向

に対する例外ではなかった。「ヒステリー」という用語の存在は幾世代もの医師たちを惑わせ、このようなものが存在すると信じさせた。〔…〕例えば多くの convulsionnaires（痙攣患者）や痴呆患者の中には真の精神病――全然神経症ではなく――があるということ、もしかすれば後にカタトニーと名づけられた重い精神病の中のあるものが存在していいるかも知れないというようなことは、彼らの念頭に全然浮ばなかった。カタトニーは彼らの研究していたちょうどその頃にかく命名されていたのであった（一八七四年カールバウム）。（ジルボーグ　一九五八、二六四―二六五頁。「てんかん」の傍点はジルボーグ、「後に……存在している」の傍点は渡辺）

ジルボーグは「急性錯乱、痙攣する生命、熱情的恍惚、非妄想的（＝非知覚的＝外的世界から遠い＝弛緩した生命様態としての）夢幻状態」という連関し合う現象群を詮索し、分解してしまう操作の危うさに気づいている。「ヒステロエピレプシー」には「緊張病」が含まれていたかもしれない、と気づいている。本質的な生命現象を内包するものとしてカールバウムの「緊張病」を再考する必要がある、とジルボーグは言いたいのだ。ジルボーグは、精神医学の傲慢と迷妄を質《ただ》す力は、単独の「癲癇」にも、単独の「ヒステリー」にもなく、それらが合わさって「緊張病」へと連帯していく過程にこそ存する、と言っているではないか。ジルボーグは〈癲癇／ヒステリー／緊張病〉というような生命論的表記など要請しないが、このような表記を求めてくる臨床体験に肉薄していることは明白だ。彼は真の歴史家の謙虚さを身につけている、稀有の臨床精神科医だろう。

ここまで考えてきて、ドストエフスキーとヴァーグナーという時代を決定づけた大妖怪に論を進めたいところだが、精神史的パースペクティヴを少しは大切にしたいとの見地に立つと、飛び越えてはならない大きな創造の「うねり」が目の前に迫ってくる。

一九世紀末のパリを中心とした印象派絵画芸術の勃興。まったくの同時代、ヨーロッパという限定された場所、事実的連関を考えると、ドラクロワからボードレールに至る流れが、ヴァーグナーとドストエフスキーという二人の巨人と印象派の画家たちを結びつけているのを無視するわけにはいかない。

ドラクロワとボードレール、ヴァーグナーとドストエフスキー、そして、いわゆる印象派の画家たち——ここに類似や照応を性急に追い求めるのは危険だ。問題は、外見上、異質の創造営為群を深部から統御している不可思議な力（エスに固有の非理性の威力）のごときものがあるか否かだ。

## 8　印象派絵画の悪夢——光の掠奪は可能か

印象主義（印象派）絵画とは、一八七〇年代に興《おこ》ったフランスにおける、色彩の外光性の視覚的効果をそのまま捉えようとする技法、態度、運動、作品のことであり、一八七四年に「画家、彫刻家、版画家の匿名協会」と題する展覧会が開催された。この展覧会は八回まで開催され、いわゆる新印象主義に席を譲った。戸外での制作、固有色の否定、陰から黒を追放することなどを特徴とし、色彩は光によって生まれるという考え方に基づいて、現実的な視覚効果の追求に主眼が置かれた。

印象派絵画の作品から発する非理性の閃光に強く惹かれたのも、また小林秀雄である。印象派絵画の極限の宿命を晩年のクロード・モネ（一八四〇―一九二六年）に見て、ポール・セザンヌ（一八三九―一九〇六年）との対比において書かれた文章がある。

ルアンの寺院の連作も有名だが、晩年は、自分の家の池に咲いた水蓮ばかり描く様になった。パリのオランヂュリイ美術館に、その最後の八つの大壁画がある。楕円形に作られた二つの大広間の四方の壁に描かれた池は、真夏の太陽にきらめき、千変万化する驚くべき色光を発している。まん中に立って、ぐるりと見廻すと、光の音楽で、身体がゆらめく様な感じがする。〔…〕モネの「水蓮」は、ヨーロッパで見た画のうちで、最も動かされた絵の一つだったが、この美しさには、人を安心させる様なものは少しもなかった。〔…〕モネの印象は、烈しく、粗ら粗らしく、何か性急な劇的なものさえ感じられる。それは自然の印象というより、自然から光を掠奪して逃げる人の様だ。可憐な水蓮が、この狂気の男に別れを告げている。

〔…〕セザンヌは、光の波とともに浮動する印象主義の風景を何んとかして安定させようとした。彼の眼は、自然の拡りより、自然の奥行に向けられ、瞬間の印象より、持続する実体を捕えようとした。そうして出来上ったセザンヌの絵の独特の魅力は、建築的という言葉で、普通言われているが、それは、やはり音楽的だと言っても差支えないと思う。セザンヌは大変音楽を愛した人だ。彼の好んだモチフという言葉は、ワグネルが有名にした言葉であるし、セザンヌの若い時の絵には、タンホイザーを主題にしたものが何枚もある。

モネ

〔…〕モネの絵は揺れ動く。一瞬の印象を定着しようとして、彼は、光の推移を現して了った。徹底したリアリズムの道を歩こうとして、「小鳥の様に歌って了った」、そういう意味では、モネの絵は音楽的だ。〔…〕併し、彼の絵を前にして、シンフォニイや室内楽を想う事は出来ない。（小林 一九六七b、四五―五二頁。傍点は渡辺）

セザンヌと対比されることで、モネの芸術の宿命的とも言いうる危うさ、鋭すぎる閃光のはかなさ、その音楽性の不安定、構成されず、持続もしない瞬間性、永遠の、光のみの揺曳が、見事に浮かび上がっている。モネは「自然の中により深く入っていこうという願いのほかの望みはもたないし、ゲーテの教訓にならって自然の教えと調和して制作し、生きていくという運命以外のものを願いはしない」（ジェフロワ 一九七四、二六九頁）と《睡蓮》連作のさなかに語っている。この「自然」が外光ないし太陽光線を意味することは言うまでもない。

それにしても、「自然から光を掠奪して逃げる・狂気の男」という小林秀雄の表現はすごい。だが、モネという「光の掠奪者＝狂気の男」がいなかったら、セザンヌの執拗で独創的な構成への果てしない要請、「モティーフ」への衝迫は生まれなかった。つまり、セザンヌは持続するべき対象が光の散乱の中で消滅してしまうことへの恐怖が強い芸術家であった。モネの情念がセザンヌの恐怖を亢進させたとするなら、セザンヌを重厚で奥行きのある持続する実在へと向かわせたのは、ほかならぬモネの「狂気」ないし「太陽光線幻視（夢幻）症」の強度だった。モネとセザンヌ、二人は互いを必要としていた。一見して正反対だった二人が、「印象派」と呼ばれるひと群れの中に、一時期にもせよ共棲していた。世界あるいは存在が、光となって雲散霧消し続けるだけの瞬間的音楽にすぎないなら、モネは瞬間の夢を追いかける夢幻者（幻視者）たることを自覚的に引き受けた、実に危うい瞬間の創造者だった。

こう考えてくると、モネという画家の夢幻性・幻視性が極度の瞬間性と狂性を帯びていたことが理解される。モネに匹敵する夢幻者で、かつ世界の夢幻性の中に浮遊しつつ、これに耐え抜いて光と火焔の瞬間の絵画芸術作品を残しえたのは、モネよりもやや若いゴッホくらいではないか（後述）。印象派の誕生を問題にすると、モネという光の夢幻者（幻視者）の問題に圧縮されるが、モネ単独では問題が明瞭にならない。モネの対極的な画家セザンヌの努力との対比において初めて、モネの凄まじい光への衝迫、瞬間への夢遊病が、印象派固有の問題として浮かび上がってくる。対極的と言っても、二人の精神は表裏一体的ということだから、この二つの極限は密着しており、モネを理解するためにセザンヌを持ち出す態度は、セザンヌに失礼にはならない。

セザンヌ

小林秀雄の『近代絵画』（一九五八年）においてセザンヌは特

別に重視されているが、理由はやはり、どうしたらモネという「光掠奪者＝狂気の男＝瞬間の世界＝眩暈《めまい》」の必然性を明示しうるか、という問いに存する。逆に言えば、モネの絵画芸術の本質を直感しうる人には、セザンヌの絵画芸術の奥深く重厚な世界構成の意味もまた見えてくる。

太陽光線が散乱し、飛散して眩暈がするようなモネ固有の夢幻性に対して、苛立ち、不安になり、重厚な構築と持続性へと向かったセザンヌの作品の安定と静寂は、印象派絵画に特有の光の乱舞からセザンヌがいかに遠く離れていったかを黙示している。「クラシック」への回帰の必然性を痛感したセザンヌは、光り輝く奔流から離れていく。しかし、セザンヌがヴァーグナー楽劇を、ボードレールの詩作を、そしてモネその人の「光線夢幻症・光線幻視症」とでも言うべき奇怪な「狂気＝非理性」を別格的に重視していたという事実からしても、セザンヌが抱いていたのは単純に答えが出るような問題ではなかった。孤独と沈黙に傾くセザンヌを理解するには、やはりモネという対極的な「光線中毒性の夢遊病者」からの反照規定が必要だ。

モネ自身の手記は、それ自体としては——特に「ゴッホの手紙」などと比較すると——あまり重視すべきものではない。だが、ここに一つ挙げるべき興味深い手記がある。一八九二年四月三日付の手記で、《ルーアン大聖堂》連作創造に没頭している時期、モネ五一歳時のものである。

> 僕は疲れ切ってしまった。もうだめだ。(…) ある夜、悪夢にうなされた。大聖堂が僕の上に崩れ落ちてきたんだ。青やバラ色や黄色の石がふってくるのが見えた。(パタン 一九九七、一一八頁。傍点は渡辺)

モネはこの夢について何も書いていないが、手紙文の流れから、彼が非常な精神的危機に陥っていたことは容易に理解される。モネは強靱な精神と体力気力に恵まれていたから、虚無の深淵に落ちずに済んだが、セザンヌは悪夢を見た当人であるモネ以上に「世界が虚無でありうること」の恐怖を強く感じていた。太陽光線の乱舞ではなく、物質の重量感、存在の持続、時空間の奥行き、立体物の構成こそが、存在不安の強いセザンヌには不可欠だった。

モネこそがセザンヌに自身が何者であるかを教えた。セザンヌは「自然から光を掠奪して逃げる・狂人」と邂逅したのち、自身の能力の質と創造者としての運命にはっきりと目覚めた。

## 9　ゴッホはモネをどう見ていたか

太陽光線に囲繞《いにょう》された夢幻者クロード・モネに似ていると私に直感された画家を一人、挙げておいた。フィンセント・ファン・ゴッホ（一八五三―九〇年）。前節でセザンヌと小林秀雄という鏡に映し出されたかぎりでの「狂気の男」モネを論じてきたが、ゴッホもまた別の鏡となって、モネという非理性の画家、夢幻の光掠奪者の姿を映している。

モネより一三年遅く生まれ、モネより三六年も早くこの世を去った稲妻か流星のごときゴッホの生涯を思うと感慨深い。ここでは、第一回印象主義絵画展覧会が開催されたとき二一歳になっていたゴ

モネ《積みわら、夏の終わり》(1890-91年)

ッホに大先輩モネがどう映っていたか、略記しておきたい。ゴッホの言葉は『ファン・ゴッホの手紙』に依拠する。見るかぎりの手紙の中に、一二回もモネの名が登場している。以下に一箇所だけ引いておこう。

ああ、モネが風景を描くように人物を描くこと。これこそ何はともあれやることとして残されている仕事だ。さもないと、印象派のなかで注目されるのはモネただ一人ということになる。

というのも、結局人物では、ドラクロワ、ミレーや何人かの彫刻家の方が印象派以上に〔…〕いい仕事をしているからだ。(テオ宛、一八八九年五月三日付。ゴッホ 二〇〇一、三三八頁)

ゴッホはモネを特別に優れた風景画家とみなしている。また、印象派画家には真の人物画家はいない、と言っているに等しい。一年経っても(猛スピードで成長変身したゴッホにとって、一年間は途方もなく長い)、考えは変わらなかった。この手紙を見ると、ゴッホは先輩モネを人物画におけるドラクロワやミレーに唯一匹敵する孤高の風景画家と見ていることが分かる。モネが連作《積みわら》創造を開始した頃、ゴッホは自殺してこの世を去っていたが、《積みわら》に続く連作《ルーアン大聖堂》、そして最晩年の連作《睡蓮》をもしもゴッホが目にしていたら、と空想すると、ゴッホの不安の慄《おのの》きと歓喜が伝わってくる。これはあくまでも私の空想であるし、ゴッホの人物画が彼の望みどおりの高みに達したか否か、これもよく分からない。

モネをも凌ぐ強度の夢幻者（自然からの光を掠奪して逃げる者＝狂気の男＝瞬間の幻視者）たるゴッホについては後段で改めて論じるが、ゴッホはモネを、ルネサンスをも含めて史上最高の風景画家と見ていた。実際、モネを凌ぐ風景画家は思い浮かばない。いや、モネ以前にそもそも「風景画」という

モネ《ルーアン大聖堂、ファサード（日没）》（1892-94 年）

モネ《睡蓮》（1916 年）

概念がきちんと成立していたかどうかすら怪しい。

空前の風景画を生んだのはクロード・モネという強靱な精神ではあろうが、「自然から光を掠奪して逃げていく・狂気の男」を絵画芸術が史上初めて獲得したから空前の風景画が生まれた、とも言える。太陽光線を浴びる夢幻者が自然の光線に相即してリアルな風景を目撃した。これは皮肉でも逆説でもなく、自然が有史以前から太陽と一緒に発光し続けてきた自明事に拠る当然の帰結だ。自然に神秘的夢幻性がこもっていることを、今改めて言うまでもない。

ゴッホ

実際、ゴッホが不思議に神秘的な、大自然自身が眩暈を起こしているような、宇宙が宇宙を夢見ているような、不思議で比類なき風景画を描いているのは周知である。

夢幻的な眩暈の中で自然と光の本性を見る――ゴッホはそう言っている。そして、夢幻的な眩暈の独特の不安定性という点において、モネとゴッホは相互に酷似している。前節の冒頭に小林秀雄のオランジュリー美術館での奇怪な眩暈体験を引いたが、そこには「この美しさには、人を安心させる様なものは少しもなかった」と書かれていた。覚醒意識の明晰かつ持続的な秩序は溶け出し、無意識／非理性の「うねり」が露呈して、強い眩暈の中で夢幻的としか言えない自他の溶融体験が起こる。「光の音楽」に交響曲や弦楽四重奏曲のような構成秩序はない。モネの音楽は性急で野性的に謳う自然の音楽なのだ。

これがモネの絵画芸術の本質なら、モネは野性の自然において光を音楽に転換した原始原生の〈狂気の〉風景画家であった。これが、ゴッホが「風景」という言葉に込めたモネの創造だった。モネとゴッホの性急で狂的なまでにリアルかつ夢幻的な作品の群れは、やはり非理性という荒野を歩み、自由の地平に魅惑された、眩暈を起こしながらの大創造だった。

ミシェル・フーコーは「一八世紀以来、非理性的な生活は、もはやヘルダーリンやネルヴァルやニーチェやアルトーらの、閃光のような作品のなかにしか現れない」と喝破した。これに準拠して私見を言うなら、「クロード・モネという「光線掠奪者・狂気の男」の作品は、ファン・ゴッホの作品と同じく、まさに「閃光」だった」。モネについて直截に病理上の論述はできないが、彼の生命様態〈エス〉は〈癲癇／ヒステリー／緊張病〉という総体に肉薄している。ゴッホが〈癲癇〉親和的生命のラプトゥスそのものであったように、モネの生命（狂気）は大自然の祝祭性に親和的であり、〈緊張病（熱情的恍惚）〉親和的であり、「閃光＝作品」を創造した夢中遊行症のもの、夢幻症のもの、夢幻様人格のものであった。

## 10　《ニーベルングの指環》全曲初演

ドストエフスキーの『罪と罰』に特異な夢幻時間性を読み、一気にモネ（とセザンヌ）の存在論的苦悩に飛んで、「光線酩酊者」ゴッホに進み、今、論をヴァーグナー巨大楽劇にこもる「人類の星の時間」に転じようとしている。一見すると支離滅裂な飛躍の連続だが、これらの出来事が驚くほどの同時性をもって人類に到来し、以後の人類精神史を決定づけてしまったことは事実なのだ。「創造の連合／作品の連帯」が燎原の火のごとく燃え盛るさまを、その火焔の根源を求めて、なお考え続けたい。

ヴァーグナーが《タンホイザー》完成に力を注いだのは一八四五年（三二歳）頃、《ローエングリン》を書き上げたのも、すぐあとの一八四八年。ヴァーグナーは三〇歳になってすぐの数年間に劇的な創造性を発揮した。しかし、ドストエフスキーの大小説が夢幻魔境を描き、印象主義絵画、さらには印象主義音楽や象徴詩の「うねり」が大きくなったのは一八七〇年代半ば以降、つまり約三〇年もあとのことであり、ここでのヴァーグナー言及は遅すぎる、タイミングがずれている、との感覚が生じてしまう。だが、多くの人に反撥され、失敗とみなされた《タンホイザー》公演、つまりボードレールが真剣にヴァーグナーを評価した《タンホイザー》のパリ公演は一八五八年の晩夏に挙行され、《トリスタンとイゾルデ》は一八五九年に完成された。そして、《ニーベルングの指環》完成への情念は苛烈かつ執拗で、空前の巨大楽劇が書き上げられるのは一八七四年、ヴァーグナー六一歳時のことである。この一〇年あまりの時間の中に、ドストエフスキーやゴッホとの共時性を、ないし創造の星に固有の「うねり＝鋭波群発」を認めてもいいだろう。

単純に計算しても、ヴァーグナーの《指環》創造には二六年間以上の歳月が費やされた。四晩を要する巨大楽劇のバイロイト初演は一八七六年であるから、時期的にはパリでの第一回印象派絵画展覧会（一八七四年）と、『悪霊』（一八七一―七二年発表）を書き終えて、いよいよ『カラマーゾフの兄

ヴァーグナー

弟』の構想実現へと歩み始めたドストエフスキーの異様な創造力の噴出と、さらに、唐突の感を与えるかもしれないが、「夢幻恍惚境に浮遊しつつ痙攣する生命」を見つめた精神科医カールバウムの『緊張病』刊行（一八七四年）と、ほぼ完璧に同期ないし共振している。芸術や学問の主題や領域の相違はあまり考えなくていい。重要なのは、一八七〇年代の半ば、ヨーロッパに「人類の星の時間」が到来し、近代ヨーロッパの「枢軸時代」の頂点とも言うべき無意識／非理性の創造性群発が一斉に勃発したことだ。

　一見して相互に無関係な創造行為の群れが、実は「自由連想や夢工作」（フロイト）のように滅裂でありながら（滅裂であるゆえに？）、発見的／発生的に連帯しつつ顕現するのは不可解ではない。〈エス〉の光が稲妻のように走るとき、「自我」が意識的かつ理性的に考え出した各主題や各領域が意味的に連繋し合う必要などない。だが、「一八七四年」という象徴的な数字に凝集する非理性的創造群の濃密さ、非常な高温の生命熱気、創造者たちの群れの多様性と規模の大きさ……これらを眺望すると、「自我」的な個別性成立以前の、深層の同期が感じられる。一八七四年前後に人類の創造的ラプトゥスが何かに結晶化せんとしていたのは、単なる私的空想を超えた、深刻に直観される事実なのだ。

　この尋常ならざる非理性の「うねり」が特にボードレールという詩人の衝撃によって発生したのは確かである。だが、ボードレール自身は詳細不明の（梅毒性？）脳病に倒れ、一八六七年八月に死去する。それゆえ、一九世紀最後の四半世紀にヨーロッパの人類を支配した神秘夢幻の雰囲気を決定づけたのは、ヴァーグナーとドストエフスキー、この二人の芸術家だと言える。むろん、信じられない数の偉大な創造者たちと作品の群れが星雲を形成していたわけだが、二人はまさしく特別な巨星、互いをほとんど知らないままに雁行していた、無比の二大巨星であった。

ヴァーグナーの楽劇に話を戻そう。そして、少し速度を落として、人格的には「卑劣漢、俳優」とも言われる空前の音楽家の創造の跡を追ってみよう。

ヴァーグナーは三五歳頃から六一歳にかけて、短くとも二六年間、《指環》の創造に力を注いだが、彼を強く魅惑し続けた夢想は、神話と宗教と詩作と音楽の総合であった。それゆえ、彼は自身の作品を「オペラ」とは言わずに「楽劇」と呼び、上演舞台にはバイロイト祝祭劇場を要求した。自身も一八七二年、五九歳時にはバイロイトに転居して定住し、終《つい》の棲み家とした。一八七六年の《指環》初演は、「バイロイト祝祭劇場なる作品」の完成後でなければならなかった。初演には、バイエルン国王ルートヴィヒ二世（この国王は初演以前にも《指環》に接していたが、異常に嫌人的で、王侯貴族の集まる場を避けて、ひそかに行動していた緊張病性夢幻者だった）、ドイツ皇帝ヴィルヘルム一世、ブラジル皇帝ペドロ二世をはじめ、多数の王侯貴族や超一流の音楽家や文化人が参集した。もっとも、ドイツ皇帝は序夜《ラインの黄金》終了まで、熱烈なヴァグネリアンであったブラジル皇帝も第一夜《ヴァルキューレ》まで鑑賞したところで、それぞれ退席。《指環》は疲れるのだ。《指環》初演というバイロイトの祝祭空間に参集した芸術家は、音楽家に限ってみても豪華だった。

フランツ・リスト（六四歳）は観劇者というよりも、この大祝祭を現実に挙行する原動力だった。コジマの父親でヴァーグナーの二歳年上の義父になっていたリストの尽力は大変なものだった。以後、《指環》はゲルマン民族統合の精神的象徴になっていく。翌年に《白鳥の湖》（作品二〇）を初演する準備をしていたピョートル・チャイコフスキー（三五歳）は招待されていたが、《指環》にか、バイロイトにかはよく分からないが、さほど共感できなかった。同じく招待されていたアントン・ブルックナー（五一歳）は、二年前の一八七四年に交響曲第四番《ロマンティック》を完成した頃にあたるが、《指環》に衝撃を受け、バイロイト祝祭が終わったのち、それまで作曲した作品の多くの箇所に手を加えている。もっとも、ブルックナーという人は修正の癖が強く、結果として多くの版ができてしまうのが常なので、《指環》の衝撃と決めつけるわけにもいかない。カミーユ・サン＝サーンス（四〇歳）も参加していた。《指環》初演鑑賞ののち、翌一八七七年にはオペラ《サムソンとデリラ》（作品四七）を完成している。ノルウェーの作曲家兼ピアニストで《ペール・ギュント》（作品二三）やピアノ協奏曲イ短調（作品一六）で知られるエドヴァルド・グリーグ（三二歳）も参加していた。

ヨハネス・ブラームス（四二歳）が招待されなかったのは言うまでもない。すでに周囲から反ヴァグネリズムの代表とみなされていて、ヴァーグナーとは敵対関係にあると世間で思い込まれていたからである。ブラームスを見事な絶対音楽者として絶賛し、これをヴァグネリズムに対峙させた音楽学者エドゥアルト・ハンスリック（五〇歳）の不参加も当然のことだった。

一言付記したいが、ブラームス自身はヴァーグナーの音楽を大切に感じていたらしく、ある友人に宛てて「私はヴァグネリアンになるでしょう」という手紙を書いている。また、確信的なヴァグネリアンであるブルックナーとも晩年には個人的に親しくなり、一八九六年にブルックナーが七二歳で死去した時には、周囲に気遣いつつも、葬儀の行われている教会の扉の外に孤影悄然と立ち尽くしているブラームスの姿が目撃されている。それゆえ、ヴァーグナー対ブラームスという対決は、少なくともブラームスにとっては不本意な虚構であった。ヴァグネリアンからの「ブラームスなど凡庸で、ヴァーグナーと比べると霊感のひとかけらもない」という中傷にも無言で耐えていた。むしろ、当時ハンスリックやハンス・フォン・ビューロー（四六歳。妻コジマをヴァーグナーに奪われたピアニスト兼指揮者）を闘将とした民衆的反ヴァグネリズム運動がブラームスを担《かつ》ぎ出した、というのが実情である。ブラームス自身は《指環》初演で騒がしかったバイロイトどころではなく、数ヵ月後の一八七六年一一月に初演される交響曲第一番（作品六八）の仕上げに必死だった。ベートーヴェンのシンフォニー群発の凄絶な圧力を意識するあまり、二〇年以上もかけての難産であり、本人は出来栄えに満足できなかった。こういう苦境にあったブラームスは、バイロイトの祝祭に関心を寄せるような心境ではなかった。

音楽家ではないが、非常な音楽親和性をもっていたニーチェは《指環》初演にどう接したか。この三二歳になったヴァグネリアンは、ヴァーグナーの社会的・宗教的・芸術的頽落を痛感し、迷いつつも《指環》四夜公演のすべてを鑑賞した。そして、失望と疲労を致命的に深めた。

……これくらいにするが、《指環》初演のとき、桁外れの大いなる祭りの日々がバイロイトを襲ったことは理解されよう。

一八八三年二月一三日、ヴァーグナーはヴェネツィアで客死する。享年七〇。死因は狭心症だった。訃報は世界中に一気に広まり、ニーチェはコジマ宛に丁重なお悔やみの手紙を書いた。ブラームスは花輪を献じた。ハンスリックでさえ、ヴァーグナーの死を悼《いた》んだ。交響曲第七番を作曲中だったブルックナーは訃報を受けて泣き出してしまった、と本人自身が回想している。

さて、《ニーベルングの指環》は、いかなる詩的プロットによって展開するのか。長大なストーリーなので、それをまとめ上げている要点のメモにとどめざるをえない。聴衆は四晩のあいだ劇場内の硬い木製の椅子に座って、北欧神話と音楽に陶然とした。初演、序夜は《ラインの黄金》(八月一三日)、第一夜は《ヴァルキューレ》(八月一四日)、第二夜は《ジークフリート》(八月一六日)、第三夜は《神々の黄昏》(八月一七日)。

ライン河底の金塊から黄金の指環を作り、身につければ世界を支配できるとの伝承があり、神々の主神ヴォータンは自身の血を分けた英雄ジークフリートを地上に作って、ラインの黄金を手に入れようとする。だが、地下の住人たちや地上の人間たちの欲望と愛憎、ヴォータンの娘たちであるヴァルキューレの一人ブリュンヒルデとジークフリートの激しい近親愛、そして二人の死の結果、天上の神々の城ヴァルハラは炎上し、神々は没落して、黄金の指環はラインの河底に戻ってしまう……このようなゲルマン神話に依拠した物語である。繰り返される近親相姦、父親殺害への動機、愛と性と死の官能的炎上、犠牲的な至高の愛による救済などが物語の基底に流れている。

これだけではプロットすらよく分からないが、要するにヴォータン、ブリュンヒルデ、ジークフリートという父子三代の近親相姦的愛憎関係の推移に貫通された神話的夢幻劇である。巨大夢幻劇である以上、合理的因果関係や理性と良心の秩序を求めること自体、無理である。この長い夢はジークフリートとブリュンヒルデの死で終わるが、特にジークフリートの葬送に至って、葬送曲とヴァルハラ炎上は世界没落という奇怪な覚醒を促し、巨大楽劇はその絶頂に達する。愛と死、淫欲と聖なる犠牲、神々の世界をも崩壊させる英雄と死の威力、誘惑者としての女性……《指環》に律動を与え、輪郭をつけ、方向をつけ、終焉にもたらしていく動因は、ロマン派芸術が追求し続けた根源的な問題群そのものだ。《タンホイザー》における官能の愛と至聖の愛、《ローエングリン》で途方もなく美しく謳われた人と神の禁じられた愛、《トリスタンとイゾルデ》が実現した「愛の死」という冥界の至福――すべてが《指環》へと流れ込んでいる。

ヴァーグナーは思春期時代からベートーヴェンを絶対的に崇拝していたが、この楽聖の死後に破裂したロマン派の芸術は、ヴァーグナーの《指環》に至って、人間の創造力に可能な究極の総合を得た、と言ってよかろう。

## 11　ヴァーグナー問題と〈ヒステリー〉問題

ここまで来ると、ヴィルヘルム・フルトヴェングラー（一八八六―一九五四年）が、あえてニーチェによるヴァーグナー批判を引いて「ヴァーグナー問題」を論じている箇所が想起される。むろん、フルトヴェングラーの引用意図は、ニーチェの悪口雑言を否定し、ヴァーグナー楽劇を称揚することに存する。以下はニーチェ自身の文章である。

ヴァーグナーの芸術は病的である。彼が舞台にのせる問題は、もっぱらヒステリー患者の問題である。彼の主人公は、男女を問わず、生理学的なタイプとして考察するなら、まさしく病人の陳列室さながらである。しかし、この点にこそヴァーグナーの成功のゆえんがある。彼の芸術にあっては、現在すべての世界に最も要望されているものが、きわめて魅惑的な仕方で混合されている。それは疲労困憊した人間にとっての三大刺激剤、すなわち残忍性と作為と無邪気さ（白痴）とである。（フルトヴェングラー 一九七八、一五〇頁）

ヴァーグナーを尊崇するフルトヴェングラーがニーチェの文章をニーチェ自身の変節と愚昧を証するために引いているわけだが、問題はフルトヴェングラーがニーチェの直感の異常な鋭敏さ（と逆説性）に気づかず、「裏切ったヴァグネリアンの下品な言葉」としてニーチェの文章を引用していることである。ニーチェのヴァーグナー批評はまったく正当だし、ヴァーグナーがヒステリー患者であっても、彼が史上空前絶後の総合芸術家であった事実は動かない。フルトヴェングラーは「身ぶりだけのヴァーグナー、俳優ヴァーグナー、嘘つきヴァーグナー、詐欺師ヴァーグナー」などのニーチェの表現を、ニーチェの未熟と誤謬を証明するために、くどいほどに引用する。だが、ここは論の正誤真贋（誰が正しいか、誰が本物か）を問えない場所であり、三人三様に正当ではあるが、ニーチェとフルトヴェングラーが〈ヒステリー〉親和的な気質（生命性）を人格の変質と劣化の医学的証拠（病理性）として貶《おとし》める通念に服従していたのは、残念だが確かなことだ。

〈癲癇《エピレプシー》／ヒステリー／緊張病《カタトニー》〉と表記される「夢幻境に浮遊しながら痙攣する生命様態」を直視するなら、ヴァーグナーの独創性の偉大さは作品の〈ヒステリー〉親和性にこそ依拠していることが分かろう。巨大楽劇の中枢たる身体性が、いつも夢幻神秘劇舞台であり、歓喜のあまりに激しく痙攣する官能と情欲の場であり、愛の至高性ゆえの死の至福が成就する場所であるなら、ヴァーグナーの楽劇の魅力は、死へと無限に弛緩していく生命性が激烈に発作的収縮を反復し続けるという矛盾に満ちたラプトゥス性にこそ存する。

ニーチェはヴァーグナー芸術の〈ヒステリー〉性を鋭く見抜いたのはいいが、〈ヒステリー〉の生命性にこもるディオニュソス的創造性を見ず、人工的演技性に特有の浅薄な俗物性（虚偽性）のみを指弾するにとどまった。結果として、ニーチェはヴァーグナーにおける至高の総合芸術が実は下品な演技であるという極度の矛盾に耐えられなくなった。「ヒステリー」と〈ヒステリー〉の生命論的差異を感知しないと、ニーチェのように侮蔑の念に取り憑かれる。ヴァーグナー楽劇には反‐理性的・非‐理性的特質が濃密にしみ込んでいるが、この背理に満ちた芸術性を人類の宿痾として受容しないと、人は皆ヴァーグナーに我慢できなくなる。

芸術の高貴なさまと人格の低劣なさまの乖離が、意外にもニーチェのヴァーグナー嫌悪の理由である可能性は小さくない。古代多神教とキリスト教的一神教の異質性に関するヴァーグナーの無頓着（ヘルダーリンに固有であった敬虔と深刻を欠くこと）も強い嫌悪の理由になっていようが、これももとを正せば「詐欺師ヴァーグナー」という人格問題から発している。性愛と情交の過度の重視もヴァーグナー嫌悪のもとになる。

シャルコー

ヴァーグナー芸術の演技性と猥褻を言い募っても仕方ないが、では、なぜこの「ヒステリー」患者に多くの人々が魅惑されるのか。周知のことだが、古代ギリシアの頃から「ヒステリー」は女性の病気、しかも女性体内の子宮の異常運動ないし狂乱を意味していた。現在では、心的葛藤が身体症状に転換される転換ヒステリーと、意識／自我の一部が解離して人格統一が失われる解離ヒステリーに分けられる。昏迷、痙攣、夢幻状態、幻視優位の幻覚状態、多重人格などの症状があり、多彩で変化しやすい。至る所で症状が〈癲癇〉に、また〈緊張病〉に肉薄しては離反する変動性を示す。加えて、〈ヒステリー〉には非常にわざとらしく胡散くさい演技性が現れる。もちろん、これは〈エス〉の無意識的な擬態であって、自我の詐病などではない。

症状の多様性よりもさらに重要なこと、それはパリのジャン＝マルタン・シャルコー（一八二五―一八九三年）の「大催眠供覧におけるシャルコーのヒステリー」が示唆しているとおり、ヒステリーを生み出しているのは女性の身体性自体ではなく、男性（医学）のまなざしと無意識的欲望による挑発であるということだった。女性患者と男性医師が相互に無意識的に誘惑し合うところに「ヒステリー」が生み出される。そして、ヴァーグナーの巨大楽劇は、作者と、演技者たちと、これを観劇して陶然とする膨大な数のヴァグネリアンの群れとのあいだに激しく燃え上がる相互誘惑関係の沸騰と酩酊状態そのものなのだ。

シャルコーがサルペトリエール施療院の「供覧室」を必要

アンドレ・ブルイエ《サルペトリエールでのシャルコーの臨床講義》

としたように、ヴァーグナーはバイロイトの「祝祭劇場」を必要とした。特にヴァーグナーの場合、神秘夢幻の世界を非理性の次元で濃密に造形するために、疑似宗教的な閉鎖空間を巧みに利用した。観客は神秘劇の誘惑に酔って暗夜の中で無動のまま陶然とするしかない。それゆえ、ヴァーグナーの〈ヒステリー〉親和性は、多くの理性的な市民を「情欲炎上と愛の死」という非理性へと誘惑するからくり、あるいはメカニズムの別名であって、医学的な「病気、病人」の名ではない。いわば、集団的に弛緩しては痙攣することを反復する、熱情的恍惚と夢幻界に浸る生命体の群れ（ヴァグネリアンの群れ）を生み出す空前絶後のエロース（＝死の欲動）の祝祭空間をこそ、ヴァーグナーは比類なき「作品」として創造した。

　明敏なニーチェは「ヴァーグナー」問題が実は〈ヒステリー〉問題だと見抜いていたが、観られる者と観る者の終わりなき相互誘惑の円環運動を最悪の「病的・欺瞞的・デカダン」の光景と見て、ヴァーグナーと絶縁した。だが、「ヴァーグナー／

ヒステリー」問題と〈ヒステリー〉なる生命様態との関係（差異）には、ニーチェは触れていない。〈ヒステリー〉という生命様態が「ディオニュソス的」な生命様態に密着し、双方が融合してしまう実態は直感されよう。ニーチェは分かっていて、あえてディオニュソスの表層の「ヒステリー」のみを、あるいは病理的表層の「ヒステリー」の虚偽性のみを強調した。思うに、ディオニュソスの徒であったニーチェは終生、〈ヒステリー〉ないし「ヒステリー」に近親憎悪的に魅せられたヴァグネリアンだった。

フルトヴェングラーは、しかしニーチェほどの鋭さと激しさを持ち合わせていなかった。大音楽家と若すぎる詩人の関係に適切な批評を下し、最終的にはヴァーグナーの偉大に軍配を上げ、謳い上げるのだが、この名指揮者がニーチェ以上に鮮烈にヴァーグナーの偉大と崇高と低俗を同時に体験していたとも思われない。

だが、繰り返すが、ヴァグネリズムをめぐる問題は、誰が正しいか、どちらが間違っているか、美しいか、穢《きたな》いか、という次元にはない。ドイツ精神がヴァグネリズムにおいて自身の象徴を獲得したこと、この象徴としての《指環》が古代ゲルマン神話に地下茎のように伸びていき、また二〇世紀における古き神々の回帰として歓喜のうちに迎えられたこと、まずこれらを事実として認めるしかない。病的なのは〈ヒステリー〉親和的な生命様態そのものではなく、「総統の「ヒステリー」症状を民族的アイデンティティにすり替える」という教養俗物の妄念だったが、この妄念を生み育てる威力がヴァーグナー楽劇には確かにあった。ヨーロッパ精神史の一九世紀末以降の半世紀は、まさにヴァーグナー色に染め上げられていた。ヴァーグナー音楽をまったく受けつけなかったドストエフスキー

（妻のアンナの証言）は、ヴァーグナーと自分のあいだに潜む多くの類似点、その類似ゆえのおぞましい危険性に気づいていたのかもしれない。

既述のように、ヴァーグナーの死去は反ヴァグネリズムの者たちにも深い哀悼の念を抱かせた。遺体は特別列車でヴェネツィアからバイロイトに運ばれ、通過する駅ではことごとく半旗が掲げられ、葬送の音楽が奏された。平民の身で一生を送った死者ヴァーグナーの葬儀は、王侯の葬儀だった。この葬儀自体の異様さ、大袈裟な演技性が、ドイツ民族の秘められた欲望の露見と悲劇を予告していた。周知のように、ヴァーグナーの死後、その楽劇の影響力の波及は音楽芸術領域にとどまらず、ドイツ、さらにはヨーロッパの精神史および政治思想史にまで広汎に拡散する。しかし、その無惨な帰結は、早くも四〇年後にはドイツを中心とした全ヨーロッパを覆い尽くした。

ヴァーグナー芸術にこもるこの圧倒的な威力はヴァーグナーの力量に拠るが、それ以上に《ニーベルングの指環》の背後に潜むゲルマン神話の途方もない深さからの噴出の勢いにこそ由来する。スイスの精神科医ユングは、第二次大戦後、このゲルマン民族の宿痾を「民族のヒステリー」と明言するようになった。一九五七年に発表された長い論文は、私が先に別の本の中でも引用したものだが、一理ある説なので要点を繰り返す。ただし、ユングは一足飛びにヴォータン神にまで行ってしまい、返す刀でアドルフ・ヒトラー総統を斬る、といった案配で、『ニーベルンゲンの歌』など《指環》の源流についての関心が乏しく、歴史の中のヴァーグナーや《指環》の威力への言及も深くない。

平穏な時代には、元型ヴォータンの存在は、潜在性てんかん同様、まったく人には気づかれない。〔…〕ヒステリーの本質はいわゆる系統的解離にある。正常なら緊密に結び合わされている対立要素がゆるんで分離してしまい、そのため人格分裂に陥ることさえ少なくない。〔…〕こうした状態を個人の場合、ヒステリー性朦朧状態と呼んでいる。国民全体がこの状態に陥ると、まるで夢遊病者のような確信をもって指導者という霊媒のような存在の後を追い、〔…〕まさしく狂人そのままに、不合理きわまることを信じこむ。〔…〕ヴァーグナーの音楽の、誇張と感傷にみちた感情表現に気をつけてみれば、およそ知るべきほどのことはわかったはず〔…〕。（「現代史に寄せて」、ユング 一九九六、三一、六五、六七、七五、七六頁。傍点は渡辺）

ヴォータン／ブリュンヒルデ／ジークフリート／ヴァーグナー／ニーチェ／ヒトラー……という意義深い固有名詞の連鎖の背後に、〈癲癇／ヒステリー／緊張病〉という非理性生命の坩堝《るつぼ》、「獣性と神性で充満してしまった非理性のラプトゥス性群発」が透けて見える。精神病理学者ユングの眼力はさすがである。ここに浮かび上がってくるのは、やはり「情熱、魔術、夢幻・幻覚、オカルト、神秘、潜在性癲癇、弛緩、解離、朦朧、夢遊病、空想、幻想、夢想、夢」など、総じて妄想症ではなく夢幻症と言うべき非理性の様態である。

この冥界をヴァーグナーが震撼させたのだから、《ニーベルングの指環》が全貌を現した一八七六年以来、人類は新たな領域に足を踏み入れたと言っていい。ユングの直感を周知のニーチェ／フロイトに倣って言うなら、一九世紀末には「自我」（意識・理性・アポロン）が〈エス〉（無意識・非理性・ディオニュソス）に呑み込まれ、破壊されて散乱する予感がヨーロッパ全域にすでに満ちていたのだ。

# 12 『カラマーゾフの兄弟』の出現——ヴァーグナーと併行する夢幻奔流

「「一八六六年という年は、どこへ行っても『罪と罰』事件で話は持ち切りというありさまで、ロシア中が『罪と罰』病に罹っていた」（ヴォギュエ）という報告に誇張はなかったろう」という文章で、小林秀雄の「『罪と罰』についてⅡ」（一九四八年）は始まっている。

『罪と罰』刊行の翌年にあたる一八六七年、ドストエフスキーと同年齢の鋭敏無比のヴァグネリアンだったボードレールが、一年以上病床に伏していたのち、パリで死んだ。ドストエフスキーがどれくらい死んだ詩人に関心があったかは分からない。だが、ボードレールの没年に、ドストエフスキーが八歳年長の音楽の別格的巨匠ヴァーグナーに対する生理的とも言うべき嫌悪感を隠そうともしなかったという事実は興味深い。時期的には《トリスタンとイゾルデ》初演の二年後で、《指環》初演の九年前だから、ドストエフスキーのヴァーグナー嫌いは根が深そうだ。

嫌悪の理由は分からないし、ヴァーグナーとドストエフスキーが相互に好み合う必要など別にない。だが、ドストエフスキーのヴァーグナー嫌いが、意外というよりも、むしろ自然だと私に思われてしまうのはなぜなのか。ビューローやハンスリック、ニーチェなどのヴァーグナーとの愛憎葛藤や離反の例は多いので特に奇妙でもないが、「（モーツァルト、ベートーヴェン、メンデルスゾーン、ロッシーニなどはとても好きだったが）ただヴァーグナーの作品だけはまったく受けつけなかった」という妻アンナの回想文の調子は面白い。伝説好きのゲルマン的巨大楽劇作家の〈ヒステリー〉に、ロシアの大地と民衆を愛した文豪の〈ヒステロエピレプシー〉が近親憎悪的に反撥した可能性はある。

この反撥、〈ヒステリー〉と〈癲癇《エピレプシー》〉のあいだの生命論的な裂隙を充填するのが、双方に如実に現れている夢幻症性〈緊張病《カタトニー》〉の特質なのかもしれないが、これも現時点では無思慮な着想にとどまる。この三つ目の神秘的非理性の夢幻性生命様態は、ドストエフスキー夫妻がヨーロッパ旅行を開始してから七年後の一八七四年にカールバウムの『緊張病』刊行によって明瞭に概念化されて世間（医学界）に出るものだし、バイロイト祝祭劇場での《指環》初演は『緊張病』刊行の二年後で、ジルボーグの指摘のとおり（本章第7節）、多くの精神科医ですら「緊張病」という存在も名称もまだ知らなかった。問題は、時代精神の無意識的共鳴と照応において、ヴァーグナーとドストエフスキーという常軌を逸した創造者が相互に無関心のまま現れた、という史実それ自体なのだ。

「熱情的恍惚（エクスタシー）に没入して生命の痙攣に打ち震える」（カールバウム）のは、この二大巨人だけでなく、巨人たちの衝撃に撃たれた膨大な数の匿名の大衆集団である。ここでは、〈ヒステリー〉性創造と〈癲癇〉性創造という尋常でない二種類の芸術活動によって、一九世紀末のヨーロッパ大衆が（今から思うと人類が、この星が、と言えよう）根底から震撼させられた、と想像することしかできない。この二人の怪力によって、一九世紀末に人類の非理性の質が変容し、巨大で新奇な謎めいたもの（超‐理性？）が露呈した。この時期、二人の創造でヨーロッパ精神が変容してしまい、非理性の大海原に理性という小舟が浮かんでいるかのごとき不気味な感覚が生まれてきた。

だが、物事は順序をもって進んでいる。チャールズ・ダーウィン（一八〇九―八二年）が『種の起源』を刊行して、神の似姿として創られたアダムとその子孫という旧約聖書的な宗教的幻想を破り、人間を猿の子孫へと着地させ始めるのは一八五九年のことであり、また非理性的な無意識（〈エス〉）を見出して、これを人間の中核とし、自我や意識や理性を人間的生命様態の辺境に追放することになるフロイトは一八五六年にもう生まれていた。

コペルニクス、ティコ・ブラーエ、ガリレイ、ケプラーらが命がけで地動説を推進し、天地創造の現場たる地球を宇宙の中心から宇宙の辺縁僻地へと追放してから三〇〇年が経過したが、今やダーウィンとフロイトは「人間・自我（意識・理性）神授説」とも言うべき宗教性の教義を一気に粉砕することになった。敬虔な信仰に生きる人にとってこれらの勇敢なパイオニアたちは非理性の異端者、狂った夢遊病者だったが、パイオニアたちにとってはキリスト教を軸とした多くの宗教観念こそ非理性の産物だ。理性と非理性のメビウスの輪の終わりなき空転は、今なお人類の直下で持続している。四〇〇年も昔にエラスムスが、また二〇〇年も昔にパスカルが見抜いたとおりだ。

人間の至高の神聖性を貶めるかのような奔流が堰《せき》を切ろうとしているまさにそのとき、ヴァーグナーとドストエフスキーが神人一如のカオスの冥界を開き、ディオニュソス神の復活を刻印づけた。理性は非理性、意識は無意識、神は野獣、現実境は夢幻境、生は死……という叛意語法的な坩堝は、二人の巨人において最大規模で露呈した。ヴァーグナーとともにドストエフスキーを人類史上最大の総合芸術家とせざるをえない理由は、以上の経緯にある。二人は人類のクリーゼ（人類のラプトゥスとも非理性発作とも言える）であった。人類精神を死地に追いやり、また復活させる、そういう夢魔を生み出したのが、この二人である。

さて、『カラマーゾフの兄弟』に進もう。

個人的な回想になるが、私がこの大作を初めて読んだのは遅く、大学生になってからで、一読驚愕して、すぐさま河出書房新社刊の函入り『ドストエーフスキイ全集』全二〇巻＋別巻一（米川正夫全訳）を購入したのは、一九六九（昭和四四）年頃のことである。半世紀近く昔のことで感慨深いが、以来、米川正夫（一八九一―一九六五年）の重厚深遠な翻訳文体が私の身体にしみ込んでしまった。その後、多くの翻訳がなされ、それぞれ立派な仕事とは思うが、やはり最初の翻訳読書体験というのは特別に生々しい。

この全集の第一三巻が『カラマーゾフの兄弟（下）』で、その巻末に今読んでも見事な米川正夫の「解説」が付されている。私は小林秀雄の「ドストエフスキーの作品」論の愛読者だが、これに匹敵するのは米川のこの解説ではないか。ここでは大小説の不可欠のプロットが最小限だけ記され、ドストエフスキーという奇怪な作家の輪郭が明確にされ、論はロシアの精神史から世界文学史まで展開されていて、超一流の解説である。それゆえ、半世紀近く経っても学ぶところの多い米川の解説を読み直してみたい。断片的に引用する。

ドストエーフスキイは『悪霊』の完結後も、構想の完全に円熟するのを待つかのごとく、さらにもう一つの中間的作品『未成年』〔一八七五年〕を書きあげた後、ようやく一八七七年のなかば頃から、全精力をこの大長編に集中しはじめた。それがために、彼が直接読者に話しかける重要な機関として深い愛着をいだいていた個人雑誌『作家の日記』をも、一八七七年の十二月号をもって一応休刊として、専心『カラマーゾフの兄弟』の創作に没頭した。やがて一八七九年の一月から、最初の部分が雑誌『ロシヤ報知《ルースキイ・ヴェーストニク》』に連載され始め、一八八〇年十一月をもって完結した。しかし、この完結後わずか三か月でドストエーフスキイが長逝したため、第二部のプランが永久に墓のかなたへ持ち去られ、闇から闇へと葬られてしまったのは、返す返すも遺憾なことといわなければならない。〔…〕

ロシヤでもこの小説が発表されたとき、一般社会の受けた衝動はなみなみならぬものであった。かつてゴンチャロフ〔一八一二―九一年〕の傑作『オブローモフ』〔一八五九年〕が、ロシヤ人の国民性を道破したものとして、「オブローモフシチナ」という新語を生んだように、このドストエーフスキイの最大作も、同じロシヤ国民性のまったく正反対な、思いがけない一面を啓示したものとして、新しく「カラマーゾフシチナ」なる言葉が高唱されるようになったのである。従来、単純、緩慢、鈍重、優柔といったような気分を象徴する「オブローモフシチナ」（オブローモフ的な人物もしくは精神）がロシヤ国民性の全体を抱擁するものと思われていたとき、それとまったく対蹠的な混沌、狂乱、激動、極端から極端へ走るがむしゃらな性質を表示する「カラマーゾフシチナ」も、やはりまぎれもないロシヤ国民性の反面であることを示されて、人々は深い驚愕に打たれたほどである。

『カラマーゾフの兄弟』にあっては〔…〕常軌を逸した感情や、埒を踏み破った欲望や、この世の限界を越したかと思われるほど深刻な思想の沈潜や、後から後からたたみかけて重なって来る異常な事件の旋風が、読者をわしづかみにして眩暈を感ぜしめ、なかば夢幻の境へ拉し去るので

ある。（米川 一九六九、五二〇―五二一頁。傍点は渡辺）

今回ここに引用しつつ、米川が「眩暈・夢幻の境」と書いていることに気づいて、今さらながら驚かされた。実際、この傾向は『罪と罰』から一貫したもので、無（非・反）‐時間的な瞬間に、何か途方もない出来事が稲妻のように起こるのである。トルストイが巨大な歴史時間において一大叙事詩を創造したとするなら、ドストエフスキーは歴史的延長を有さない「瞬間」（＝永遠）に「時間なき霊の世界」（ジョン・ミドルトン・マリ）を構築してしまう。確かにドストエフスキーの文学の特性はその発作的な夢幻性と瞬間性にあり、そこでは無意識あるいは〈エス〉が瞬時に巨大な永遠の夢を創造してしまう、神秘不可思議で奇怪かつ夢遊病的と言える出来事が現に起こっている。

『白痴』のムイシュキン公爵、『悪霊』のキリーロフ、『カラマーゾフの兄弟』のスメルジャコーフ――ドストエフスキーの小説には「癲癇」者がよく出てきて、その発作の異様な気分も描かれている。しかし、筋肉痙攣、意識喪失、発作の有無だけで「癲癇」という生命様態の特殊人間的な深淵さまを理解することはできない。河合逸雄は以前から覚醒癲癇者に、(1)受け身の外向性、(2)環境との無媒介的関わり、(3)原初的エロースの持ち主であること、という特徴を見出しており、木村敏も生命の量的亢進が生命を祝祭性＝癲癇発作に導くことを論じて、癲癇発作をこの「生命＝祝祭」の噴出とみなしている。他にも論者がいるが、これらの事実は「癲癇」とか「発作」という臨床医学用語の限定を超えた事態が問われうることを示している。

これまで〈癲癇〉と表記しつつ、私は生命様態（体質／気質とも換言可能である）の特性を示したかった。そして、〈癲癇〉と「カラマーゾフシチナ」はほとんど同義であるが、これは疾患名でも症状名でもなく、「(獣性と神性を同時に生きる)人類に普遍的な夢幻境地の生命性」を指示するための言葉である。〈癲癇〉とは「カラマーゾフシチナ」にほかならない。これについて、イヴァンの地獄を見つつ、米川正夫は秀逸なる文章を残している。

> イヴァンの悪夢に現われる悪魔は〔…〕ドストエーフスキイの最も偉大な創造の一つであり、世界の文学中他に同類のないユニークな現象である。それはイヴァンの卑賤低劣な半面の具象化であると同時に、彼の自己批判の鞭でもあり、彼のみずから口にしえぬ苦悩の代弁者でもある。かくしてイヴァンは、覚めては自分のメフィストであるスメルジャコフに苦しめられ、寝ては悪魔に嘲笑されて、ついには自己とスメルジャコフと悪魔との間の境界を見失い、完全に自己を見失ってしまうのである。(同書、五二八頁。傍点は渡辺)

これが〈癲癇(カラマーゾフシチナ)〉なる生命様態の極北であり、この無間地獄はそのまま〈ヒステリー〉親和的な解離の世界に通じ、そして、これはまた同時に〈緊張病〉の神秘夢幻様体験に等しいことを、この文章は証言している。イヴァンは、こうして人格解離において夢幻の多重人格に解体され、「カラマーゾフシチナ」の悪夢の中で自我の単一性と一貫性を害されて、発狂する。全人的に非理性に屈服し、退行し、〈緊張病〉化して、瓦解する。

〈癲癇(カラマーゾフシチナ)〉なる生命性がここまで濃密な非理性にまで凝縮されるなら、われわれは「ドストエフスキーと父親殺し」なる論文を書いてもいるフロイトの領域に踏み入るのを、もう遠慮しなくてもいい。「カラマーゾフシチナ」と言われる〈癲癇／緊張病〉がそのまま〈ヒステリー〉と地続きであることをフロイトが論証しているからである。

ドストエフスキーが実例を示し、フロイトが強靭な論理でこれを解く。そして、「独自の拡がりを狂気に取り戻させるために、非理性という自由な地平のうえに狂気をふたたび位置づけること」というミシェル・フーコーの要請にドストエフスキーとフロイトがすでに真剣に応じていたのを知る。フロイトの領域に踏み込むとき、初めて人類はドストエフスキーの文学とヴァーグナーの音楽芸術、すなわち〈ヒステリー〉性の神話的楽劇とが溶融し合う現場に踏み入ることになる。

ともかく、フロイトのドストエフスキー論に向かおう。

フロイトの「ドストエフスキーと父親殺し」は、一九二八年に『カラマーゾフの兄弟』と題された分担執筆の論文集のための一論文として書かれた。ドイツ語原文で二六頁の、短いが重要な論文である。フロイトは書評文や追悼文を除くと、論文題名に固有名を書き込むことのめずらしい著者だ。「レオナルド・ダ・ヴィンチの幼年期の思い出」（一九一〇年）、「ミケランジェロのモーセ像」（一九一四年）が想起される。この二人のルネサンス巨人は別格的存在であり、それぞれ夢見るような雰囲気に満ちてはいるが、ふつうの意味での病跡学的対象の名前ではない。『W・イェンゼン著『グラディーヴァ』における妄想と夢』（一九〇七年）の場合は重要な書評と言うべきだろう。それゆえ、「ドストエフスキー」という固有名詞と「父親殺し」なる精神分析の鍵概念を結びつけた論文題名は異例中の異例と言える。

『快原理の彼岸』（一九二〇年）も『自我とエス』（一九二三年）も書き上げてしまったフロイトだが、そもそも精神分析が『ヒステリー研究』（ヨーゼフ・ブロイアーとの共著、一八九五年）で開始されたのは周知である。しかし、『夢解釈』（一九〇〇年）以後、ヒステリー発作自体が正面から論じられることは急減する。「ヒステリー発作についての概略」（一九〇八年）以後二〇年近く、ヒステリー発作は主題にされていない。それゆえ、フロイトはドストエフスキーとヒステリー現象のあいだに容易ならざる関係を直覚し、あえて筆を執ったに相違ない。書き出しは以下のようである。

> ドストエフスキーの豊かな人格には四つの異なる側面があるのかもしれない。すなわち、彼は作家にして、神経症者であり、倫理家にして、罪人なのである。この〔人格の〕困惑させる複雑さをどう理解したら良いのだろうか。
>
> 作家だという点は疑念を差し挟む余地が最も少ない。ドストエフスキーはシェイクスピアに比肩し得る作家である。『カラマーゾフの兄弟』はこれまでに書かれた最も素晴らしい小説で、その中の「大審問官」の挿話は世界文学の最高傑作の一つであり、いくら評価しても評価し過ぎることなどないだろう。（フロイト 二〇一〇、二八九頁）

今まで読み飛ばしていたせいか、フロイトがドストエフスキー文学をこれほど高く評価していたとは気づかず、迂闊にも今さらながら驚いている。さて、こう絶賛したのち、フロイトは、ドストエフスキーの発作は一八歳の時の震撼的な体験（父親が殺害された光景の目撃）のあと初めて癲癇という形態（死ぬことの形態）をとるに至った、という有名な仮説に近づく。「この体験がなければ、ドストエフスキーは一生涯、神経症者＝ヒステリー者だったろう」というのがフロイトの思索の大筋である。

　重要なのは、フロイトはドストエフスキーを「神経症者／ヒステリー者」とみなしていて、「癲癇者」とは見ていないことである。「確証はない」としつつも、フロイトは「ドストエフスキー自身、意識喪失、筋肉痙攣、それに続く気分不調からなる重度の発作ゆえに、自分がてんかん患者だと言っており、他の人たちも彼をそう見ていた。この自称のてんかんが、やはり、彼の神経症の一つの兆候に他ならないという可能性は極めて高い。従って彼の神経症は、ヒステロエピレプシー、すなわち重度のヒステリー、と分類すべきものなのかもしれない」（同書、二九二頁。傍点は渡辺）と書いている。

　この「ヒステロエピレプシー」という臨床概念は、すでに触れたように、カールバウムの同時代人であるシャルコーに由来するが、今ではほとんどすべての精神科医が一笑に付してしまう。「癲癇」がいわゆる「三大精神病」の一つなどではなく、完璧に独立した神経疾患であるとの考えが常識になったのは、イギリスの神経学者ジョン・ヒューリングス・ジャクソンの厳密な脳機能考察以後の進歩ゆえであるが（第二章に記したモーズリーのスウェーデンボルグ論を参照のこと）、フロイトはジャクソンの仕事を知らなかったのか。

フロイト

　――むろん、知っていた。『夢解釈』の注に、夢と精神病の不可分性に関するジャクソンの言葉が引用されている（一九一四年の追加文。ジャクソンいわく、「夢の本質を見極め給え。そうすれば、君たちは人が狂気について知りうることを、すべて見出したことになる」）。フロイトと親しい在英の弟子アーネスト・ジョーンズ（一八七九―一九五八年）は、直接ジャクソンと会っている。神経学重視は精神分析の伝統であり、この分析家師弟の二人がジャクソンの「癲癇」研究を無視したと考えるのは不自然にすぎる。フロイトは軽薄な研究者ではない。

ならば、答えは一つ。フロイトは成因論的に複数の、異なった機能変調に依拠する多種多様な「癲癇」を一種のスペクトラムとして考えていた、ということだ。フロイトは言う。「こうした事情を踏まえると、「てんかん」を単一の臨床的疾患として保持するのは不可能だと考えても当然である。表面に現れる症状が同質である場合には、機能的な解釈が必要とされるように思える」（同書、二九三―二九四頁）と。こうして「器質性癲癇」と「機能性／情動性癲癇」が区別され、幼少時期から見られたドストエフスキーの軽い「ヒステリー」症状が一八歳時の父親が殺害された事件の情動的衝撃で初めて「癲癇発作」の形をとるようになった、とフロイトは見る。父親殺害欲望の予期せぬ現実化が、父の死を欲望した息子ドストエフスキーへの懲罰として、息子を「死の発作」の反復の中に投げ込むことになったのだ、と。

シャルコーの「ヒステロエピレプシー」概念は惜しくも不用意な混同の結果ゆえに瓦解してしまったが、フロイトは慎重に考えを進めた。まず「癲癇発作」は「死の発作」を意味する。子供の頃のドストエフスキーは「僕が死んでも五日間は埋葬しないでほしい」というメモを毎晩用意していたが、これは幼いドストエフスキーの睡眠（嗜眠）発作がまさしく「仮死状態の昏睡＝癲癇発作＝死の発作」であったことを証言している。ここに「死者との同一化」が起こっていれば、これは厳密には「生きてはいるが死んでほしい人物との同一化」であり、エディプス・コンプレクスの教えのとおり、「殺害した（死んだ）父との同一化＝自己の死の発作」だと解釈できる。ここに「父親を殺害した」瞬間の至福の歓喜と、激烈な自己懲罰（自己殺害）としての「情動性癲癇発作」が出現する。アウラにおける至福の歓喜について『白痴』のムイシュキン公爵や『悪霊』のキリーロフが語っているが、これはドストエフスキー自身の体験に深く根を張ったものだ。

「父親殺し」に向かう太古の原人の群れ以来の情動が、最重度の「ヒステリー」発作としての「情動性癲癇発作」となって顕現する、とフロイトは考える。私自身、南の島の臨床現場で、重い解離性・転換性（ヒステリー性）障害の少女が夜間睡眠中に突然、重篤な癲癇発作を起こし、舌と口唇を噛んで怪我をしてしまい、驚いた経験がある。以来、精神安定剤に抗癲癇剤を加えたが、後者を中止する勇気はなかった。少女の診断名も、二一世紀になった現在ゆえ、(1)解離性・転換性障害、(2)癲癇、という併記形式を続けざるをえなかった。フロイトに従えば、この少女においても情動性興奮の波があり、時には「ヒステリー」が、また時には「癲癇」が引き起こされると言える。

フロイトの先輩シャルコーの「ヒステロエピレプシー」概念は「贋作の骨董品」にされてしまったが、フロイトのように「大脳器質性」と「機能／情動性」（心因というより性交を含む生命密着性の情動因）という両極性の成因を「癲癇」において想定するほうが妥当だろう。さらに付記しておきたいのは、シャルコーの「ヒステロエピレプシー」概念を嘲笑するのは簡単だが、飛び抜けた臨床思索者（ジャクソン、フロイト、ジルボーグ、安永浩の四人が即座に想起される）はシャルコーの「発見」を真剣に重視し、考え続けた、という事実である。

私たちは、ドストエフスキー文学の異常な創造性と「癲癇」症状……という上滑りしやすい通念的連想から、そろそろ脱出するべきではあるまいか。「カラマーゾフシチナ」の体質／気質特性の途轍もない亢進が巨大文学誕生の原動力であることは明らかなのだから、「癲癇」という医学概念ではなく、〈癲癇／ヒステリー〉という広く高い（深い）非理性の荒野で、生命の夢幻の境地を探索すべきではないか。そうでなければ、「イヴァンとスメルジャコーフと悪魔」が夢幻性の渦を巻きつつ発狂する〈緊張病〉親和的なラプトゥス光景を、人類は永遠に目撃しなかっただろう。もちろん、フョードル、ドミートリー、アリョーシャそれぞれにイヴァンに匹敵し、これを凌ぐ神秘的真実を突きつけてくるのだから、やはり『カラマーゾフの兄弟』は比較を絶した「作品」なのだ。

ヴァーグナーとドストエフスキーは、その生命性熱容量の突出した大きさ、創造力の巨大さゆえに、彼ら以後の人類の歩みを変えてしまった。ここに創造の噴火口のごとく〈癲癇／ヒステリー〉なる生命様態が夢魔的深淵を開口していた。さらに、先に論じたイヴァンの発狂においては、〈癲癇／ヒステリー／緊張病〉というブラックホールのごとき生命様態すら露出している。《タンホイザー》から《指環》に至る大楽劇創造にも、人間次元を超越した生命エネルギーが感じられる。二人の巨人に共通するのは、その非理性の噴出の途方もない激しさ、非理性の荒野の広さ、その非理性の獣性＝神性の荒々しさであり、非理性が理性の相関者としてではなく、それ自体、独裁的に（超‐理性的に）火焔と黒煙をあげ続けている、ということだ。

中世末期からルネサンスを経て、レオナルド・ダ・ヴィンチからモーツァルトにまで走る透明すぎる閃光を気にしつつも、ついにはゲーテとベートーヴェンの巨大な圧力を克服したヴァーグナーとドストエフスキーを生むに至るところまで、人類は到達しえた。一貫して明白なのは、ルネサンスの黄金時代が終焉を迎えたあともなお、至る所であえて「枢軸時代」あるいは「人類の星の時間」と呼びたくなる創造の群発的ラプトゥスが起こっていたことだ。

確かに、ヤスパースが指摘したように、孔子と老子、ブッダが相次いで生まれ、エリヤ、イザヤ、エレミヤといった預言者たちが連続的に現れ、ホメロス、パルメニデス、ヘラクレイトス、プラトン、悲劇詩人たち、トゥキュディデスやアルキメデスが数世紀間のうちに発生した第一の「枢軸時代」は、それ以後の人類史を決定したという意味で、まったく比類がない。だが、「枢軸時代」は一回起きれば二度と起きないのか。人類は数世紀に一度、完璧に脱皮し、新生する危機的変貌を遂げてきたのではないか。第二あるいは第三の「枢軸時代」を想定するのは不可能だ、という思い込みに論理的な根拠はない。人類の「枢軸的」創造性は、順番によってではなく、繰り返される異常な勢いの生命の「うねり」の直観によって理解されなければなるまい。そして、ここまでヨーロッパの非理性の歴史を見てきて初めて言えるのだが、芸術の革命的‐反復に際しては、いつも〈癲癇／ヒステリー／緊張病〉という〈病理性なき〉生命様態が、海底から浮かび上がってくる海獣のように、その姿の一部を、瞬間的にもせよ、人類に見せる。

相互に無縁のままヴァーグナーとドストエフスキーが出現し、途轍もない創造力で人類の精神史に決定的かつ不可逆的に屈曲を与えてしまったのは事実だ。今のところ、この二人は人類最後の「枢軸時代」形成者と言われていいかもしれない。二人に比肩する芸術家は少なくない。だが、時代精神の色彩を根本から規定し、時代精神のフォルム、人類の歩みの調子、普遍的な〈エス〉のリズムをも規定する力は、この二人において最大になった。「枢軸時代、人類の星の時間、総合芸術、創造の発作、非理性のラプトゥス群発」と名称はさまざまだが、人類に後戻りの必要性がないという高貴な教示を与える創造期は、新生と推進を繰り返すのだろう。

ここで一つ、気になることを付記しておく。レオナルド＝モーツァルトの閃光における創造の透明性と、ヴァーグナー＝ドストエフスキーのマグマにおける不透明性という相違は明らかだが、この異質性は何を示唆しているのか。レオナルド＝モーツァルトには、透明性も限度を越すと漆黒の闇になる、透明すぎるから陰翳の突風が吹く、という逆説の不気味さがある。この二人がそれぞれ孤独のうちに広大な非理性という荒野を歩んでいたのは確かだが、モーツァルトに〈癲癇〉親和的生命性を見る研究者（例えばモーツァルトに「中心気質」の典型を見る安永浩）の見解が妥当であるにもかかわらず、〈癲癇／ヒステリー／緊張病〉とあえて呼ぶべき生命様態特徴が、レオナルド＝モーツァルトの二人においては、なぜか非常に透明なままなのだ。

これに反して、ヴ、ァ、ー、グ、ナ、ー、と、ド、ス、ト、エ、フ、ス、キ、ー、に見る異様な不透明性ないし混濁、〈癲癇／ヒステリー／緊張病〉という生命性の煮えたぎる坩堝と深淵から噴出する火焔と黒煙の激しさは何を意味しているのか。清流の「枢軸時代」はもう到来してしまっていて、（モーツァルト亡きあとは）不透明で険悪なる濁流の時代が続いている、という不吉な印象は単なる思い込みなのか。ヴァーグナーとドストエフスキーのあと、芸術的創造の黄昏の荒野には、まだ歩みゆく道があるのだろうか。

第4章

# 非理性の稲妻

## 20世紀への架橋

非理性の激しさゆえに、そして創造性の比類のなさゆえに、ニーチェとゴッホ——この二人はヴァーグナーとドストエフスキーのあとに直接連なる。ほぼ息子の世代として現れ、ヴァーグナーとドストエフスキーのあとを追うかのように歩み、すみやかに破綻して、去った。二人は稲妻だった。

同時代群発性をめぐって、ステファヌ・マラルメ（一八四二—九八年）、ダニエル・パウル・シュレーバー（一八四二—一九一一年）、ポール・ヴェルレーヌ（一八四四—九六年）、ポール・ゴーギャン（一八四八—一九〇三年）、ジョリス＝カルル・ユイスマンス（一八四八—一九〇七年）、アルチュール・ランボー（一八五四—九一年）などが、非理性の強度ゆえに亢進した創造性を示した者たちとして連想されるが、こういう連想（連合）を拡大するままに散乱させても仕方がない。ここでは絶対にあとまわしも省略もできない二人として、ニーチェとゴッホに注意を収斂させていく。列記された他の芸術家たちも、ヴァーグナーとドストエフスキーの息子世代にふさわしく、ニーチェとゴッホ同様に激しく炎上する生命たちであったが、今はただ透明な文字でニーチェとゴッホの名のごく近くにその名が併記されているのを想像するだけにしておく。

## 1　ニーチェの場合

非常に優れた若き古典文献学者フリードリヒ・ニーチェ（一八四四—一九〇〇年）が自身の専門学問領野を突き破り、ラプトゥスに見舞われて『悲劇の誕生』を生んだのは一八七二年、ニーチェ二七歳の時である。これは古代ギリシア文献学の成果、ショーペンハウアーの芸術哲学、そしてヴァーグナーの楽劇体験という三者の共鳴から生まれた作品であり、アポロン神由来の原理とディオニュソス神由来の原理の相互創造的な事態を活写している。ヴァーグナー夫妻は歓んだ。しかし、古典文献学者たちは、由緒正しい学問を怪しげな音楽運動宣伝に従属させたと怒り、公刊時点でバーゼル大学でのニーチェの出世の道は事実上、閉ざされた。

だが、意気盛んなニーチェは、昂然としてゲルマン的ヘレニズムをヴァーグナーの楽劇とともに再興させようと燃え上がっていた。不思議だが、この時点でニーチェはゲルマンあるいはドイツという文化類型の立派な存在をまだ夢見ていたらしい。ヴァーグナーにとっては三一歳も年少のニーチェは対等の盟友とはみなされず、ヴァーグナーは若いニーチェを自分の音楽芸術興行のための宣伝係程度にしか見ていなかった。それゆえ、二人の蜜月に亀裂が走るのも早かった。

ニーチェ（1875 年頃）

『悲劇の誕生』刊行から一八七六年の《ニーベルングの指環》のバイロイト祝祭劇場初演までの四年間に新たな論文が四つ書かれたが、その第四論文「バイロイトにおけるリヒャルト・ヴァーグナー」（一八七六年）にはすでに不気味に揺れるヴァーグナー観が潜んでおり、ニーチェ自身、これをモノグラフに入れるべきかやめるべきか迷った末、《指環》初演の成功に役立てば、としぶしぶ公表した。

あらゆる芸術のうちの本当の形而上学的作品である『トリスタンとイゾルデ』を聴き、観、体験するがよい、これは、ぞっとするような幽霊のような朝の明るさと鋭さのうちに悪しきもの、虚偽なもの、分離するものとして輝いているような生から遠く離れて、夜と死の秘密に飽くことなき甘美極まる憧憬を抱いた死に瀕した者の落魄せる眼差しがその上にさしている作品であり、〔…〕身は生きながら死んでおり、二にして一である〔…〕。(ニーチェ 一九九三、四一三頁。傍点は渡辺)

ニーチェは確かにヴァーグナーの「愛の死」の思想を賛美している。しかし、生命の光輝から離反した芸術、死に対する憧憬、のちになって明瞭になる蒼白く不健康で反‐生命的なキリスト教信仰への不快、悪しきデカダンスへの失望が、すでにして滲《にじ》み出ている。

苦しい文章を書かざるをえなかったのは、ニーチェがなおヴァーグナーとのあいだに黄金のような、かけがえのない無比の時間を共有していたからである。一八六九年五月以降、ルツェルン近郊のトリプシェンに住んでいたヴァーグナーとコジマを訪問したニーチェの歓喜は夢見る者の至福のようで、陶然としたニーチェの手紙文も残されている。この尊崇と敬愛は一八七三年頃から生じ始めた亀裂で揺らぎ始め、ニーチェはヴァーグナーの招待に応じなくなり、一八七六年の《指環》初演後にはヴァーグナーの音楽と思想に欺瞞と屍臭をかぎつける、という耐えがたい帰結に至る。

そして、ヴァーグナーがキリスト教的信仰に陶酔するようになると、ニーチェの離反は決定的になった。一八七八年一月三日、ヴァーグナーからニーチェのもとに《パルジファル》の台本が献本された。宗教的法悦に満ちたヴァーグナーの詩に触れて、同年五月三〇日、『人間的、あまりに人間的』が出版される。のちの論説と比べるとニーチェの文章はずいぶん抑制されているが、彼のヴァーグナー嫌悪はもう隠しようがない。多くの音楽家が実名で登場して批評される中に、匿名作曲家に向けて「音楽の最も近代的な演奏。──音楽における大げさな悲劇的、劇的な演奏は、キリスト教が自らに考え且つ願う大罪人の身振りの模倣からその性格を得てきている」（第一五六節。ニーチェ 一九九四a、(II)三八〇頁。傍点はニーチェ）というような文章がふっと入ってくる。知人への手紙には「〔ヴァーグナーの芸術が〕私をいっそう深く病ませた」と明記された。

「剣と剣とが交差したかの如く」と後年になってニーチェが回想した訣別の時。いかに勝ち誇っていたヴァーグナー夫妻とはいえ、今度は好都合な誤読はできなかった。だが、屍臭を放つようなヴァーグナー音楽は、ニーチェにとって、熟しきった黄金の果実でもあり続けた。実際、ヴァーグナーの死の五年後、二人が訣別してからでは一二年後の一八八八年秋、自身の四四歳の誕生日に書き始められた独特の詩的自伝『この人を見よ』（一九〇八年公刊）において、ヴァーグナーは「〔二人の〕深い瞬間」、「この二人の空」などと深く回想される。だが、ヴァーグナーが絶対視されて懐かしがられているわけではない。ニーチェの精神的視野は広大であり、ヴァーグナーすら星座の中に、「人類の星の時間」の中に位置づけられている。

誰が彼〔ヴァーグナー〕に一番よく似ているか〔…〕。それはフランスの後期ロマン派、ドゥラクロアのような、ベルリオーズのような、あの高く飛び、人を高くつれ去るたぐいの芸術家たち、その本質の奥底に病気を、不治のやまいを宿し、全くの表現狂、徹頭徹尾名匠であるような人々である……ヴァーグナーの一番最初の知的な崇拝者はそもそも誰であったのか？ それはシャルル・ボードレールだ。そしてこのボードレールこそはドゥラクロアを理解した一番最初の人でもあったのだ。ボードレールは当時の芸術家全体を代表するような、典型的なデカダンであった〔…〕。（ニーチェ 一九九四b、六一頁。傍点はニーチェ）

これほどまでにヨーロッパの「病気、不治の病」を理解しつつ回想するニーチェの文章を読むと、爽快な気分になる。フランス・ロマン派芸術への洞察は鋭敏であるが、「病気、不治の病、表現狂、デカダン……」と言われるドラクロワやベルリオーズやボードレールと同じものをヴァーグナー芸術の中に感知したがゆえに、ヴァーグナーの創造性の厄介な性質は完璧に透視されている。パリ的であり、かつドイツ的であることの不純。虚偽の「法悦」に至る「俳優」ヴァーグナーは、なるほど〈ヒステリー〉親和的だが、自身も〈ヒステリー〉に強く共感するニーチェは、これをすでに深く見抜いていた。

そして、時代の「カラマーゾフシチナ」性格がイヴァンの激烈な幻覚性・夢幻性の人格崩壊を惹起してくるとき、フロイトが理解した意味での〈ヒステリー〉ないし〈ヒステロエピレプシー〉という生命様態がヴァーグナー＝ニーチェ関係に親和的になる。《トリスタンとイゾルデ》における情欲的・性愛的夢幻境と痙攣から死の欲動へと至る非理性的生命様態は〈癲癇／ヒステリー／緊張病〉という欲動の渦巻きと化して、〈エス〉の引力として、この二人に共有されていた。

ニーチェという比類なき哲人の至高の理性を破壊した非理性の衝撃の激烈さは、ヴァーグナーだけでなく、ドストエフスキーを襲ったラプトゥスをも凌ぐ。ニーチェとイヴァン・カラマーゾフの発狂様相は互いに似ている。この残酷なラプトゥスがトリノでニーチェを襲ったのは『この人を見よ』を書き終えた翌年、一八八九年一月三日のことである。トリノのカルロ・アルベルト広場で昏倒し、宿屋の主人に運ばれて自室に戻されたニーチェは、まったく狂ってしまった内容の手紙を一月七日までに書き、最後まで尊敬の念を抱き続けた歴史家ヤーコプ・ブルクハルト（一八一八―九七年）やバーゼルの友人で神学者のフランツ・オーヴァーベック（一八三七―一九〇五年）宛に発送した。署名は「ディオニュソス」あるいは「十字架に架けられし者」――ヘルダーリンとまったく同じだ。

ともかくオーヴァーベックはバーゼル大学の精神科医と相談し、ニーチェをバーゼルに連れ帰って精神病院に入れた。バーゼルの精神科医ルートヴィヒ・ヴィレの診断は「進行麻痺」。一月二七日、ニーチェの母が来て、息子をイェーナ大学病院精神科に転入院させた。以後、いわゆる廃人化が進み、妹は兄をヴァイマールに移して、面会者の選別などにあたる。

一九〇〇年八月二五日正午頃、ニーチェはヴァイマールで死んだ。享年五五。

しかし、ニーチェの「病気」は何だったのだろうか。本当に、よく言われる「進行麻痺」なのか。もう答えが出たような通念がはびこっているが、そんなに単純な話なのか。

## 2　いかなる「病気」がニーチェを創造者にし、そして破壊したのか

ニーチェの発病について略記したが、改めてヤスパースの病跡学的研究（『ニーチェ』一九三六年）に依拠しながら、はっきりとは分かっていないニーチェの重篤な「精神病」について考えてみたい。

ニーチェは彼の創造的生活の最後の一五年間くらい、厳密には一八七三年頃から八九年まで（正確には一八八八年一二月二七日まで）、さまざまな病気で間断なく苦しんでいた。少年時代からの重い近視、胃病、眼痛の発作、常在する頭痛と頭重感、全感覚が麻痺するような嘔吐、船酔いのような状態、比較的長い時間の数度の失神状態……これらの症状は不規則に改善と悪化を繰り返しつつ、治癒することなく続いた。

一八八五年（四一歳時）に起きた「視力の急速な減退」については本人が記録しているが、最悪だったのは一八七九年（三五歳時）で、知人宛の手紙に「私は容易ならぬ発作に襲われること一一八日を数えた。しかしいくらかでも楽な日を数えることはなかった」と綴っている。当時から偏頭痛やヴァーグナーとの絶交に由来する精神的反応、また神経系統の器質的疾患の進行過程などが想定されていたが、明確な診断には至らなかった。

一八七九年には、病気ゆえにバーゼル大学文献学教授の職を放棄し、放浪生活に入った。この年の夏には『漂泊者とその影』を刊行。その冬はナウムブルクの母のもとで過ごしたが、死を覚悟するほど状態が悪化する（一八八〇年一月）。ところが、一八八〇年二月に南方に移ってから変化が生じ、『曙光』執筆の準備を開始。精神的発展と言うべき変化も、この頃に起こった。「新しい思想の発端」

の意識、「初めて生じた、自己の使命に関する本来的な」意識の生成。この発展は、一八八〇年八月（三五歳時）から八一年八月にかけての精神高揚の時期、一八八二年から八四年（四〇歳時）まで持続するインスピレーションに満ちた時期にまで至る。

それゆえ、一八八〇年に、ニーチェの人生にとって画期的かつ深刻な変化が起こったことになる。ニーチェはこの年を画して、ある新しい雰囲気の中に入っていく。彼の語る言葉は異なった調子を帯びる。「神秘的な光」、「限界における危険な戦慄」、「創造的インスピレーション」と言われる状態ないし発作は、一八八〇年から八四年まで続いた（ヤスパースの論証の要約）。この間、『漂泊者とその影』（一八七九年）、『曙光』（一八八一年）、『悦ばしき知識』（一八八二年）などが立て続けに完成し、一八八三年（三八歳時）二月三日から一三日までのわずか一〇日間で『ツァラトゥストラはかく語りき』第一部を一気呵成に書き上げる。不思議な偶然だが、『ツァラトゥストラ』第一部の完成を見たこの二月一三日に、ヴァーグナーが七〇歳で死去している。六月に『ツァラトゥストラ』第一部を出版、七月にシルスマリアで『ツァラトゥストラ』第二部完成。この年から一八八八年（年末に最後のラプトゥスあるいは発狂）まで、だいたい夏はシルスマリアで、冬はニースで過ごすようになった。一八八四年一月、ニースで『ツァラトゥストラ』第三部を完成し、四月には第二部と第三部を合わせて出版。一八八五年二月には『ツァラトゥストラ』第四部を完成……と怒濤のごとき創造の嵐が吹き荒れる。五年間以上に及ぶこの巨大なラプトゥスは常軌を逸している。しかも、『善悪の彼岸』が完成したのは一八八六年の春だから、奇跡とも言える創造の噴出は『ツァラトゥストラ』以降も持続していた。

一八八七年一月にヴァーグナーの《パルジファル》前奏曲を初めて聴き、二月には初めてドストエフスキーの『地下生活者の手記』（一八六四年）を読んだ。前者はともかく、後者の衝撃は強かった。ヴァーグナーとドストエフスキーの熱気が渦を巻くさなかに、ニーチェ哲学が誕生し、成長し、進行し、深化し、強靱に拡大していった。この年の七月には『道徳の系譜』の完成（一一月に自費出版）を見ているから、凄絶な創造性群発はなお続いていた。しかし、重篤で不治の最終ラプトゥスに襲われるまで、残された時間は一年あまり。一八八八年一二月末に友人宛に書かれた手紙はすでに錯乱し始めており、数日後（翌年一月三日）にはトリノのカルロ・アルベルト広場で昏倒する——無残なまでに激烈な精神崩壊過程だ。

問いを「創造的インスピレーション」に戻そう。繰り返すが、ヤスパースはこの異常な「創造的インスピレーション」は「一八八一年から一八八四年に至る期間に限られる」と、きつくとっている。だが、すでに触れたように、ニーチェは一八八〇年から八七年までプラトー状に文字どおり超人的な霊感に満たされていた。見上げるような七年間の創造の高原。この異常に高いプラトーが下り坂になってわずか一年あまりでラプトゥスの深淵に落下したという事実も、ニーチェの非理性発作の創造-即-破壊の激烈さを物語っている。

ニーチェ自身は「創造的インスピレーション」体験をどう述べていたか。彼の回想をヤスパースの『ニーチェ』の中から引用しておく。

　ひとは聴くのであって、探求するのではない。受け取るのであって、誰が与えるのか、問いはしない。一つの思想が稲妻のように、必然的に、躊躇のない形でひらめくのだ――〔…〕爪先にまで伝わる無数の微妙なおののきとぞくぞくする感じを極めて明確に意識しながらも完全な忘我の状態、〔…〕光の氾濫の内部の一つの必然的な色としての作用をもつところの幸福の深み、すべては最高度に非自発的にではあるが、しかしあたかも自由感・無制約・権力・神々しさの嵐の中にあるかのように起こる……〔…〕。（ヤスパース一九六六―六七、(上)一七一頁。傍点は渡辺）

ヤスパースは論じていないが、こういう文章からは即座にリヒテンベルクの「(私が考える、のではなく）稲妻が走るのだ（es blitzt)」という実感、〈エス〉の威力の発見が連想される。

それはともかく、ヤスパースは「神秘的な光、創造的インスピレーション、三六歳にして初めて経験した常軌を逸した高揚、興奮的な気分、精神病的な症状を示していない発作的なもの、いつかは明らかにされるであろう生物学的な要素」と記しているが、やはり慎重すぎて明晰さを欠く。「ツァラトゥストラ」を創造したのは「数十年間蓄積せられた力の爆発だ」という印象深いニーチェの文章を引くにとどめ、ニーチェの非理性の比類なき強度にも、ニーチェが書き残している神秘的な夢幻性生命様態での多様な印象についても言及していない。ヤスパースの抑制しすぎるこの難点は、ゴッホの病跡学的研究にもあてはまる。拙速な断定よりは信頼に足る研究なのかもしれないが、緊張病的な神秘夢幻性の記述が要請される時には、文章表現に具体性を欠きがちになる。

以下は、ヤスパースが描いているトリノで発狂したニーチェのありさまである。ニーチェを精神的に殺害した激烈なラプトゥスの無惨なさまを「神秘的な光、創造的インスピレーション」と言われる夢幻的な神秘体験のプラトーの終焉として確認しておく。

オーフェルベックは現在眼の前に『長椅子の一隅に蹲まっている』ニーチェを見いだした。『彼は私に飛びついてきて、私を激しく抱擁し、それから痙攣しながら、長椅子に仰向けに倒れる』。ピアノに倚って彼は大声で歌ったり、荒れ狂ったり、滑稽な恰好で踊ったり跳ねたりした。それから再び『何とも言いようのない陰気な調子で、死せる神の後継者としての自分について、崇高な、不思議に澄みきった、名状し難いほど怖ろしい事柄を口走った』。ニーチェはその後もさらに卒倒の発作に見舞われ続け、かくて精神的麻痺の状態で一九〇〇年まで生きたのである。（同書、(上)一六一頁。傍点は渡辺）

通念となった「進行麻痺」でも、こういう状態は起こりうる。だが、一九七三（昭和四八）年以降の私の個人的な臨床経験では、目立たない知的障害と脊髄癆《せきずいろう》の神経学的症状のかなり急速な進行を示す人が多く、稀に意識変容をともなった支離滅裂で内容貧困な有熱性急性錯乱と譫妄《せんもう》の症例を経験したことがある。しかし、ニーチェのように夢幻的で豊かな内容に満ちた、七年以上にわたる長い創造性群発は一度も経験したことがない。

オーヴァーベックの前で錯乱し、乱舞卒倒するニーチェの姿は、まさしくカールバウムがすでにこのトリノでのエピソードの一四年前に記述公刊していた緊張病者のそれだ。厳密な意味での癲癇発作はなかったらしいが、その可能性を完全には否定できず、発作はなくとも「癲癇」に固有の祝祭的

〈癲癇〉の生命性を見るのは誤謬ではない。ニーチェの場合、原因からの診断は不可能だが、「進行麻痺」と決めつけたり、診断不能として医学的思考を停止したりするのは貧寒なる帰結である。診断ではなく、特殊人間的な生命様態の認識として、ニーチェのありさまを〈癲癇／ヒステリー／緊張病〉と表記するのは無理ではない。

繰り返しになるが、トリノで友人の神学者オーヴァーベックが目撃したニーチェの重篤なラプトゥスに顕現しているのは、「緊張病」の病理性であり、〈緊張病〉の生命性亢進であろう。この病理性は、二〇世紀初頭にカール・ボンヘッファー（一八六八—一九四八年）という名医にして第一級の学者が提唱した「外因性反応型」に等しい。ボンヘッファーは、身体疾患や物質中毒など「外から来る・原因」によって発生する精神病は意識変容をともなう広義の「緊張病」（錯乱性精神病、非定型精神病、躁鬱混合状態、アメンチア、譫妄、朦朧とも言われうる）であることを臨床で示した。原因は多様であっても、精神病現象は同一であるか、あるいは酷似している。オーヴァーベックが目撃する約二週間前のニーチェは外見上は正常だったのだから、発狂の原因ないし誘因は「急に」、「外から」来た何かだ。ボンヘッファーの考え方は梅毒感染に由来する「進行麻痺」を排除するものではないが、さらに多様な〈癲癇／ヒステリー／緊張病〉親和的な生命様態の群発をも内包する。無数の原因から単一の、ないし酷似した症状（生命現象）連合が現れる、としたボンヘッファーの

ボンヘッファー

見識は、ニーチェのような難題にこそふさわしい、病理性にも生命性にも密着した精神病理学なのだ。

ここで、ヤスパースの記述的な報告と考察に戻ろう。

> ニーチェは神になったり、ディオニュソスや十字架にかけられた者になる。両者は同じものとなる。ニーチェはどんな人でもあり、すべての人間である。あらゆる死せる者であり、あらゆる生物である。彼の友人たちはいろいろな役を振り当てられている。コージマ・ヴァーグネルはアリアドネーとなり、〔エルヴィン・〕ローデは神々の仲間に入り、ブルクハルトは偉大なる教師にせられる。創造と世界史はニーチェの手に握られている。重要なのは、八八年十二月二十七日以前には、このような狂気の徴候は全然見いだされないという事実である。この時より以前の作品の中に狂気を見いだそうとしても無駄であることは確実である。
> 〔…〕こういう病気というものはただ精神病として突然起こるものである。それは脳器官の病気に関することであり、恐らくは進行性脳麻痺に関するものであろう。(同書、(上)一六二頁。傍点はヤスパース)

ニーチェに妄想的世俗臭は絶無である。ただただ夢幻症の非(超)-世俗性ないし神秘性が圧倒的に優位であり、内容も陳腐な誇大妄想などではなく、超-自然性と至高の精神性と創造性が充満している。こういう目立つ特徴についてヤスパースは論じていない。ただし、抑制の強いこの禁欲的な碩学は、読み飛ばせない指摘を残している。例えば「実際——ヘルダーリンやファン・ゴッホにおける場合と似て、〔…〕《病理的》要素〔…〕は単に障碍となったに止まらず、むしろ恐らく、そうでなければ発生しなかったであろうところのものを可能ならしめさえしたのである」（同書、(上)一九三頁。傍点はヤスパース）というような文章である。

ヤスパースが「《病理的》要素は〔…〕可能ならしめさえした」と明瞭に書いているのはめずらしい。また、「ニーチェ」の名が「ヘルダーリンやファン・ゴッホ」と併記される要因が「緊張病（性分裂病）」なるヤスパースの直感的印象以外にありえないのは明白で、ここには〈緊張病〉なる生命様態とニーチェの精神との内密な関係が露出している。

ヴァーグナーとドストエフスキーがニュアンスの差はあれ〈癲癇／ヒステリー／緊張病〉という生命様態の威力によって途轍もない創造に至ったのを見てきたが、ニーチェにおいても、一八八〇年から五年ないし七年にわたって続いた、夢幻的至福あるいは熱情的（かつ神秘的）恍惚（カールバウム）に満たされた〈緊張病〉なる生命様態が異常な創造性を産出した、という経過は軽視できない。トリノでの破綻（一八八八年一二月末日開始）と漆黒の闇の中での終焉については、病因論議の不毛に至るので立ち入らなかったが、〈緊張病〉だけで廃人にな

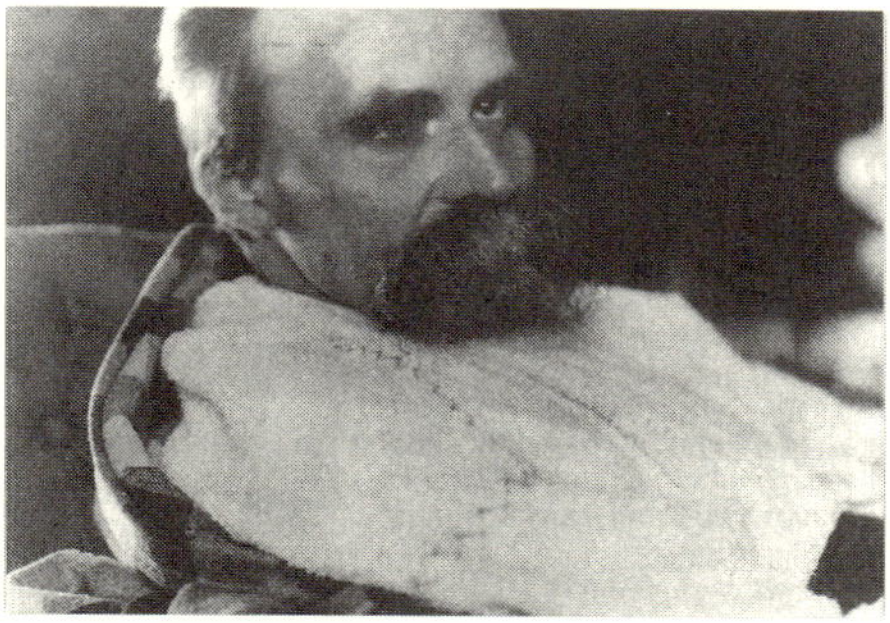
最晩年のニーチェ

るばかりか、死亡する例（致死性（悪性）緊張病の場合）もあるので、慎重になりすぎて萎縮することも、脳脊髄液検査なしで「進行麻痺」と断じて他を排するのも避けたいものだ。

## 3　ゴッホの場合

ドストエフスキー、ヴァーグナー、ニーチェにおいて共振する生命様態（〈癲癇《エピレプシー》／ヒステリー／緊張病《カタトニー》〉親和的な生命性）を絵画作品に残したのは、フィンセント・ファン・ゴッホ（一八五三―九〇年）である。ニーチェと違って、無名の画家として描き、死んだゴッホだが、非理性の強度ゆえの異常な創造性という点では、ゴッホこそがラプトゥス的閃光の範例となる。

芸術家の生涯という見方をするなら、ヴァーグナー、ドストエフスキーと比較すると、ニーチェとゴッホの生涯は発狂を経た死で終わっていて、悲惨である。この無惨な帰結は、非理性暴発の強度のゆえなのか。

ゴッホは、頑固で嫌人的な、しかし激しい信仰心と生命力をもった若者だった。親族の伝統で画商になったが、中途で熱狂的な信仰を抱き、鉱山の牧師になった。しかし、異常な熱心さのあまり、かえって周囲に忌避され、惨めな状態で自宅に帰された（二六歳時）。この頃「役に立つ人間になりたい、絵を描こう」との思いが強くなった。二〇歳時の一少女に対する初恋と失恋に続いて、二八歳になって若い未亡人に失恋し、次いで妊娠中の娼婦と共同生活を始めるなど、家族親族の理解を超えた生活を送った。画商になっていた弟テオとの手紙のやり取りが本格的に始まったのは三三歳頃で、これはゴッホを知るための不可欠の資料となる。パリ在住のテオを介して、ゴッホは一八八六年頃から印象派画家たちと知り合いになった。

ヤスパースは、一八八八年春にアルルに旅行した当時から目立ってきた多くの心身の不調に着目している。ゴッホはいつも自分自身に腹を立てていて、手紙は不調の訴えに満ちている。訴えの一部を列挙すると、胃はひどく弱い、一杯のコニャックでもう酔ってしまう、吐き気が苦しい、自分の神経を落ち着けたい、自分でも何をやり出すか分からない昂奮と疲労に苦しんでいる、女に対する欲望は減衰した、火山の上にいるような不安、何かに追われている不安、過労した目、空虚な頭脳、気が狂いかけている、昂奮した時は永遠なる生命のことばかり考えている、一時は病気になるかと思ったが、ポール・ゴーギャンの到着（一八八八年一〇月末）が私を非常に喜ばせたので、もうだいじょうぶという自信がある……といった具合である。ニーチェの場合とよく似た、重い身体愁訴だと言える。

ヤスパースは、このような不安定極まる心身不調が一八八八年一二月の「急性精神病」の前駆段階だったとみなし、この前駆症状群は一八八七年から一八八八年に年が変わる頃に始まったと考える。「一八八八年の春には既に病的な状態にあったことは疑いない」とヤスパースは断定的に言う。そうであるなら、ゴーギャン（四〇歳）がアルルに到着し、ゴッホ（三五歳）との共同生活を始めた（同年一〇月末）のは、実質的な発病である前駆期が始まってから約六ヵ月後、そして「急性精神病」が勃発するたった二ヵ月前だったことになる。ゴーギャンのアルル到着は、まさに噴火直前に鳴動する火口に降り立ったかのような、危険なタイミングだった。

　以下、異様に濃密な時間が流れるので日付も分からないほどだが、ゴッホの絵画芸術創造に焦点を絞って輪郭づけると、一八八八年一〇月末日、ゴーギャンがアルルに到着。一二月二三日、有名な「耳切り事件」（偶然にもせよ、トリノでニーチェが発狂したのとほぼ完璧に同期）、アルル市立病院（医師は若いフェリックス・レー氏）に入院する。一八八九年一月七日、市立病院を退院。二月、アルル市民の恐怖心がもとで市立病院に再入院。四月、テオが結婚。五月、アルルの市立病院からサン＝レミの精神病院に転院（医師はテオフィル・ペイロン院長）。七月、重篤な発作が三週間持続。九月、サン＝レミ院内で制作開始。一一月、「二〇世紀の会」に出品。一八九〇年一月、美術批評家アルベール・オーリエが作品を絶賛。一月三一日、テオに子供が生まれたあと、二月と四月に重篤な発作。五月、サン＝レミを退院して、パリでテオと会い、テオたちの生活の困窮を目の当たりにして自己嫌悪に陥る。オーヴェルのポール・ガシェ医師のもとで借家。七月六日にパリを訪問し、三週間後の七月二七日にピストル自殺を企図。二日後の二九日、死去。享年三七であった。

　短い期間のうちでも特に短い期間、一八八九年九月から九〇年七月までの約一〇ヵ月間が、厖大かつ至高の絵画芸術作品と大量の貴重な手紙が創造された、立て続けの「瞬間」だった。早期に書かれた《ジャガイモを食べる人々》ですら一八八五年作だから、これも通念によれば最近作となろう。一八八八年にも重要な作品や手紙はあるが、創造と自死に向かうゴッホの加速度は常軌を逸していた。

　それゆえ、絵画作品も手紙も、日付や順番を問うには、あまりにも圧縮されすぎていて、細かく順序立てる意味が小さい。いっさいが自死までの一〇ヵ月間の稲妻／閃光だった、〈エス＝死の欲動〉

の破裂の必然だった、と見るほうが、ゴッホという名のラプトゥス群発体の生命律動と永遠の急停止を感じ取るには適切だ。ゴッホの閃光のような作品に関して、ゴッホの非理性の創造の質に関して、見事な洞察を示す文章を小林秀雄が書いている。

手紙は言う。「自然が実に美しい近頃、時々、僕は恐ろしい様な透視力に見舞われる。私はもう自分を意識しない。絵は、まるで夢の中にいる様な具合に、僕の処へやって来る」。彼は、忘我のうちに、何かに脅迫される様に、修正も補筆も不可能な絵を、非常な速度で描いたのだが、手紙の文体は、同じ人間の同じやり方を示している。絵にあらわれた同じ天才の刻印が、手紙にも明らかに現れている。彼の書簡集を読む者は、彼が、手紙を書きながら、「恐ろしい様な透視力に見舞われている」のを感ずる。「夢の中にいる様な具合に」言葉が彼のところにやって来るのを感ずる。忘我のうちになされた告白、私は、敢えてそんな言葉が使いたくなる。そういう告白だけが真実なものだと言いたくなる。〔…〕彼〔ヤスパース〕は、一九一二年のケルンの展覧会の印象を次の様に語る。「ゴッホの驚くべき傑作とともに陳列された全ヨーロッパの千篇一律な表現派の作品を見ながら、狂人たらんことを欲して余りに健全なこれらの多数者の中で、ゴッホだけが唯一人の高邁な、自分の意志に反しての狂人であるという感を抱いた」と。〔…〕彼は、突然、獣の様に倒れる。発作は何処から来たか、彼の知らぬ間に、彼の内部の何処で準備されていたか。恢復期に現れる昏迷や錯乱のうちに、狂気と正気とのけじめをどうつけたらよいか。〔…〕ゴッホという人間を、恐らく最もよく理解していた弟のテオは、兄を評して「彼は彼自身

> の敵であった」と言っている。「まるで彼のなかには二人の人間が棲んでいる様だ。優しい細かい心を持った人と利己的な頑固な人と。二人は交る交る顔を見せる」とテオの言う通り、結末は一人が一人を殺す事に終ったのである。〔…〕カンヴァスの裏側には、「絵の中で、私の理性は半ば崩壊した」という当時の手紙の文句が記されているだろう。彼は、未だ崩壊しない半分の理性をふるって自殺した。（小林 一九六七b、一〇二―一一九頁。傍点は渡辺）

ゴッホとテオの言葉、そして小林秀雄の文章を熟読するなら、ゴッホが夢幻の境地でしか制作できなかったこと、正確には太陽光線に焼かれて灼熱化した夢幻境においてのみ「恐ろしいような透視力」が覚醒し、「何か」が顕現したことが痛感される。「狂気と正気のけじめをどうつけたらよいか」と問うても、「熱狂的な生活者」が忘我夢幻の境地に達するなら、「けじめ」などありえない。

太陽光線に魅惑されて、これを掠奪して逃げた「狂気の男」はゴッホの一三歳年上の先輩クロード・モネだが、灼熱光線の渦中で制作する点は共通していても、大地に立つ心身が黄金色の火焔となる光景はゴッホに固有のものだ。「絵は忘我と陶酔のうちに成り」と言われる夢幻と熱狂は「この世のものとは思われぬ嵐を心に蔵して」誰のものとも分からなくなった非理性を絶頂に連れ去る。

最後に、テオが兄には二重人格的なところがあると見抜いて証言し、小林秀雄も「絵の中で、私の理性は半ば崩壊した」という本人の言葉を受けて「未だ崩壊しない半分の理性をふるって自殺した」と書く。崩壊した理性が非理性なのか、残された半分の理性が非理性なのか、もう答えなどない。ここまで突き進んで自殺したゴッホという生命が実在したことが驚嘆されるのみだ。

ゴッホという名を付与された一生命様態の危機は、〈癲癇／緊張病〉親和的な生命性の破裂と暴発として理解される。加えて、ゴーギャンとの嵐のような交流の中で発作的に解離して二重人格化し、爆発的に散乱していくゴッホの姿と、ランボー（ゴッホの一歳年少）との情交の中で激烈に錯乱していくヴェルレーヌ（ゴッホの九歳年長、ニーチェと同年の生まれ）の姿が否応なく重なり、人格の二重性と嵐のごとき女性性解離を見ざるをえない私は、ゴッホにおける〈ヒステリー〉親和的生命様態をも認めざるをえない。なお、（ゴーギャンと交わる）ゴッホと（ランボーと交わり、ついにこの愛人を銃撃した）ヴェルレーヌの類似性については小林秀雄も触れているが、一文を慎重に記したのみで、立ち入ってはいない。

周知のように、ヤスパースはゴッホを「統合失調症」と診断し、他の多くの有力な医師たちは「（癲癇性の）挿話性朦朧状態」（カール・クライスト）だと言う。なぜ双方を包括する「緊張病」と判断する人がいないのか不思議だ。そして、重度の解離と幻覚性錯乱と自虐性の基底には濃密な「ヒステリー」傾向が感知されるのだから、ゴッホは〈癲癇／ヒステリー／緊張病〉と表記されてしかるべき生命様態の純型を生き、人生最後の一〇ヵ月間に激烈なるラプトゥス群発の夢幻境で創造し、二重に解離した人格において自殺したと言うほかない。ここに見られるのは、「エス＝自我」の病理性ではなく、広汎深遠なる〈エス＝死の欲動の舞台〉という坩堝《るつぼ》の熱容量だけだ。

ヴァーグナー、ドストエフスキー、ニーチェ、ゴッホという四連星は、彼らと一緒に星座をなす多くの一九世紀末の創造者たちとともに、人類の歩みを、この星の創造の質を大きく変更したという意味で、独特の「非理性と夢幻の（疑似？）枢軸時代」を作り上げた。この数十年間は、ヤスパースの指摘する「(第一の) 枢軸時代」とはもちろん異なる。偉大なる「ルネサンス」とも異なっている瞬間的で鋭く高い「人類の星の時間」だが、これはモーツァルトの死後一世紀を経て到来した火焔と黒煙の「時間」であり、ニーチェ自身が自覚したとおり、人類精神史を「以前と以後」の真っ二つに折った連星の「時間」、あるいは不透明で不気味な、鋭く高い瞬間の「うねり＝反‐枢軸の瞬間」なのである。

## 4 『夢解釈』の出現——フロイト、非理性に魅せられた理性

一八九九年九月、ジークムント・フロイト(一八五六—一九三九年)が(一九〇〇年刊と出版社によって印字されて)『夢解釈』を公刊した。フロイト四三歳時のことである。半年前の四月にカールバウムが享年七〇で死去し、フロイトと同年齢だったエミール・クレペリン(一八五六—一九二六年)が「カールバウムの緊張病」を実質的に「早発性痴呆と躁鬱病」に二分割する説を自身の精神医学教科書の第六版に書き込んだ年であった。

『夢解釈』の出現がどういう意味をもっていたか(今なおもっているか)、際限もなく述べられて今日まで至っているが、『夢解釈』出現に関する通念が実は多くの誤解からできあがっている、とエレンベルガーは言う。非難も嫌悪も黙殺もなく受け入れられた、と。確かにそうなのだろうが、さらに重要なのは、この著書が一九世紀末のものであり、人類を襲った非理性の巨大な「うねり」の中で生み

出され、その「うねり」を決定的に増幅したフロイトは「非理性／無意識」から「理性／意識」を護ろうとしつつ、同時に「非理性／無意識」の威力に魅せられてもいた、という矛盾した経緯だろう。影響されるのを恐れてフロイトがディオニュソスの徒ニーチェを読むことを意図的に回避していた、とみずから証言したのは周知のことだ。しかし、合理主義者フロイトが同時に根底においてディオニュソス神の信徒である、という告白は『夢解釈』で始まったのである。

ここで『夢解釈』なる特別な本、地底冥界から垂直に上昇してきて地上の非理性奔流を貫通し、瞬時のうちに上方天上界に抜けていった「人類の星の時間」の特別な本の内容を分かりやすく紹介するわけにはいかない。二一世紀を生きていて、翻訳者の苦労を偲びつつ、この特別な本を読むしかないのは残念だが、仕方がない。留意すべきは、フロイトがこの本の至る所で読者を理性の限界状況に追いつめること、だが、おそらくは意図的に理性の病的な破綻後の話題に論を進めるのを中断していることだ。

フロイトは夢を理性の側に引きとどめようと苦労している。夢と言語が相互によく似た働きをする事実まで論じて、そこでやめている。つまり、縮合、遷移、提示可能性への顧慮および二次加工といった夢工作メカニズムの論を原則的な結論としている。夢は理性を保護するための心的（幻覚）装置であり、フロイトは「ここから先に行くと理性の破局的ラプトゥスだ」という危険表示の看板を立てる。しかし、すでに幾度か述べたごとく、理性と非理性を明瞭に区分けする境界線があるわけでもなく、『夢解釈』は「非理性という自由の荒野」へと読者を「拒みつつ誘う」不気味な本なのだ。理性は毎晩、夢という非理性に化けようとする。乱暴に言えば、毎晩のように発狂の瀬戸際まで行って帰ってくるのが理性人を自称する人間であり、夢において各自の人生は理性と非理性が際限なく地続きに交替し続けるメビウスの輪のような本性を露出する。無意識的欲望が夢工作に服して（夢工作メカニズムを利用して）幻覚光景としての夢を生み出すが、夢工作が失敗し、夢と現実の界面が破れて、ベルリオーズやネルヴァルが体験したような、現実に夢が浸み出し、溢れ出てくるというような異常事態は、『夢解釈』ではいちおう回避されているわけだ。

　夢と現実の界面、非理性と理性の界面、幻覚と知覚の界面、この界面が破れるとき、人は非理性の夢幻境地で精神的に溺死するしかない、とネルヴァルは全身で知っていた。ネルヴァルだけではない。デカルトもスウェーデンボルグもヘルダーリンも、ヴァーグナーもドストエフスキーも、シュレーバーもニーチェもゴッホも、さらにはラスコーリニコフもイヴァン・カラマーゾフも皆、恐怖すべき夢幻の境地の夢魔に呪われて「崩壊し（溶けて、蕩《とろ》け）ていく理性」を生きた。こういう非理性の自己知覚（非理性なりの自覚）探求への第一歩を踏み出したのがフロイトだった。解釈可能な夢に踏みとどまること――これがラプトゥス回避の方策だと知るフロイトは、夢という界面に重ね合わせて、越えてはならない一線を引いた。夢は理性にも非理性にも帰属しない界面そのもの、夢は理性的かつ非理性的であり、『夢解釈』は終わりのない綱渡りの綱のような書なのだ。

『夢解釈』の出現は、ヴァーグナーとドストエフスキー（さらにはニーチェとゴッホ）の巨大な作品群の奔流が一九世紀から二〇世紀へと堰《せき》を切って進む、まさにその瞬間の出来事だった。芸術的創造の奔流に垂直に交差し、奔流を一時的にもせよ固定して、差異を刻印し、構造化しているのは、『夢解釈』が夢において目撃した「自我を生み続けるエスの力（力への意志）」自体である。また、「癲癇《エピレプシー》

／ヒステリー／緊張病《カタトニー》」には妄想（世俗的欲望臭気の吐出）がほとんど現れず、この発作性系列が超俗神秘的な夢と夢幻様体験に親和的であるという事実は、『夢解釈』を生んだ熱い時代精神（創造の星の脈動）が「癲癇／ヒステリー／緊張病」親和的な夢の医学にも熱い生命エネルギーを注ぎ込んだ経緯を物語っている。つまり、「緊張病」における夢幻様恍惚体験を描いたカールバウムが死去して（一八九九年四月一五日）半年後（同年九月）に『夢解釈』の印刷製本がなったという経緯は、むろん偶然であるにせよ、不可思議な（「人類の星の時間」の）創造性の群発、カールバウムとジャクソンとフロイトの無意識的連帯を示唆している。

　ポーランド国境に近い北欧プロイセンの小さな街ゲルリッツの私立精神病院で臨床に徹して入院患者を診ながらドイツ国内の大学精神医学と対峙していたカールバウムが「緊張病」の病理性を発見公表し（一八六六年から七四年にかけて）、〈緊張病〉なる生命性への道を拓いた。ロンドンでジャクソンが「癲癇」学の基礎を固め、さらに「神経系統の進化と解体」の思索を深めて〈癲癇〉という生命性の多様に達した（一八八一年から九〇年にかけて）。その直後に南欧オーストリアの大都市ウィーンの街角の外来専門クリニックで「ヒステリー」者を治療していたフロイトが〈ヒステリー〉の病理性と生命性を発見した（一八九五年）。カールバウムとジャクソンとフロイト――この三人のあいだには語りうるほどの交流こそ生じなかったが、「カールバウムの死去と『夢解釈』の誕生」は人類史の次元で連繋している。偉大な三人による〈癲癇／ヒステリー／緊張病〉という生命性の深淵の発見は、『夢解釈』完成とほぼ同時になされた。三人の無意識的協働は、一九世紀末に、すでに炎上する生命の坩堝たる〈エス〉の発見（フロイト、一九二三年）に肉薄していた。

少し具体的に言えば、『夢解釈』の執筆と同時並行的に研究されていたのは何といっても〈ヒステリー〉であり、〈エス〉という生命様態がまだ確定されていないこの時点では、〈ヒステリー〉こそが夢の裏側に潜む無意識／非理性の威力の表記であった。もちろん、これは『夢解釈』刊行の時点での〈癲癇／緊張病〉という生命様態の不在を意味しない。ジルボーグの指摘のとおり、ただ名づけられていなかっただけだ。三つの生命様態の連帯と融合は、いつでも起こりえた。そして、このような事態においては、誰が最初に何を発見したか、この連帯は合理的か、などという問いは無意味なのだ。フロイトがグロデックを叱責したとおりである（後述）。

一九世紀末、事態は個人の意識を離れて、人類の宿命であるかのように進行していた。

## 5　シュレーバーは妄想者か、夢幻者か

「非理性・無意識」は深部に潜んで湿潤であるかぎりにおいて、芸術や独創的諸学問を生む。ルネサンス以来の経緯は、これまで見てきたとおりである。生命性が人類意識発生以前のまま深く潜在し続けること、無垢の原始原生態であり続けることこそ、非理性の威力が創造的営為に直結するための要件だ。人類が子宮内浮遊や大海原の光景に憧憬と郷愁と心身弛緩の至福を感じ続けることを思うなら、「非理性・無意識」に関する「乾燥・湿潤」という表現は比喩ではないことが分かる。

人類にとって、芸術にとって、生命の深度と湿度がいかに重要であるかを、危機感をもって告知し

たのは、とりわけニーチェとフロイトだ。「アポロン的原理だけでは世界は乾き、罅《ひび》割れて瓦解する、ディオニュソス的暗夜と湿潤あってのアポロンなのだ、湿潤な生成に（乾燥した）存在を刻印づける力への意志だけでは生命が枯渇する、〈エス〉の湿潤あっての「自我」による「干拓」であって、逆ではない」とニーチェとフロイトは言い続けたではないか。

神すらも迷う問題であるゆえ、ニーチェとフロイトの思考は乱れて、矛盾したことも言われてしまう。問題に正面衝突してしまったフロイトは、「非理性・無意識」という大海を埋め尽くし、「干拓」し、生産労働用の大地を拡大すべきだ、というヴォルテール＝カント流の考えから逃れられなかった。有名な「エスがあったところに自我が生成しなければならない」という趣旨のテーゼを書いた直後に「オランダのゾイデル海干拓」が連想されているという事実は、これが単なる比喩ではないことを告げている。彼は「自我（存在）」の明晰と乾燥を、そして〈エス（生成）〉の暗夜と湿潤を、同時に同じ強さで求めた。生命の合理的思索者にとってはダブル・バインドと言うべき苦しさだ。彼の解決の試みは一九二三年に刊行される『自我とエス』でなされたが、結論は、ダブル・バインドに耐え抜くこと、これだけだった。

「理性／意識／自我」の明晰と乾燥を死守すること、そのためにこそ「非理性／無意識／〈エス〉」の暗夜と湿潤を維持すること——これがフロイトの人生の価値を肯定しうる唯一の方策だと自覚された。ここに自己矛盾が潜むのは避けがたかったが、そのときフロイトを惹いたのは、フランスで「理性的狂気」とも言われたパラノイアだった。フロイトは「理性と非理性」の、「意識と無意識」の、「自我とエス」の双方を包括する異常均衡の実例を見たいと欲していた。二〇世紀になって、フロイトは分析対象の重点を「(暗夜の、湿潤な)ヒステリー」から徐々に「(明晰な、乾燥した)パラノイア」に移していく。一九〇七年頃には、具体的に「嫉妬妄想性パラノイア」の研究に着手していた。

この時点で目の前に現れたのが、存命中の元ザクセン控訴院民事部部長である法学博士ダニエル・パウル・シュレーバーの『ある神経病者の回想録』(一九〇三年)なる一冊の書物だった。『夢解釈』から約一〇年、『自我とエス』まであと約一二年の時点で、フロイトの問題意識は「夢(の湿潤)からパラノイア(の乾燥)に」移っていった。この変化は、フロイトを一方ではいっそう巨大にし、他方では非常な混乱の中に誘惑した。

以下、順を追って要点を押さえていきたい。

一九〇〇年二月、ダニエル・パウル・シュレーバー(五七歳)、ゾンネンシュタイン精神病院の中で『ある神経病者の回想録』を執筆開始。一九〇三年、完成して刊行されたこの非理性の作品は即座に親類家族によって買い上げられて廃棄処分され、ヨーロッパ全体で数冊しかない状態になったそうだが、絶滅を免れた一冊がフロイトの手に入ったのは、フロイトがダ・ヴィンチ論文を校正中の一九一〇年早春のことである(ピーター・ゲイの調査による)。フロイトは同年夏のイタリア旅行にこの『回想録』を携帯して熟読し、病者兼著者と個人的に対面することなく「精神分析的な事例史」を書ける、と確信。翌年、この論文はできあがり、公表された。

まず「自伝的に記述されたパラノイアの一症例に関する精神分析的考察」(一九一一年)とされたフロイトの論文題名の問題。この時点でシュレーバーの非理性はいかなる性質のものであったか、改めて問われなければならない。フロイトが認めたように「パラノイア(妄想性痴呆)」なる診断が唯一妥当であるなら、一理はあるだろうが、翻れば、これはクレペリンやブロイラーの思考原理に接近し、迎合することであり、沼地のごとき非理性的事象を隠蔽し、整理整頓し、明るく乾燥させて、『回想録』全体の読解深度を浅薄にしてしまう思考操作だ。

パラノイア（妄想型統合失調症《シゾフレニー》や妄想性障害を含めてもいい）の場合、妄想上の迫害者は生身であり、妄想者を取り巻き、言葉（言語性幻覚）で愚弄脅迫し、殺害をほのめかす。妄想者を貶《おとし》める噂話は街中に拡散してしまう。迫害者は一人のこともあるが、隣人から世界中の他者たちまで、さまざまな規模に及ぶ。要するに、生身の他人たちが無垢の生身の妄想者の名誉と生命と財産を奪おうとするがゆえの闘争、世俗的欲望に基づく攻撃と防御だけの関係こそが、パラノイア性妄想の主題である。

ところが、シュレーバーの場合、この生身の世俗臭が皆無に近い。迫害者は「フレクシッヒ」とされているが、厳密を期して「魂　フレクシッヒ」と言い直され、別扱いされる。地上現実の精神科医パウル・フレクシッヒではなく、神性と心霊性だけで構成されているのが、シュレーバーを「迫害」する「魂たち」の特徴だ。シュレーバーは超自然的・神秘神霊的でない出来事には関心をもてない。世界没落・人類滅亡ののち、シュレーバー自身は「神の光線」によって「脱男性化（女体化）」されて「神に性交され、受胎し、新たな人類を産み」、世界と人類を再創造する、というシュレーバーの

シュレーバー

「妄想」が揺るぎなく構築される。

だが、これは妄想なのか。もう夢ではないか。もう夢幻神話ではないか。シュレーバー博士は「妄想者ではなく夢幻者だ」と言うしかないほどに、知覚界（外界＝物質界）から遠く離れて（フーコーとデリダの議論参照）しまっているではないか。

重大事に関して五感や知覚、日常感覚が活動する余地は、シュレーバーの世界にはない。神秘不可思議で心霊的・神霊的な変異、大規模な超常現象の連続が『回想録』には充満している。それ自身が「神」であるところの「天上界前殿」の構造が克明に描かれ、「太陽光線と神の光線と神経繋がり（＝光線交流＝神経言語＝始源の言語）」がシュレーバーに関わる宇宙的関係性のすべてである。ここには、既述したようなパラノイア特有の、あまりに世俗的な生身の欲望臭を放つ形而下的な攻撃と防御の闘争劇など見られない。外界からの心的離反の距離が桁違いに大きいからだ。

「彼〔シュレーバー〕の妄想」は「彼の神話・彼の夢」と言い換えられる。いや、睡眠中に見られて覚醒とともに夢と分かる通常の夢ではなく、「夢幻様体験、夢中遊行症」が持続的に生活現場を覆っていた稀な例外的状態（典型例はモーズリーが癲癇親和的だと説いた神秘家スウェーデンボルグの場合。本書第二章第1節参照）が吟味されぬまま「彼の妄想」と言われてきただけだ。思えば、シュレーバーの物語は「性交されている最中の女だったなら凄く素敵だなあ」という願望充足的な「夢うつつ」の白昼夢体験（シュレーバー 二〇一五、六〇頁）に端を発している。それゆえ、シュレーバーの「妄想」は、実は「夢幻様体験（夢遊病的神秘体験）」の執拗な持続（反復）であり、覚めがたいエロースの夢なのだ。

実際、シュレーバーの「妄想」形成の根幹部は、夢工作メカニズムである縮合と遷移に依拠している。本来、身体（知覚／感覚）性に密着した因果応報話である「妄想」世界に充満している雰囲気があまりにも夢的かつ夢幻的であるゆえ、一世紀も続いている「シュレーバーはパラノイア者だ」という通念から少しは身を離してもいい。

こう考えてくると、「妄想性痴呆」という診断名も不適切になる。シュレーバーは妄想型統合失調症の重症例ではなく、対話の相手や状況に応じて「夢幻様世界」とは別個に独立している覚醒現実世界を生きたり、「夢幻様世界」を黙秘したりできる「夢から醒めた人」にもなれる。これは通常の妄想者には困難なことで、「禁治産（破棄）訴訟」での「鑑定書」でも重視されている。通常の妄想者は自身の妄想性苦悶だけを際限もなく、自分の生身の快感を隠しきれずに嬉々として訴える。

それゆえ、シュレーバーは「パラノイア」患者でも「妄想性痴呆」患者でもなく、長年にわたって濃密な「夢幻様体験」に呑み込まれていたが、ついに理性人と共有される現実世界と彼に固有の「夢幻様体験世界」の境界面を介して二世界を自在に往還して生きる稀有の「夢幻症的な非理性の人」になったのである。これは〈ヒステリー〉にも親和的な二重意識・二重人格に、また夢中遊行性の解離に近づいていくプロセスだ。シュレーバーにとって最も重要なのは、「情欲の快感に打ち震える女の肉体の至福の感覚、神に性交され続けること」である。シュレーバー自身、自分が聖女（妻）の至純の慈愛を捨てて、ヴィーナス（神）との情欲に溺れてしまったことへの後悔の念を、ヴァーグナーの《タンホイザー》の嘆きに託して謳っている。シュレーバーの「神秘夢幻の体験」に〈ヒステリー〉親和性を読み取るのは適切だ（同書、二〇七頁）。言うならば、シュレーバーは深刻なヴァグネリアンであり、『回想録』は暗夜に熱く燃え上がる火焔のごとき楽劇の総譜、性愛の至福と苦悩に打ち震える情欲的官能の書なのである。

シュレーバー自身の文章をここに効果的に引用できればよいのだが、質的にも量的にも不毛な作業になるゆえ、やめておく。『回想録』前半部の第二二章まででも一読されるなら、シュレーバーの世界では夢幻症に特有の超常的内容の幻覚（幻視が多い）こそ嵐のように渦を巻いているが、世俗的な強欲に基づく生身の妄想性対人関係構築などない、ということが容易に理解されよう。

この異議申し立ては、フロイト批判ではない。「パラノイア（妄想性痴呆）」という名称の不適切さは、『夢解釈』の著者がすでに熟知していた。フロイト自身が不満足ながら無理に時流に背《そむ》いて誤解されても困ると思い、診断名にいちおうは気を遣っている箇所には以下で触れるが、ここで私が考えている問題は「妄想と夢は相互に近接と離反の運動のさなかにあるのではないか、だが、双方の硬直した分断も安易な混同もともに許されないのではないか」という疑念に発している。

さて、フロイトは「パラノイアと言われてきた多様な疾患を緊張病およびその他の諸疾患形態とともに一つの新たな臨床単位へと融合させたクレペリンの研究は妥当」との旨を、シュレーバー論文の中で書いている。ただし、「早発性痴呆」という名称選択は拙劣で、ブロイラーの「統合失調症」なる命名も連合心理学理論に依存した代物にすぎず、納得できない。フロイトはパラノイアを独立した臨床病型として堅持し、他方で早発性痴呆には（カールバウムとヘッカーが論じ始めた）破瓜病《ヘベフレニー》を想起させる「パラフレニー」の名を与えるのがふさわしい、と考えた。理由は、パラノイアとパラフレニーでは、リビード固着の位置ないし退行の深度（知覚外界からの心的距離の大きさ）が異なるからだ。

また、早発性痴呆に見られる「嵐のように激しい幻覚の病相期」は、疾患現象（疾患の産物たる症状）ではなく、「幻覚性（ヒステリー性）機制」を用いた「回復の試み」とみなされうるからだ。診断や病名についてフロイトが抱いていた関心は大きくなかった。しかし、シュレーバーをめぐって、臨床次元において、すでに「緊張病」と「ヒステリー」への言及がフロイトによってなされている点は、フロイトの自由連想的思索の広さと深さを示唆していて興味深い。

シュレーバーの非理性ラプトゥスは、パラノイアでも妄想性痴呆でもなく、「重篤（慢性的）な夢幻症」あるいは「類循環精神病」（カール・レオンハルト）に酷似した緊張病発作であり、生命性の様態に準じて言うなら、シュレーバーを襲ったのは〈ヒステリー／緊張病〉の激甚なラプトゥスだった。「重篤な」とせざるをえないのは、シュレーバーが晩年に再発して、一九一一年に精神病院の中で人格が荒廃し、糞尿にまみれて死んだ、という調査報告を得ているからで、臨床現場に関与しながらの観察から出た形容ではない。とにかく軽症例ではなかった。また、例えばフロイトは、シュレーバーの「世界没落」体験について、「愛情の陶酔の絶頂において起こる〈ヴァーグナーの《トリスタンとイゾルデ》〉」と注記しているが、こういう箇所にもシュレーバーの生命様態が愛と死の坩堝たる〈ヒステリー／緊張病〉に肉薄しているとされても違和感が生じない理由が読み取れる。

さて、シュレーバーは不動の「パラノイア（妄想性痴呆）者」ではないと考えられるので「抑圧された同性愛的欲望空想」の回帰などの貴重なフロイトの成因論的考察にはここでは直接には触れえないが、シュレーバー博士を「妄想する男」ではなく「夢見る両性具有者（女）」とみなす意味は指摘しておきたい。ここから「いつでも私自身と性的に抱擁し合っている女性の役を演じ続けること」

（同書、三三八―三三九頁。傍点はシュレーバー）と書かれるような、奇怪ながら非常に興味深い〈解離性〉両性具有様態の理解への道も拓けるだろう。

付記するに、シュレーバーにおける夢幻・解離性の自我の障碍のさまは、同性愛的欲望空想というテーマから少し離れて、その構造面に注目するなら、イヴァン・カラマーゾフの解離性発狂の地獄の様相（本書第三章第12節参照）と酷似している。夢幻性の解離における「自我」の解体は〈エス〉の破壊的圧力（＝吸収力）に拠るのだが、これは〈癲癇／ヒステリー／緊張病〉なる生命様態においていとも自然に起きてしまう「自我」溶解でもあるだろう。

## 6　ニジンスキーという現象――非理性の身体

両性具有性、同性愛的欲望空想、解離、ヒステリー、夢幻、神、カタトニー、運動……という連合から浮かんでくる身体性という点でシュレーバー博士に似ている者として挙げるべきは、舞踏家ヴァーツラフ・ニジンスキーだろう。この天才舞踏家は、右に触れたイヴァン・カラマーゾフの場合と違って、実在するのだから。二人の生年には半世紀近い離隔はあるが、シュレーバー博士が精神病院内で死んだ一九一一年、ニジンスキー（二二歳）はすでにパリ公演で《薔薇の精》と《ペトルーシュカ》を踊っているのだから、別の時代の人たちとも言えない。

いきなり話頭を私事に転じることになって恐縮だが、ニジンスキーに関する個人的な思い出から始めたい。研修医になった頃、教室の先輩に石福恒雄（一九三六―八二年）という精神病理学者がいた。私より一三歳年長で、交流こそ浅かったが、人間学的精神病理学と病跡学の興味深い論文を書いていて、私はそのつど読んでいた。特に印象的だったのは、『肉体の芸術』（一九六八年）と題する新書判のニジンスキー論だった。著者三二歳の若い時期の研究である。面白く、感銘が深かった。四〇歳を過ぎた頃と記憶するが、東北地方のある町に自分の病院を建てた石福は、近くの海岸の砂浜で乗馬を楽しんでいた時に落馬して病床につき、まもなく死去した。こういう経緯もあって、私は研修医の頃からニジンスキーの舞踏芸術に興味を抱いてきた。

『肉体の芸術』は今でも手許にある。今回、創造的非理性の歴史を考えながら〈緊張病〉なる生命性に逢着し、改めて『肉体の芸術』に依拠してニジンスキーという稀有の現象を考えてみる。

ニジンスキー

ヴァーツラフ・ニジンスキー（一八八九―一九五〇年）は、一九〇九年、パリに彗星のごとく現れ、高い跳躍で「舞踏の神」と称えられた。さらに彼の名を不滅にしたのは、自身の最初の振付作品となった《牧神の午後》（一九一二年、パリのシャトレ劇場で初演）であり、稀に見る官能性でパリの人々を興奮と論争の渦に巻き込み、それまでの女性中心のバレエにおいて男性舞踏の魅力を認識させ、その地位を確立した。

ステファヌ・マラルメの詩「半獣神の午後」(一八七六年)からクロード・ドビュッシーの《牧神の午後への前奏曲》(一八九四年)へと流れ来た詩的かつ音楽的な夢幻世界は、新たな世紀を迎えて、ニジンスキーの《牧神の午後》となった。マラルメとドビュッシーは二人揃ってヴァーグナーの《ヴァルキューレ》観劇に出かけるほどの仲で、これにドストエフスキーの作品を愛読していたニジンスキー、《牧神の午後》初演に対する轟々たる非難(「色情的な野獣性と、はなはだしい破廉恥な仕草の、何の価値もない動きだ」という類い)に抗してニジンスキー擁護への波を作り出した彫刻家オーギュスト・ロダン(一八四〇―一九一七年)を加えた四人は、照応し合う連帯を形成した。ニジンスキーの《牧神の午後》初演時である一九一二年の時点の歳まわりは、ニジンスキー二三歳、ドビュッシー五〇歳、マラルメ七〇歳、ロダン七二歳。ニジンスキーというロシアの舞踏家の飛び抜けた若さが目につく。

この若者の芸術をどう感じるか。当初、観客の反応は、猥雑で下品だという非難が圧倒的だったが、一九一二年五月二九日の初演を直接見た幻想的な画家オディロン・ルドン(七二歳)は、ロシア芸術界の総監督的存在でニジンスキーと同性愛の仲であったセルゲイ・ディアギレフ(四〇歳)宛に手紙を書いた。

　マラルメは、私たちが今夜観たあの生きた彫刻に、彼が生んだ牧神の夢が実現されているのをみたら、そして、彼の想像力の産物がドビュッシーによって動き出し、ニジンスキーの振付と〔レオン・〕バクストの燃えるような色彩によって生き返るのをみたら、どんなに喜んだことでありましょう。（鈴木 一九九八、一八八頁）

これは、ありうる印象だ。だが、マラルメよりもさらに年上だったロダンによるニジンスキー擁護のための『フィガロ』紙上の投稿記事を読むと、これも立派である。

われわれがロワ〔ロイ〕・フラー〔一八六二─一九二八年〕やイサドラ・ダンカン〔一八七七─一九二七年〕やニジンスキーを称賛するのは、彼らが本能の自由を再発見し、自然への愛と畏敬に根ざした伝統の真髄をふたたび見出したからである。だからこそ、彼らは人間の魂の感動をすべて表現することができるのである。

彼らのうちでも最後にやって来たニジンスキーは、肉体的な完璧さ、調和のとれた均衡、もっとも多彩な感情を表現するために自分の体を駆使する非凡な力をもっているという点で明らかに優っている。〔…〕ニジンスキーは他のどの役以上に《牧神の午後》ですばらしい演技を示した。跳躍も飛翔もなく、半ば人間的自覚にめざめた動物のすがたと身振りがあるだけだった。体を延ばし、折り曲げ、かがみ、うずくまり、体を真直に正し、ときにはゆっくりと、次の瞬間には痙攣的にいらだたしく、角ばって体を動かしながら、彼の目はさぐる。（石福 一九六八、八一─八二頁）

巨匠ロダンの同様の発言は『ル・マタン』紙にも転載され、世論は大きくニジンスキーとロシア・バレエ団創設者ディアギレフの側に傾いた。二〇歳そこそこの若者ニジンスキーは、すでにディアギレフと同性愛の関係にあったが、舞踏それ自体は理性と非理性の界面において見事に展開されていた。

## 7　超人の舞踏と〈緊張病〉

ニジンスキーのバレエは、その超人的な跳躍と独創的な振付で今や伝説になっている。実際、彼の跳躍と飛翔は常軌を逸した、人間の通常能力を超えたものであり、「ニジンスキーは空中に浮いていた」、「彼は大地から跳躍するのではなく、天空から降りてくる」、「舞台から飛び去った」、また「客席から見えなくなった」といった異常な評判が立つほどだった。

ニジンスキーの舞踏の評判を読みながら、そして写真を見ながら、私はふと「彼らは全身の筋肉を痙攣させ、舞踏病（テタニー、チック、癲癇、ヒステリー、カタレプシー）様の発作を起こし、飛び跳ねた」という類いの記述が繰り返されるカールバウムの緊張病症例報告や発狂直後のトリノでのニーチェのありさまを、また二〇世紀の東ドイツでは重症緊張病が「運動性精神病」とも呼称されていたことを連想してしまう。ニジンスキーのその後の悲惨な運命を知っているから言えるのだが、彼の超人的な舞踏と彼の全身にみなぎっていた〈緊張病《カタトニー》〉親和的な生命の運動性は、相互に無関係ではなかった。

ニジンスキーの重篤で完全に不可逆的だった悲惨なラプトゥスのありさまを、少し丹念に追ってみよう。石福恒雄の『肉体の芸術』とともに、ニジンスキー自身による『ニジンスキーの手記』、妻ロモラによる『ニジンスキーの最後の年月』（邦訳『その後のニジンスキー』）（一九五二年）を参照しつつ、私見を付記していく。

ヴァーツラフ・ニジンスキーは、一八八九年二月二八日、南ロシアのキエフに生まれた。両親ともポーランド人で、人種的には東洋的である。父親のトマス・ニジンスキーも有名なダンサーで、自分のバレエ団をもってロシア各地を巡業して歩いた。妹ブロニスラヴァもまた高名なバレリーナになり、ロシア・バレエ団を経て自身でバレエ団を組織し、ロシアの現代バレエ誕生に貢献した重要人物である。兄は母親似で舞踏の才能はなかったが、後年に外傷がもとで精神病院に入院したこと、ヴァーツラフが父親と瓜二つだったこと、さらに妹の舞踏の才能の著しい高さなどを考えると、舞踏・跳躍・飛翔という人間の根源的運動には遺伝が関与しているようだ。

その後、父親の不倫と出奔、貧困、母親への「絶対的な愛情」、東洋系の顔貌ゆえに少年たちに嘲《あざけ》られ、「シナ人、日本人」と綽名されたことなど苦労が多く、性格は内気で人前で話すこともできない少年であった。しかし、ニジンスキー少年は舞踏室に入ると突然、人が変わったように生き生きとし、舞踏の素晴らしさは周囲を唖然とさせた。彼には社会的役割によって通常は成立してくる重層の自我的意識（息子としての私、男性としての私、舞踏家としての私……といった役割アイデンティティ分

ディアギレフ

化）が現れなかった。ヴァーツラフは「舞踏そのもの」の時のみ「自由」であった。しかも、この単純性は成長とともに純化徹底していく。「ニジンスキーは受肉した舞踏の精霊」になっていった。

　一九歳時、ロシアの芸術指導者でロシア・バレエ団の創立者にもなるセルゲイ・ディアギレフ（一八七二―一九二九年）と同性愛の関係に入った。肉欲的なものだった。ニジンスキーは同性愛関係自体には深く悩まなかったが、ロシア芸術界のドン、ロシア・バレエ団の独裁者に自由を奪われるのは嫌だった。《牧神の午後》初演の翌年、ニジンスキーはブエノス・アイレスで知り合ったロモラと結婚。ディアギレフは激怒し、ニジンスキーはロシア・バレエ団を解雇された。だが、結婚はディアギレフの支配から脱出するための行動でもあったから、自由を感じる半面、不安と孤独をも痛感する、という複雑な心境だった。ロモラとのあいだには子宝に恵まれ、自分のバレエ団を率いて北米、南米と公演旅行をした。そして、一九一八年の暮れ、二九歳頃からニジンスキーの精神に変調が現れた。

　この時期、兄がロシア革命のさなかに焼き殺された旨を妻から聞かされた。まもなくクリスマスになった。ニジンスキーは寡黙になり、一人で散策するかと思うと、街中を走ったり、馬車を暴走させたりした。ドストエフスキーの『白痴』やニーチェの『この人を見よ』などを黙って読んでいた。ロモラが最後に聞いた有意味な言葉は、「もちろん生は変転してゆく。でも誕生も死も似たようなものだ。どちらも進行していく円の一部に過ぎない。わたしたちは宇宙の中で、無限の神の一部なのだ。わたしたちが何か新しいものを創造するとき、わたしたちは神を反射している」――すでに神秘的な夢幻境にいるようだった。

一九一九年になると、ロモラと散歩していてニジンスキーは無言無動状態に陥った。精神医学的には「緊張病性昏迷」である。妻の観察では、幻聴体験もあったようだ。『手記』は、ちょうどこの頃、サンモリッツで書かれた（妻ロモラの証言では『手記』の原稿が発見されたのは一九三四年とされているが、その後、ロモラの証言の真偽や『手記』の改竄について多くの疑惑が生じている）。その一部に、以下のような文章がある。

世界は神によって作られた。人間は神によって作られた。人間が神を理解することは不可能だ。しかし、神は神を理解する。人間は神の一部である。それで時として神を理解する。私は神であり人間である。私は心を持った動物である。私は肉体である、しかし私は肉体から生まれたのだ。神は肉体を作った。私は神である、私は神なのだ。神なのだ。（ヴァーツラフ・ニジンスキー 一九七一、一一頁）

私は人間の中に存在する神である。私はキリストが感ずることを感じる。私は仏陀のようだ。私は仏教の神である。そして、あらゆる神なのだ。私はこれらの神を知っている。私は彼ら全部

ブロイラー

にお目にかかったことがある。私自身の目的のために私はわざと気狂いぶっているのだ。（同書、一九一二〇頁）＊『手記』は、その後「完全版」が出され、鈴木晶によって新たに見事な邦訳がなされた（『ニジンスキーの手記　完全版』鈴木晶訳、新書館、一九九八年）。そこには、グロテスクなまでの同じ語ないし文章の際限のない反復、カールバウムが「音誦症」と命名した現象や「汚言症」が再現されている。

スウェーデンボルグ、ヘルダーリン、カールバウムの症例たち、シュレーバー、ニーチェ、ゴッホらを連想させる濃密な神秘的非理性、自己神格化衝迫の噴出。この文章（『手記』）を書き始めたのと同じ時期にあたる一九一九年一月一九日、ニジンスキーはサンモリッツの友人たちのためにリサイタルを開催した。舞踏の前の奇妙な沈黙に心配になって声をかけたロモラに、ニジンスキーは「その場になったら私から彼女〔ピアノ伴奏者〕に言う。話さないように。静かに！　これは私と神との婚礼なのだ」と応じた。見事な、だが異様な雰囲気の舞踏が始まり、終わった。これがニジンスキーの現世で最後の舞踏公演になった。まだ二九歳の若さだった。

翌日、ロモラはチューリヒ大学の精神医学の大御所オイゲン・ブロイラー教授（六二歳）のところに相談に行った。彼女は夫のことを約二時間にわたって、つぶさに話した。ブロイラー教授はニジンスキー本人に会いたいとのことだった。翌日、ロモラは夫を連れてチューリヒの国立精神病院（ブルクヘルツリ）を訪れる。ニジンスキーがブロイラー教授の診察を受けているあいだ、ロモラは「異常なし」と言われるのを期待していた。ブロイラー教授は診察を終えると、ロモラを呼んで話した。「あなたは勇敢な方だ。あなたは離婚すべきでしょう。御主人の病気は治る見込みがありません」。ブロイラー教授は続けた。「私は残酷に見えるかもしれません、しかし私はあなたとお子さんを救わなければならない。私たち医者は、救えるものは救う義務があります。けれども、救うことのできないものは、残念ですが、過酷な運命の手に委ねるより仕方がないのです。私は五〇年間彼らを救うことに生涯を傾けてきました。私は研究を重ねました。私は症状を知っています。診断することはできます。でも、治すことはできないのです。助けてあげられたらと思います。ただ、いつか奇蹟が起こるかもしれない。それだけは忘れないでいていただきたい」。

アルトー

ブロイラーが精神医学の大家であり、統合失調症概念の提唱者であることは周知である。しかし、ロモラへのこの言葉は酷薄すぎるのではないか。石福はブロイラーのこのタイミングでの言葉をやむをえないと解しているが、ここまで強く即座に家族を絶望させる断定を下すのは酷だろう。ゴッホを自殺に追いやった「社会」の代理人たる精神科医の卑劣と偽善への怒りを隠さなかったアントナン・アルトー（一八九六―一九四八年）（ニジンスキーより七歳若かった）がこれを知ったなら、ブロイラーの冷酷を罵倒していたに違いない。

ロモラの回想によると、事態は次のように進む。まず、ブロイラー教授の部屋から出てきたロモラに対し、ニジンスキーは「おまえはぼくに死の委任状をもってくるんだね」と言った。チューリヒに駆けつけたロモラの両親は、離婚させるのは無理と見て、ロモラを騙して外出させ、そのあいだにニジンスキーをブルクヘルツリ精神病院に強制的に送り込んでしまった。ロモラは病院に向かったが、ニジンスキーはすでに緊張病性の激烈な興奮状態に陥っていた。ロモラの強い要請を受けて、ブロイラーはクロイツリンゲンにある弟子のルートヴィヒ・ビンスヴァンガー（一八八一――一九六六年）のサナトリウムにニジンスキーを転院させた。転院後、ニジンスキーの病状はやわらいだ。そして、長い闘病生活が続いたが、ビンスヴァンガーのサナトリウムであるベル・ヴューは、ニジンスキーが入

ビンスヴァンガー

垂直に跳躍するニジンスキー

院を拒否しなかった唯一の病院だった。

その後、約三〇年間、ロモラの尽力に支えられて「統合失調症」との闘いが続いたが、家族だけの相談や軽い本人診察を含めると、フロイト、ユング、ウィーン大学のユリウス・ヴァーグナー＝ヤウレック教授、インシュリン・ショック療法で有名になったマンフレート・ザーケル博士らと会っている。一九三八年にはインシュリン・ショック療法が開始されたが、持続的な効果はなかった。ニジンスキーは「人格荒廃状態」に陥っていき、かつての自分の作品を見ても、パートナーに会っても、かすかに虚《うつ》ろな笑みを浮かべるだけだった。

一九二八年、ニジンスキーの不可逆的変化について自責の念をもっていたディアギレフはニジンスキーに《ペトルーシュカ》を見せたが、彼は反応しなかった。リファールが訪問した際に垂直に跳躍したニジンスキーの写真は印象的だ。撮影されたのがまさしく跳躍のタイミングだったという意味で、この写真は貴重である。

一九五〇年、ニジンスキーはロンドンで腎臓病にて死去した。享年六一。

第5章

# 人類のゆくえ

20世紀以降

## 1　『自我とエス』——創造する連帯の基礎づけ

レオナルド・ダ・ヴィンチからモーツァルトに至る閃光が天空を裂いたのち、ゲーテとベートーヴェンという連星の出現を介して、何かが決定的に変化した。その変化の中でヴァーグナーとドストエフスキーという二大巨星の出現に遭遇した人類は、稀有な視野と視力をもった精神科医カールバウムの援助を得て、癲癇とヒステリーの事象圏に「緊張病」なる医学概念と〈緊張病《カタトニー》〉という生命様態を加えつつあった（ジルボーグの歴史観参照）。この第三の始源性は、知覚（－即－外界物質）の世界に反撥して、神秘夢幻界にまで弛緩し、浮遊（退行）し、至高の恍惚境で昏迷と運動暴発と痙攣を反復するエクスタシーとして露呈していた。この痙攣する身体は、小さな筋肉群の攣縮から癲癇性の全身痙攣に至り、そしてニーチェとゴッホを経て、ついにはニジンスキーという舞踏・飛翔する超人の身体に達した。そして、ヴァーグナーの総合芸術には創造的な生命様態としての〈ヒステリー〉の典型が顕現し（最初に「ヴァーグナーは「ヒステリー」だ」と正確に断定したのはニーチェ、次いでトーマス・マンとユングである）、ドストエフスキーの神秘夢幻の巨大小説群において「癲癇」という病理性と〈癲癇《エピレプシー》〉という生命様態の群発的創造力が噴出してきた。

以上、三つの生命様態の始源性と創造性の露呈は、すべて一九世紀後半（特に一八七四年から九〇年にかけて）に起こっていて不思議な印象を与えるが、同時にまた、この三つの生命様態は相互に区別できない著しい相互癒着性あるいは相互溶融性を示している。三つの生命様態自体は何らの病理性もなく、概念としても医学とは別の次元に属する。こうして〈癲癇／ヒステリー／緊張病〉という〈生命の始源に肉薄する〉表記が生まれ、こう表記するたびに「これは医学的概念を身にまとって変装したあれだな……」との連想が浮かぶ。すでに何度か記してきたように、ここに連想される「あれ」は、ニーチェが発掘ないし創造した〈ディオニュソス神〉であり、フロイトが提示した不朽の概念〈エス〉である。これらさまざまな生命性の名前は、すべて精神医学的概念名とは似て非なる、異次元の深海に棲息する原始原生の生命性のための表記だ。

さて、〈エス〉を発見した『自我とエス』というフロイトの著作に歩みを進める段である。もちろん、問題は「自我、エス、超自我」という第二局所論が非理性渦動をいかに巻き取っているか、ということだ。結論から言えば、自我を大切にするフロイトは非理性の渦動を巻き取って秩序づけ、自我を軽視あるいは無視するもう一人のフロイトは非理性の渦動に巻き込まれる。ここには相反する二重人格（二重思考）に解離した二人のフロイトがいる。実際、フロイトの思考の難しさは、この種の両義性、叛意（逆転）語法（オイフェミスムス）親和的な考え方、自身が生み出した概念に対するダブル・バインド的に矛盾した応接に存する。これは科学者たらんと欲するフロイトとロマン派的創造に魅惑されるフロイトの二重拘束的結合であり、彼の文章を読んでいると、「分かるが、分からない」という奇妙な気分に陥ることが多い。フロイトと「自我」の関係ないし交渉を見ると、冷たい表情で「自我」を熱く抱擁するフロイトと、愛情に満ちた微笑みで「自我」を拒否するフロイトがいて、「自我」はフロイトへの応じ方が分からなくなってしまったかのようだ。

『快原理の彼岸』（一九二〇年）から『自我とエス』（一九二三年）に至るメタサイコロジー的思索は、こうしたフロイト的問題を示している。まず『快原理の彼岸』を瞥見してみよう。

> 快原理のうちに現れているような、刺激の内的緊張を低下させ、恒常に保ち、除去しようと追求する努力（バーバラ・ロウの表現によれば、涅槃原理）を、われわれが心の生活の、いやひょっとしたら神経的生命活動一般の支配的性向として認めたということが実際、死の欲動の存在を信じる最強の動機の一つとなっている。（フロイト 二〇〇六、一一四頁。傍点はフロイト）

要するに、生命の炎を燃焼させることは、すなわち生命の炎を消すことだ、という逆説をフロイトは正面から受けとめ、「性欲動と自我欲動」という対立から「生の欲動と死の欲動」という対立へ、ひどくねじれた道を歩む。確立された自我概念が稀釈され、消去されつつある。フロイトは「死の欲動」一元論とも言うべきところまで、すでに行っていた。だが、この時点で、「生の欲動＝エロース」を過小評価してはいないか、という疑念がフロイトを襲った。

この疑念は「ディオニュソス原理とアポロン原理の相互隠蔽的な関係」というニーチェの古典ギリシア文献学を踏まえた直観と共振している。エロースを過小に評価するなら、宗教も芸術も学問も、夢工作も夢もありえない。創造という事態全般が、非理性的であろうと理性的であろうと、思考不可能になる。こうして「自我欲動（生の欲動に包摂されるかぎりでの自己保存欲動）、生の欲動、エロース、アポロン原理、造形・創造する力」という概念連合は、フロイトの中で何とか細々と生き続けた。

　しかし、いったん「死の欲動」二元論にまで徹してしまったフロイトにとって、いつでもどこでも二元論的であることは、そのあまりの素朴さゆえに、かえって不安の種であった。『快原理の彼岸』で唐突に一九歳年少のユングによる一元論的リビード論を否定しているあたりの論（同書、一一〇頁）は強引である。この時期、フロイトが自信をもって肯定できる何らかの一元論的無意識理解に出会えたなら、彼の不安はだいぶ緩和されていただろう。

　こういうフロイトに、理学療法士ゲオルク・グロデック（一八六六―一九三四年）から一九一七年に手紙が届いた。

グロデック

　先に言及した患者と一九〇九年に知り合うよりずっと前に、魂と肉体の区別は単に言葉の上の区別で本質的な区別ではなく、肉体と魂は共通のもので、私たちは生きていると信じているけれども、それによって生きられている力で、あるエスがそこにある、という確信が私に棲みつきました。もちろん、この考えも自分の専有物だと要求することはできませんが、それは私の活動の出発点でしたし、今もそうです。（『フロイト・グロデック往復書簡集』、互　二〇一〇、一五頁。傍点は渡辺）

フェヒナー

フロイトが『快原理の彼岸』を刊行するまでまだ三年ほどの時間がある時期にこの手紙が届いたわけだが、フロイトはすでに「死の欲動」一元論の洗礼を受けていた。「死の欲動」という概念が仮に愛娘ゾフィーの急死によって忽然とフロイトの念頭に浮かんだのだとしても、フロイトが敬愛の念を持ち続けていたグスタフ・テオドール・フェヒナー翁（一八〇一―一八七年）が「快原理は恒常性原理から導出される、快原理は安定性への性向の原理である」という思索を表明したのは一八七三年であるから、「恒常性原理＝快原理＝涅槃原理＝死の欲動」という連合は久しい昔からフロイトを魅惑していた。

それゆえ、今や巨大な「エス」一元論を打ち出してきた若いグロデックに対して、フロイトはアンビヴァレントな感情を抱いた。第一局所論で考えてきて、あまり不自由しなかったフロイトには、「エス」一元論は好ましいものだった。グロデックは個々人の意志などという通念を消去する「無意識」の一元的な強靱さを明瞭にし、心身二元論をも克服するかもしれない雰囲気をもっていた。しかし、同時にフロイトはグロデックの「エス」一元論に二流のロマン主義的幻想あるいは神秘主義への軽率な勇み足をも見た。フロイトがグロデックに対して抱いた印象は、グロデックの教養と思考のあまりの貧寒だった。

実際、フロイトの著作を読んで感銘が深いのは、信じがたいほど見事な彼の教養である。彼は精神分析を創造するために、自身の途轍もなく豊かな教養を意図的に削減しなければならなかった。削減が不可能で、抑圧で済ます場合もあったが、フェヒナーの「恒常性原理」研究から受けた影響のように、抑圧されてから回帰してきた思考は練磨されていた。フロイトがドストエフスキーに端を発して、ニーチェからヴァーグナー、ショーペンハウアーへ、シェリングからゲーテへ、多くの第一級のロマン派芸術からシェイクスピアへ、さらにルネサンスと中世を貫いてプラトンへ、そしてモーセを経て未開のトーテム集団へと歴史を遡及しつつ、いかに厖大な教養を、いかに系統立てて自家薬籠中の網状連合にしていたか——これは改めて熟慮すべき事実だ。

グロデックは教養に乏しい野心家、思いつきで動く自己顕示欲の人と見られた。フロイトには、半ばは保護者的・教師的な気持ちと、半ばは苛立って黙殺したい気持ちがあったろう。先のグロデックの手紙を読んでから約一〇日後、フロイトは返信を書き送っている。

> それゆえ、私はあなたの協力を求めて両手を差し出したいのですが、ある事情が妨げになります。独自であろうとし、優先権を求める陳腐な功名心を、どうやらあなたはほとんど克服していないということです。自分の手に入れたものが独立しているという確信があるのなら、その上さらに独自性など、あなたにとって何の役に立つというのですか。（同書、一六—一七頁）

研究者の人格的未熟性を指摘するフロイトの言葉はきついが、彼が本当に言いたかったのは、グロデックの無教養で無責任な神秘思想親和的「エス」一元論は「自我」消去という愚挙をなすに違いない、という懸念だった。「グロデック君、君は、エスだけで、つまり自我なしで精神分析が何かできると思っているのですか」というフロイトの苛立ちと叱責が聞こえてくるような、根本的な違和感と否定の雰囲気が漂っている。

第一局所論でも、外界刺激／知覚／意識／自我という一連の保護膜的な表在成層は不可欠だった。深部の核心が「魂」と呼ばれようと「無意識」と呼ばれようと「生命」と呼ばれようと、はたまた（昔、誰かが言ったかもしれないが）「エス」と呼ばれようと、それは副次的な問題で、肝腎なのは、精神分析は抑圧されたものを想起させ、語らせることであり、抑圧されたものは自我によってのみ生み出されている、という経緯なのだ。自我は不快を抑圧し、抑圧されたものを無意識とするが、抑圧されたものの想起に抵抗するのも自我である。こうして無意識は、抑圧されたものとしての無意識、抑圧されたものの想起に抵抗する自我としての無意識（心的装置図式では、だんだん底が抜けていく箇所）へと錯綜していく。確かなのは、どれほど事態が錯綜しても、その錯綜劇はか弱い召使い＝奴隷のような自我を絶対不可欠の中心軸的主人公にして三暴君（外界、超自我、エス）が広範囲に回転し、展開している現実であり、グロデックのように自我審級を蔑《ないがし》ろにするような考えは論外なのだ。

では、重要なのはあくまでも自我であって、グロデックが言う意味でのエスは副次的なものなのだろうか。そうではない。自我は大切だが、エスもまた自我をも凌ぐほどに大切だ。これを乱暴にではあるが指摘したグロデックは評価されてよい。だが、フロイトには、宇宙の神秘を一言で言い尽くす魔法の呪文のようなエスは、かえって邪魔だった。結果として、フロイトが提示した力動的な構造は、自我によって生み出され、自我によって想起を禁止されている無意識を「抑圧されたもの」とし、自我の中から深部の生命性そのものに浸透するまで垂直に下降しつつ伸びている無意識を「抑圧されていない無意識＝エス」として区分する方向に進む。さらに、無意識なる決定的属性を共有することによって、自我とエス、エスと超自我、超自我と自我、これらは通底し合い、反転し合い、溶融し合う。これまたメビウスの環を連想させる不可解な流体力学の思考である。

グロデックの「エス」一元論の夢想に近い単純素朴さ、フロイトの第二局所論の眩暈《めまい》がするような複雑さ。これだけでも二人の思考の異質性は理解される。この異質性をグロデックという愛すべき弟子に正確に教えることが可能だろうか。「世界霊魂」とやらを謳うに任せておけばいいのではないか。一貫してグロデックに好意的であろうとしてきたフロイトも、ここに来てグロデックの思慮の浅さ、無教養ゆえの救いがたさ、そして錯綜して陰惨なものになった（「死の欲動」一元論にまで至った）自身の『快原理の彼岸』以後の歩みの不安と孤独と苛立ちの中で、深謀遠慮を失った。互盛央が指摘しているが、フロイトはグロデックに対して「あなたにはエスだけがあって自我はない」と短い警句を複数回にわたって書き送るだけになった。グロデックには意味不明な師の独語としか解せなかったことだろう。

なお、エスとニーチェの関係は難しいが、フロイトはニーチェの思想全体の雰囲気から「エスが語っている」という正確無比だが論証不可能な直観を得てしまって、グロデックに対してやや冷淡な仕打ちに出てしまったのではないだろうか。ニーチェの哲学営為全体には、思考という出来事について

「稲妻が走る（es blitzt）」ことと同じだとした一世紀前のリヒテンベルクの感性が、生来よく似合っていた。

## 2　創造する連帯の舞台としての〈エス〉

『自我とエス』は、精神分析から生まれ出た心理学の書に尽きるものではない。メタサイコロジーに固有の書物でもない。創造と破壊の無限反復が演じられる舞台を拓く原理論的指針である。フロイト自身が「メタサイコロジー」といちおうは呼んでいることから連想されるが、これは歴史のメタ・レベルに位置する思考の現場であって、時代風潮に応じて変化する問いや答えは論外になる。繰り返し記してきた「非理性的創造の連合、閃光のごとき作品の連帯」などは、『自我とエス』が照らし出した舞台なしには顕現しえない。

さらに重要なのは、フロイトがここに至って破壊性全般の舞台をも照明していることである。ただし、「自我とエス」という問題は『自我とエス』だけで論じられているわけではない。むしろ、『自我とエス』以後のフロイトの言葉、言い換え、理解してもらうための努力のほうが教示的である。ともかく、まずは『自我とエス』の最後の部分を読んでみよう。

エスは自分の欲するところを言うことができないし、そもそも統一的と言えるような意志を形成したこともない。エスのなかではエロースと死の欲動が闘争している。〔…〕そのさまを見ると、エスは、沈黙しているが強大な死の欲動、自ら休息を求めるとともに、快原理の合図にしたがって平和を攪乱するエロースを休息させようとしている死の欲動の支配下にある、とでも言いたくなる。しかし、そのような言い方をすれば、エロースの役割を過小に評価することになるかもしれないのが、気がかりではある。（フロイト 二〇〇七、六二頁。傍点は渡辺）

六七歳になる直前のフロイトは新たな冒険に旅立っている。この時期から彼は自分の深部から突き上げてくる「エス一元論」の圧力、「死の欲動一元論」の静謐な圧力を実感しつつ思考するようになる。三年前の『快原理の彼岸』からストレートに出てくる新たな視界は、エロースの勢い（興奮量）を際限なく減衰させ続ける「死の欲動一元論」の力動現場以外になかった。さらに「死の欲動一元論」の舞台であるエスが際限なく自身を変質させ、自我を生んでいる（自身の一部を自我化している）経緯を凝視し続けることは、自我と抑圧されたもの（としての無意識）との相即が精神分析誕生の原点であるがゆえに、絶対に不可欠であった。

「自我とエス」の説明は多様になされているが、例えばすでに触れておいた以下の箇所は新たな見識を明示していよう。

精神分析の意図するところは、言うまでもなく、自我を強化して、これをますます超自我から独立したものに仕立てあげること、自我の知覚領域を拡大し、自我の編成を拡充して、自我がエスのさまざまな部分を新たに獲得できるようにすることにあります。つまり、かつてエスがあったところに、自我を成らしめること、これなのです。

それは、たとえばゾイデル海の干拓にも似た文化事業なのです。(フロイト 二〇一一、一〇四頁。傍点は渡辺)

これは一九三三年に刊行された『続・精神分析入門講義』の一部である。一〇年前に言い出した「エス一元論」あるいは「死の欲動一元論」を後悔し、修正しようとしているかのような、理性的で合理的な内容だ。自我がこれほど力強い審級とされた(期待された)のは初めてではないか。抑圧されたものはまだそのままだし、抑圧されていない無意識が自我の深部に息づいていて全的に「エス」と名づけられた経緯もそのままである。

フロイトは『自我とエス』を書き上げたあとも、圧倒的に強大なエスゆえに生じてしまった「自我とエス」の不均衡を何とか是正しようと考えていた。過度に合理的に響くこの思考(自我強化の要請)は「フロイトの言いすぎ」ではないか。グロデックのように明るく輝くエスを思い描くことなどできないが、陰惨で絶望的な「エス-死の欲動」に徹することにも、自我を「エスと超自我と外界」という三人の専制君主たちに仕える奴隷のままにしておくことにも納得できない。それゆえ、「死の欲動」に抗するエロースの力を求め、エスの横暴に抗する自我の力を求めるのは、フロイトの理性ではなく、フロイトの情念-願望なのだ。

だが、それはフロイト個人の願望ではない。人類は有史以前から一貫して「ゾイデル海の干拓にも似た文化事業」を欲し、行為化し続けてきた。何万年も昔から、生きよう、食べよう、子孫を残そう、そして何かを創ろうと血と汗を流し続けてきた。歴史時代になって、特にヨーロッパ中世から一九世紀末に至るまでの一〇〇〇年間、エロースの力に支持された自我の創造的営為は見事だった。学問と芸術の作品創造が連帯し合って持続していた。

ただし、言うまでもないが、この「文化事業」の裏側には、死の欲動とエスの煮えたぎる坩堝が常にべっとりと貼りついていた。ルネサンスという人類の黄金時代の裏側に、無数の魔女の火あぶりの刑、戦乱と殺戮、ペストの大流行などが貼りついていたが、同様に、表側の力（エロースの力、自我の力）だけが閃光のごとき作品創造の主体であったなら、作品群の非理性的性格は理解できまい。純粋に理性的で意識的な創造とか、明晰な知覚と純粋自我に拠る創造など、想像すらできない。〈エス〉の非理性の猛威は、人類史の裏面に潜んで隠れているとしても、やはり創造にとって不可欠なのだ。

一九世紀末の創造的ラプトゥス群を見ると分かるが、創造の舞台としての〈エス〉は、具体的には〈癲癇《エピレプシー》／ヒステリー／緊張病《カタトニー》〉という（病理性以前の）生命様態の別称なのだ。それゆえ、異常な（天才の）作品が発作的に閃光のごとく走るとき、その閃光の光源は〈癲癇／ヒステリー／緊張病〉＝〈エス〉と表記されていい。乱暴にすぎるが、この深い生命様態は〈ドストエフスキー／ヴァーグナー／ゴッホ〉なる表記に書き換えられるし、第三項目の〈ゴッホ〉の場所は（一九世紀末という時代限定を解除するなら）ニュートン、スウェーデンボルグ、ヘルダーリン、ベルリオーズ、ネルヴァル、シュレーバー、ニーチェ、ニジンスキー、アルトーらの場所となる。むろん、これら三つの名は相互に溶融し合って、結局は〈エス〉という神秘の表記しか残りえない。〈エス〉が作品創造の舞台である、というテーゼは、ここまで具体化させると何かを告げてくる。すなわち、最も身近な一九世紀末の「人類の星の時間」は、〈癲癇／ヒステリー／緊張病〉＝〈エス〉という非理性の威力と創造力が充満する「夢幻時間」にほかならなかったのだ。

## 3　ナチズム――『魔女の槌』の回帰、あるいはヴァーグナーの息子たち

既述のとおり、ドイツ語圏出身の二人の神学者、ドミニコ修道士、シュプレンガーとクレーマーが『魔女の槌』を書いて、ローマ教皇の認可のもとに刊行したのは、一四八七年から八九年にかけてのことだった。魔女狩りの絶頂は一六〇〇年を頂点とする一世紀間だが、これがルネサンスの創造性と軌を一にしていたという事実は想起されてよい。まるで人類が精神的に解離してしまい、破壊と殺戮のための人類と、学問芸術的創造と倫理のための人類に二重化したかのようだ。

だが、これは人類の例外状態ではない。ホモ・サピエンスが地上に現れて以来、破壊と創造の二重性は種の保存にとって必須条件だった。人類史とはこの「明暗表裏一体史」にほかならず、創造性が亢進すれば破壊性も熾烈になり、大量殺戮が拡散すれば芸術と科学と道徳もまた進歩を示す。不思議だが、「良いことも悪いこともしない人類」などという存在は、絶無とは言わないが例外だ。黄金時代と暗黒時代が交替して人類に訪れるのではない。黄金時代の輝度が増せば増すほど暗黒時代の夢魔

的な闇は深くなり、同時的かつ表裏一体的に人類を襲い続けている。コペルニクスを「成り上がりの占星術師」と罵倒し、地動説を拒否したルターにせよ、「魔女の実在を信じていた」エラスムスにせよ、光の世界に陰翳の突風が吹き、漆黒の闇に稲妻の閃光が走る、というような逆説的存在だった。

ミシェル・フーコーは『狂気の歴史』を「人間が狂気じみているのは必然的であるので、狂気じみていないことも、別種の狂気の傾向からいうと、やはり狂気じみていることになるだろう」（フーコー一九七五、七頁）というパスカルの箴言の引用で始めた。この気づかれにくい真実は、人類史を数万年にわたって貫通している。理性は狂気、狂気は理性……言うならば、このオイフェミスムスの運動が途切れたことがないゆえに、人類はこの常態に慣れ、事態の深刻さに気づきようもなく、数世紀に一度はパスカルのごとき閃光が必要になる。魔女狩りのルネサンス期、晴れやかなる科学的明晰の大量虐殺時代といった史実は、暗黒の黄金時代あるいは輝ける暗黒時代といった逆説的語法を要求してくる。オイフェミスムス近縁の逆説的語法は非理性に突入する直前の理性が吐露する言語法だが、いつの時代でも生まれてくる。しかし、破壊と創造の振幅、表裏・明暗のコントラストが極度に大きく強くなって、理性と非理性を分けるダムが決壊する時代は、確かに周期的にやって来る。

魔女狩りの絶頂期から三〇〇年後、アドルフ・ヒトラー（一八八九―一九四五年）という名をたまたま冠せられた一個の非理性的夢想を中心に巻き起こった破壊衝動噴出をここで省略するわけにはいかない。あらかじめ断っておくが、ここで問うべきは「ヒトラーの狂気」とか「ナチの犯罪」ではない。これらを主題にした研究や論著は無数にある。しかし、本書の文脈において問うべきは、ヴァーグナーからヒトラーに流入し続け、ドストエフスキー（特に『悪霊』と『カラマーゾフの兄弟』。文豪自

ヒトラー

身もフロイトによってヒステリー者とされている）から、スタヴローギンの写しのごときヒトラーに無意識的に流れ込んできた〈ヒステリー〉という生命様態の欺瞞的な威力と危険性だ。総統の挙手、親衛隊の制服と行進の麗《うるわ》しき陶酔の演技、第三帝国の首都ゲルマニアの巨大なる夢想的捏造物、ヴォータン信仰やヴァーグナー芸術への夢遊病性陶酔……。「俳優と嘘つきだけ」（ニーチェ）の生命様態がヴァーグナー楽劇を継承し、ナチズムという自己愛性演技と恍惚感情に結実した。

これは安易な論点先取ではない。すでに言及したが、繰り返そう。「ヴァーグナーの芸術は病的である。彼が舞台にのせる問題は、もっぱらヒステリー患者の問題である」という文章で、ニーチェはヴァーグナー芸術の核心的特徴をすでに言いあてていた。

確かにニーチェはヴァーグナーに複雑な感情を抱いていたが、ヴァーグナーがヴェネツィアで一八八三年に心臓病で急逝してから五年も経っているのだから、ニーチェの心情はヴァーグナーとの黄金時代を追憶するものでもあった。この『ヴァーグナーの場合』（一八八八年）と「ヴァーグナーと私、この二人の空」と謳う『この人を見よ』は、ほぼ同時並行的に書かれた。ニーチェの文章から純粋な軽蔑や否定を読み取るのは不可能だ。それでもなお、ニーチェはヴァーグナーを「ディオニュソス的劇作家でもなければ詩人でも音楽家でもなく、まさに俳優こそが正体だった」、ヴァーグナーは「残忍性と作為と無邪気さ（白痴）」を上手に調合する魔女のような〈ヒステリー〉性の生命だった、と断じている。

ここで、ニーチェより三〇歳以上若いが、やはりニーチェに劣らぬヴァグネリアンであったトーマス・マン（一八七五―一九五五年）を読んでみよう。

> ワーグナーの女主人公たちの特色といえば一般に高貴なヒステリー、夢遊病的なもの、恍惚たるもの、予言者的なものであって、それが彼女たちのロマンチックな英雄的身振りに独自ないかがわしい近代性をまじえている。しかし、地獄の薔薇クンドリーなる人物はまさしく神話的病理学の一分身〔…〕。この最後の極限の作品への草案のなかで、クリングゾルについて、彼は隠された罪の魔神《デーモン》、罪に対する無力の怒りであるといわれているとき、われわれは〔…〕ドストエフスキーの世界のなかへ、ひきこまれたような思いがする〔…〕。（マン 一九八五、七五―七六頁。傍点は渡辺）

これは「リヒャルト・ヴァーグナーの苦悩と偉大さ」と題された長い論文の一部で、初出は一九三三年四月。まず、マンのこの文章以外に「ヴァーグナーとドストエフスキー」を密接に結びつけた思考連合を私は寡聞にして知らない。《パルジファル》に登場する女主人公は〈ヒステリー〉の血脈ゆえに夢幻様に輝いている。また、ラスコーリニコフを救済する高貴至純の女性、ムイシュキン公爵とロゴージンに黙って殺されていく高貴な犠牲の女性、スタヴローギンに無惨に殺された無垢の少女、カラマーゾフの父子を意図せずして翻弄する、あまりにも麗しき女性グルーシェンカなど、ドストエフスキーが描いた「高貴なヒステリー、夢遊病的なもの、恍惚たるもの、予言者的なもの」は、多様で神秘的な〈ヒステリー〉性生命の顕現である。マンにヴァーグナーとドストエフスキーという濃密な連想を与えたのは〈ヒステリー〉なのだ。ここに精神医学的な「ヒステリー」病者はいない。生命性自体が、地獄の夢幻冥界の中で、神秘の演技的祝祭空間を作り出しているだけだ。

マンの「リヒャルト・ヴァーグナーの苦悩と偉大さ」の発表と同時に「何が」ドイツに生まれたか、連想を働かせよう。マンがヴァーグナーにおける〈ヒステリー〉性生命の魔女的高貴と夢幻的魅惑を凝視していたとき、その数ヵ月前だが、若きヒトラー党首が四三歳でドイツの政権を奪った。むろん偶然の一致なのだろうが、この印象は鮮烈だ。ヒトラーがヴァーグナーの精神的息子、〈ヒステリー〉なる生命性が生んだ悪魔だったことだけは確認しておきたい。

〈ヒステリー〉が〈エス〉という巨大な熱量の坩堝《るつぼ》から発する激しいラプトゥスの一肖像であり、これは〈癲癇《エピレプシー》／ヒステリー／緊張病《カタトニー》〉という相互に無差別の生命様態で溶け合っているのだから、ナチズムの支配下に夢幻の冥界耽溺、エロースの狂乱、多様な心身拘縮・痙攣性現象、心霊（神霊）体験、シャマニズム性幻覚、憤怒と恐怖の激情と飢餓地獄での幻覚性錯乱、躁的かつ黒魔術的な興奮、夢魔的幻想と救済妄想の交替、鬱的不穏と自死、犯罪ないし悪行、絶滅収容所をめぐる死の欲動の独裁など、非理性のいっさいが認められることに不思議はない。

ラプトゥスが集団化、巨大化し、個別における群発から途方もない一斉暴発にまで至ると、臨床精神医学はまったく無能になる。この無能性は、臨床精神医学が〈癲癇／ヒステリー／緊張病〉なる生命の深海に、つまりは〈エス〉という興奮の坩堝に二一世紀に至ってもまだ触れえていない、むしろ〈エス〉などなかったことにしつつある不気味な実情に現れている。

## 4　ヤスパースの歴史眼──「枢軸時代」なる歴史概念

これまで時折、「人類の星の時間」の発生を眺望するために、ヤスパースが第二次世界大戦後に論じ始めた「枢軸時代」という歴史概念に触れてきた。シュテファン・ツヴァイクの「人類の星の時間」と比べるとずいぶん大規模な「時間」として使われているが、事情を承知していれば間違いなく使える。ただし、「枢軸時代」なる概念には、これまで触れただけで立ち入らなかった。

人類は、この大宇宙の片隅に誕生して以来、特に有史以来のこの約一万年間、何を理解し、何を創造し、何を破壊してきたのか。真っ先に直観的に言えるのは、「枢軸時代」なる奇跡的な創造の時代が想定可能なら、ヤスパースを一読して明瞭なように、それは「巨大かつ理性的な創造」の時代、非理性が抑圧され、排除される時代、つまり大いなる理性覚醒の時であった。いわば無意識／非理性の無知と野蛮が克服された精神覚醒の時代が想定されている。ヤスパースは「理性と実存」という表現で、理性の対極をエス的なカオスとしてではなく、実存として思索する。

精神病理学から出発したにもかかわらず（精神病理学から出発したゆえに？）、非理性－無意識（－実存）が理性－意識を反照規定する破壊的な脅威として問われるところが、やや弱い。それゆえ、ヤスパースは進化論的思想にはほぼ無関心だったのに、『歴史の起源と目標』（一九四九年）という不可思議な題名の、一見すると希望に満ちた著書を書いた。『歴史の起源と目標』は冒頭に言う。

ヤスパース

この世界史の軸は、はっきりいって紀元前五〇〇年頃、八〇〇年から二〇〇年の間に発生した精神的過程にあると思われる。そこに最も深い歴史の切れ目がある。われわれが今日に至るまで、そのような人間として生きてきたところのその人間が発生したのである。この時代が要するに《枢軸時代》と呼ばれるべきものである。（ヤスパース 一九七二、二二頁）

そして、記述はすぐさま具体的になっていく。

この時代には、驚くべき事件が集中的に起こった。シナでは孔子と老子が生まれ、シナ哲学のあらゆる方向が発生し、墨子や荘子や列子や、そのほか無数の人びとが思索した、――インドではウパニシャッドが発生し、仏陀が生まれ、懐疑論、唯物論、詭弁術や虚無主義に至るまでのあらゆる哲学的可能性が、シナと同様展開されたのである、――イランではゾロアスターが善と悪との闘争という挑戦的な世界像を説いた、――パレスチナでは、エリアからイザイアおよびエレミアをへて、第二イザイアに至る予言者たちが出現した、――ギリシャではホメロスや哲学者たち――パルメニデス、ヘラクレイトス、プラトン――更に悲劇詩人たちや、トゥキュディデスおよびアルキメデスが現われた。以上の名前によって輪廓が漠然とながら示されるいっさいが、シナ、インドおよび西洋において、どれもが相互に知り合うことなく、ほぼ同時的にこの数世紀間のうちに発生したのである。（同書、二二―二三頁。傍点は渡辺）

ほぼ同時的な創造の群発的発生は、「枢軸時代」のみならず、中世以降にも繰り返し確認されてきた。創造は孤立無援の単発ではなく、強大なネットワーク全体が激しく共振するように、ほとんど常に連帯して群発生起する。最も身近な群発が〈ドストエフスキー／ヴァーグナー／ゴッホ（ネルヴァル、ニーチェ、ニジンスキー、アルトー……）〉と表記されうる一九世紀末以降の短時間の激震であった。フロイトの言う「自由連想の意味での観念（言語）連合」、ユングが見抜いた「意味ある偶然の一致としての元型依拠的な共時的連合」などが連想されるが、この種の創造の共時性を人類は三〇〇〇年以上も昔から示してきた。驚くべきことだ。だが、その必然的理由に関しては、ヤスパース自身、明瞭には解明していない。

人類は創造的発作／ラプトゥスの反復を最近まで経験してきている、としか言えない。そして、初発発作、すなわち人類が最初に経験した最大最奥の発作が非理性的性質をほとんど帯びておらず、徹底して理性の発作であったその雰囲気は、ヤスパースが提言した「枢軸時代」の印象的な特性を告げている。

ヤスパースは、時折「第一の枢軸時代」と言い、あたかも「第二の枢軸時代」を探しているかのような言い方をする。むろん、原理的には「枢軸時代」は空前絶後、唯一であって、「第一」も「第二」もない。そうと知りつつ、人類は「第二の」黄金時代を求めて、さまよっているのではあるまいか。人類は何かしら「人類の星の時間」への、「共時性・群性を帯びた第二の枢軸時代」への憧憬を抱き、非理性・無意識的な創造の星の祝祭に身を委ねたがっているのではあるまいか。

既述したコペルニクス、ティコ・ブラーエ、ガリレオやケプラー、そしてニュートンらの輝かしい天文学的理性の出現に先駆する（中世末期の魔術的）学者たちと、その裏側で同時に燃え盛った魔女狩りの狂乱ないし非理性の火焔との癒着、という史実が想起される。ルネサンス以前から、一貫して科学と魔術は識別されていなかった（錬金術と占星術、そして多様なシャマニズムは今日まで続いている）。中世の影を脱しきれないこの時代は「ルネサンス＝（第二の）枢軸時代」どころの話ではなかったが、そのあと現代人を驚かせる創造性の激しい群発がやって来たのだ。そう、あの「ルネサンス」の到来、そして魔術的技法と科学的知性を超出した理性の時代の到来である。

ヤスパースも、この黄金時代に言及している。そして、ヤスパースは通念よりも長く、おおらかに（モーツァルトまで！）「ルネサンス時代」を考えている。


科学や技術の光彩すら失わせるような、一五〇〇年から一八〇〇年の間のヨーロッパの途方もない精神的な創造——ミケランジェロ、ラファエル、リオナルド、シェークスピア、レンブラント、ゲーテ、スピノザ、カント、バッハ、モーツァルト——は、二千五百年前の枢軸時代との比較を挑んでいる。近世諸世紀において、第二の枢軸時代が認められるべきであろうか？（同書、一四七頁。傍点は渡辺）

ヨーロッパを舞台に起こった二つの世界大戦後の廃墟に立って、この著作を執筆したヤスパースにとって、人類の存在理由（この星と人類の創造性）を探求することは切実であった。いつか「枢軸時代」は反復されるかもしれない、という希望は、当時のヤスパースの（歴史観でもなく哲学でもない）信仰に近い夢だった。あるいは敬虔なる夢想であった。「数日のうちに（ユダヤ人の）妻と二人で自殺する」と覚悟するまでナチに追いつめられたヤスパースの歴史思想を亡命先の合衆国から「楽天的な夢想」と批判する（アインシュタイン）のは容易だが、無意味な批判だ。

ともかく、ルネサンスについてのヤスパースの思惟は複雑で、一進一退している。彼が楽天家でも夢想家でもないことは、すぐに分かる。ヤスパースのルネサンス観を知るべく、「枢軸時代」に「第一」、「第二」と冠して論述する彼の思考とその揺らぎを読んでみたい。

相違には顕著なものがある。第一の枢軸時代の各世界に見られた純粋と清澄、天真爛漫と新鮮潑剌、こういったものはもはや二度と繰り返されない。〔…〕その代わりとして、第二の枢軸時代は第一のそれがもたなかったもろもろの可能性を具えている。第二の枢軸時代はさまざまな経験を受け容れ、多くの思想を同化しえたがゆえに、以前よりはいっそう意味の変化《バライエティ》に豊み、内容豊富でもある。まさしく分裂状態にあるからこそ、この時代は、以前には決して見られなかった人間存在の深みをあらわならしめたのである。〔…〕しかしながら第二の枢軸時代は、それが何ものにもよらず、もっぱら独自の根源から生きたのではなく、途方もない歪みや倒錯を蒙むり、かつ許したのであるから、それは第一の枢軸時代に一歩劣るものと考えざるをえない。第二の枢軸時代は、現代のわれわれに直結する歴史的基盤である。われわれはこの時代の精神と、あるいは争い、あるいはきわめて密につながり、従って、第一の枢軸時代の場合のようには、冷静に距離を置いて眺めることができない。しかもことさらにいえば、第二の枢軸時代は純粋にヨーロッパ的現象なのであって、すでにこれだけで、第二の枢軸時代とは称しがたい。（同書、一四八―一四九頁。傍点は渡辺）

まさに「第二の枢軸時代」と思いたくなるほどに見事なルネサンスは、偉大な創造の反復ではあるが不純であり、多様で豊饒だが混濁と倒錯を含んでしまっており、人間存在の深淵暗部に達しえたが邪悪さをも帯びてしまい、現代人に直接する精神的基盤だが現代に近接しすぎていて実態が見えにくい。そもそもルネサンスは世界的規模をもたない特殊ヨーロッパ的な現象である、とヤスパースは考えざるをえなかったのだ。これを要するに、全世界的で明朗至純の意識的理性覚醒の時代とヨーロッパに限定された異常に創造的でかつ無意識的な非理性の時代という対立が見えてくる。巨大なアポロン神の時代（＝枢軸時代）とディオニュソス神的狂乱の時代（＝ルネサンス時代）という対比によっても理解されるかもしれない。

だが、ヤスパースは以後「第二の枢軸時代」という表現をあまり使わなくなる。現代精神にとってのルネサンスの基盤的意義は認めつつ、現代もまた（科学技術の圧倒的支配下にある）不安な過渡的時代、過度に均質化された科学の時代である、という見解に論を転じていく。時折、ヤスパースは科学的知性を理性に近づけて見ようとするが、同時に、科学は理性とは無縁であるとの思いに戻る。「枢軸時代」と「ルネサンス時代」が原則的に科学なしで到来し、比類なく豊かに展開されたことこそが、ヤスパースにとっては重要なのだ。

ヤスパースの大著のすべてを紹介するわけにはいかないが、彼の哲学者としての夢が統一普遍的な人類史、ルネサンスよりも包括的な創造的世界史の実現という夢であり、無意識的な破壊と不毛な分裂の反復だけで続く歴史を総じて終焉せしめる覚醒への願いに存するということは指摘しておきたい。

ルネサンスが「第二の枢軸時代」であるという可能性は結局のところ否定されたが、すでに見たとおり、ルネサンスにこだわるヤスパースの文脈には微妙な揺れがある。彼はルネサンスに大いなる覚醒の反復を見たかったのだ。「枢軸時代」ではなくとも、常に「途上」にある人類は繰り返し多様な時代を創造する。ヤスパースによるルネサンスの歴史的意義の指摘ないし想起は、異様に統一的に等質化された科学技術の時代たる現代に絶望するのは拙速だという忠告にもなっていよう。

ヤスパースが考えるルネサンス時代あるいは「第二の枢軸時代」は、モーツァルトで一区切りついている。本書では、これに似た直感を「レオナルド＝モーツァルト的問題」として言及してきたが、ヤスパースのルネサンス時代の設定もこれに等しい点は興味深い。しかし、ルネサンスを重視するヤスパースではあったが、一九世紀末の異様な大発作群には触れていない。ニーチェとゴッホは別個に論じられているが、半ば以上は病跡学的な考察であり、ヤスパースのヴァーグナー論あるいはドストエフスキー論というものを私は寡聞にして知らない。神変不可思議なる〈エス〉の猥雑なるうごめきに全身全霊が魅せられないかぎり、一九世紀末に起きた短期間の大発作群発の全貌は歴史的に近すぎて見えてこないのかもしれない。

さて、肝腎のこの「大発作群発」、一九世紀末の火焔と黒煙の勃発に戻ろう。

## 5 来たるべき「枢軸時代」の兆候?

紀元前に、ほぼ同時的に、数世紀のうちに、全地球的に、意識/理性の覚醒あるいは人類精神の誕生が起こったのは、不可思議で魅惑的な出来事だ。紀元前五〇〇年頃を頂点として、紀元前八〇〇年頃から紀元前二〇〇年頃にかけて起こったのは、最大規模の「理性」の覚醒だった。ヤスパースの言う「枢軸時代」生起の同時性ないし時間的近接性、そして地上全体を覆う広範性は、その時代の理性の覚醒度の高さからいっても別格である。

例えば、紀元前一三五〇年頃にエジプトで多神教から一神教への宗教改革が起こり、宗教改革指導者モーセは一神教の苛烈さに耐えられなかった大衆(のちのユダヤ民族)の手で殺害される。モーセ殺害という行為を抑圧忘却したユダヤ民族は由来不明の原罪感情を抱くようになった、という一件は、「枢軸時代」からはるかに遠く孤立した、単発のエピソードである。フロイトがモーセ殺害とキリスト十字架刑の因果性を分析したのは周知だが、モーセ殺害から「精神性の進歩・欲動断念」が始まった歴史は、一回性と単発性とユダヤ民族限定という性格を帯びていて、広範なる「枢軸時代」の連合・連帯性、創造の群発性とは相容れない。思うに、モーセ殺害の件は「神話時代」から「枢軸時代」への長い過渡期に生まれ出たもので、ヤスパースの言う「歴史」にまだ参入しきれていないのだ。また、フロイトの『モーセという男と一神教』（一九三九年）は、人類の非理性（暴力、殺害、悪、原罪……）を追尋したもので、ヤスパースが指摘した大いなる理性覚醒の論とは異質である。

「神話時代」をさらに昔に遡れば、「枢軸時代」を圧倒するような単発的（発作的）偉業や単発的蛮行が少なからず見出されるが、最大規模の「人類の星の時間」としか表現しようがない「枢軸時代」固有の決定的かつ大規模な理性覚醒の連帯性、その明朗無比の創造の群発性は、まったく比類がない。しかし、「枢軸時代」はあまりにも遠い過去であり、現代人の生き方の基盤が発生した時だと言われても、実感は生じにくい。それゆえ、ヤスパースは「枢軸時代」より一五〇〇年以上も現代に近づいて起こったルネサンスの身近さに惹かれた。

改めて問いたいが、ルネサンスは偉大であるにせよ、この創造的時代（モーツァルトまでを区切りとする）に大略一〇〇年遅れて勃発した（「一八七四年」を暗合とした）一九世紀後半の異様に創造的な「時間」は、ルネサンスとどう関係しているのか。ルネサンスを称賛するあまり、一九世紀末の創造性と作品群を過小評価していないかが問い直されていい。現代とは燃え上がる非理性の創造の時代ではなく、知的に分解整理するだけの（科学知的な？　科学知以外に何もない？）時代だとしても、一九世紀末の数十年間という「時間」の記憶は丹念に解読される必要があろう。

一九世紀末の非理性と創造性の（病理性以前の）生命様態に関する思考を可能なかぎり確かなものにすべく、改めて〈緊張病〉という新たに見出された不可思議なる生命様態を再考する必要がある。碩学ジルボーグの深刻な指摘のとおり、一九世紀末まで〈緊張病〉という生命様態は〈癲癇／ヒステリー〉という表記の中に、ひそかに埋もれ、隠されていた。また、〈夢〉ないし〈エス〉が生み出した夢幻的非理性の群発という形でも、〈緊張病〉なる生命性は、病理性以前、医学以前の深い次元で人類に体験されていた。

## 6 「カラマーゾフシチナ」の現代性

ロシアの小説家イヴァン・アレクサンドロヴィッチ・ゴンチャロフ（一八一二―九一年）が一〇年の歳月をかけて傑作『オブローモフ』を公表したのは一八五九年、四七歳の時である。このときドストエフスキーは三八歳で、軍務に就いていた。

ロシアの農奴制廃止（一八六一年）の二年前に刊行された経緯から「オブローモフシチナ（オブローモフ的な人物）」という政治的ニュアンスの強い新語が生まれ、「余計者、無為徒食漢、農奴的な甲斐性なし」の代名詞となって、ロシア中に広まった。ゴンチャロフは「人間を麻痺させ、不能無気力にする農奴制に対して、ひそかに抗議した」とされた。だが、ゴンチャロフの力で二年後に農奴制が

ゴンチャロフ

廃止されたわけでもない。ともかく、進歩派はこの新語を絶賛し、「オブローモフシチナ」はロシアの現状批判のための用語として、人気を博した。半世紀後のロシア革命に向けて、すなわち「オブローモフシチナ」克服に向けて、民衆がゆっくりと一歩足を進めた、とは言えるかもしれない。

この件の二〇年後にドストエフスキーの『カラマーゾフの兄弟』が書かれ、出版されたとき、一般社会の民衆が受けた衝撃は大変なものだった。今度は「カラマーゾフシチナ」なる新語が生まれ、流行語になった。これはロシア人の「オブローモフシチナ」的特性とは正反対の特性だが、均しくロシア人の人格中枢に深達した。だからこそ、民衆は激しい衝撃を受け、新語を作ってドストエフスキー文学を肯定した。自分たちを「オブローモフシチナ」だと信じていたロシア人たちは、自身が熟知していなかった恐るべき「他者」が自身の深部に潜んでいて顕現してきたのを感じた。「カラマーゾフシチナ」を理解するためには、「オブローモフシチナ」と正反対の人物を思い描けばよい。

では、「カラマーゾフシチナ」とはどういう人物か。知的教育や教養などあってもなくてもよく、凄まじい理解力と直観力をもつ人物、寝食を忘れ、生命の危険すら忘れて事態に没入してしまう人物、怠惰ということが身につかず、常に理性と欲望の混沌のままに衝動的に生きる人、恋に無関心ではおれず、美しい女性や若く魅惑的な女性にすぐ夢中になり、身の破滅も考えずに激しい欲望の虜《とりこ》になってしまう人、単純・緩慢・怠惰・鈍重・優柔不断・無為徒食に生きることなど、日常のひとこまであっても絶対にできない野性の人、至高の宗教的敬虔と下品な野獣の凶暴が入り乱れ、信仰の直後に神性冒瀆が現れ、獣的狂乱が迅速に慈愛の行動に至り、極端から極端への瞬間的決断がやまない人、無我夢中になることが多すぎて当人も周囲の人たちも眩暈《めまい》と夢幻の世界に陥って現実を見失ってしまうような人、計画的な労働時間など理解できず、神秘的な瞬間の体験と神秘的な永遠の体験しか理解できない人、自身の中に我欲と無欲が同居しているのを当たり前だと思っている人……。

これが「カラマーゾフシチナ」である。

多くのロシア人は、実は『カラマーゾフの兄弟』が現れるまで、自分たちは「オブローモフシチナ」の雰囲気に包まれて生きている悠然たる(緩慢・鈍重な)大地の人間だと思っていた。だから、ドストエフスキーは稲妻だった。自分たちは引き裂かれた生き物、天使と魔女の融合体なのだ、内なる深淵に地獄の「他者」を抱え込んでいるのだ、と『カラマーゾフの兄弟』の出現によって教えられた。確かに、レフ・トルストイ(一八二八―一九一〇年)は『戦争と平和』(一八六四―六九年)や『アンナ・カレーニナ』(一八七三―七七年)でリアルにロシア人の姿と魂を活写した。そこに人類は描かれていない。だが、ドストエフスキーはロシア人の魂を凝視し、「オブローモフシチナ」と「カラマーゾフシチナ」の同居こそが人類に普遍的な非理性的宿命なのだ、民族も国家も超えたわれわれの本性なのだ、と全人類に突きつけてくる。

前にも触れたが、『カラマーゾフの兄弟』を重厚な日本語に翻訳した米川正夫は書いていた。ドストエフスキーは、われわれを「夢幻の境、時間なき霊の世界」へ連れ去る、と。『罪と罰』、『白痴』、

『悪霊』に登場してくる大勢の美しい女性たちも皆、「カラマーゾフシチナ」のデーモン的性格を魂に宿している。ドストエフスキーの洞察は、人類にとって、あまりにもリアルな呪いのようであり、また夢幻の至福と恍惚への誘惑のようでもある。

濃淡に程度の差こそあれ、この小説の登場人物は皆「カラマーゾフシチナ」だが、舞台の中央部に特別に濃密な「カラマーゾフシチナ」たちが激しく渦を巻いている。父フョードルは老衰していく肉欲の権化であり、人生の無意味化と空虚化を肉体的快楽で満たそうとあがく厚顔無恥な道化者。情欲の残り火が、五〇歳を過ぎたこの男をますます狡猾な卑劣漢にしていく。フョードルの長男ドミートリィには、凶暴なほど旺盛な生命力と激しい情熱、敏感な詩的美意識、永遠性への純真な憧憬と沸騰する情欲の血が一緒に流れ込んでいる。神性と獣性がいつも渦を巻いているが、傲岸で美しい処女カチェリーナを蹂躙し尽くすほどの悪魔ではなく、妖艶なグルーシェンカへの情欲ゆえに父に殺意を抱くという狂憤の若者である。次男のイヴァンは理知的かつ思想的な「カラマーゾフシチナ」の代表者で、徹底した無神論に至って不死の思想も倫理性も否定し、「すべては許されている」との命題に至る。人間の弱さを無視した罪でイエス・キリストを告発する「大審問官」の物語を中世スペインという舞台で構想するが、「カラマーゾフシチナ」特有の分裂に引き裂かれて発狂してしまう。

理性は、徹底されるなら、そのまま非理性に反転する――これを証明するのがイヴァンである。イヴァンの多重身的幻覚場面の夢幻性ラプトゥスの描写は恐ろしい。三男アリョーシャは「カラマーゾフシチナ」に内包されている神聖性の具現だが、至る所で、刹那的に、父や兄たちと同じ血が流れていることが透けて見えるように描かれている。私生児である四男スメルジャコーフは、イヴァンの分身だ。フョードル殺害の実行犯にして、「真の意味での犯人はイヴァンだ」と無意識的にせよ確信している不気味な存在である。スメルジャコーフはその激烈な「癲癇性痙攣発作」ゆえに犯行不可能と審判されるが、この「発作」が真に癲癇性なのか、ヒステリー性なのか、意識的な詐病か、それとも夢幻性に支配された激烈な非理性の暴発か、まったく分からないように書かれている。大天才の筆力と言うしかない。スメルジャコーフの発作の不可解な多重性の謎に正面から挑んだ精神科医は、「ドストエフスキーと父親殺し」を書いたフロイトだけだ。

ドストエフスキーは『カラマーゾフの兄弟』で〈癲癇《エピレプシー》／ヒステリー／緊張病《カタトニー》〉という身近すぎて、かえって現代の人類には感知されにくい生命性と病理性の多様なる火焔と黒煙を描ききった。『カラマーゾフの兄弟』は広大な問題圏を含みもつ奇跡の書ではあるが、ドストエフスキーは深部の生命性〈エス〉の三位一体的具体性の露出を赤裸々に照射している。

また、ミハイル・バフチン（一八九五—一九七五年）の見識に則して言えば、活写されているのは〈エス〉の最奥の「ポリフォニー」ないし三重唱であり、この「ポリフォニー」の別名が「カラマーゾフシチナ」なのだ。夢幻的に多重化した〈エス〉の「ポリフォニー」こそが、「人類の星の時間」に瞬間的に煌《きら》めいた、空前絶後の「カラマーゾフシチナ・カーニヴァル」の轟音なのだ。

カールバウムが『緊張病』を出版してから六年後に、『カラマーゾフの兄弟』は出現した。それゆえ、「カラマーゾフシチナ」と〈エス〉論の次元にふさわしい深度で表記される〈緊張病〉の双方は、同時的に自覚されていた。ヨーロッパの東北部という限定された領域でしか明瞭化しなかったが、同時性を帯びた連帯の激しい共振は、人類を強烈に震撼させた人類史的「巨大発作」だった。ドストエフスキーという名のディオニュソス的冥界を舞台にして、人類全体がまさしく群発的な「大発作」に見舞われた。

人類は有史以来、いや、神話時代より古い先史時代から現在に至るまで、一万年単位の世界史を、この深い生命様態の「うねり」に揺られ、翻弄されて生きてきた。「枢軸時代」によって理性的秩序の枠をはめられても、なお〈エス〉親和的な三重奏の疾風怒濤が治まらないから、ルネサンスという理性／非理性の熾烈な闘争が起きたのであり、この祝祭の「時間」が終わってから一世紀ののちに、実に慌ただしく〈ドストエフスキー／ヴァーグナー／ゴッホ〉が、すなわち〈癲癇／ヒステリー／緊張病〉が、人類精神の創造性と人類の存在理由を示す威力として、われわれを襲ったのだ。「カラマーゾフシチナ」の跳梁跋扈が人類の真実なら、ドストエフスキーという名の化け物は「枢軸時代」以降の理性史を、二五〇〇年の時空を超えて転覆せんとした巨大な非理性発作体であった。ここにヴァーグナーとニーチェ／ゴッホを典型とする非理性の創造力の破裂がたたみかけてきたのである。

それゆえ、一八七〇年からの約二〇年間という短い歳月こそ、「枢軸時代」に何らかの形で奇妙に捩じれて接着し、これを捩じ切るほどに歪曲してしまった「新奇な瞬間」だったと考えられる。この新奇かつ不気味な瞬間性の時代は、ヤスパースが表現に迷ったような「第二の枢軸時代」からも外れている。つまり、レオナルド・ダ・ヴィンチ、ミケランジェロ、ラファエロからバッハ、カント、ゲーテ、モーツァルトらに至る奇跡的な創造盛期から、鋭く切り離されている。「カラマーゾフシチナ・カーニヴァル」は、一八七〇年代から九〇年代までの、たかだか二〇〜三〇年しか続かなかった異様な創造的噴火の「瞬間」だった。特異すぎて、とても「第三の……」などとは呼べない、だが激烈な、つかのまの火焔と閃光の「時間」であった。

　こうも言えようか。「第一の枢軸時代」は確かにあった。そして、「ルネサンス」が「第二の枢軸時代」であるか否かは、未定のままにしておくほうが賢明だ。だが、ひどく短く不気味な「第三の枢軸時代」などない。もしあるなら、それは「反‐枢軸時代」と呼ばれなければなるまい、と。

　一九世紀末の火焔は、ルネサンス終焉ののち約一世紀を経て燃え上がった奇怪なものなのだ。そして、二一世紀を生きるわれわれから見れば、モーツァルト死後、現在までの二世紀強は「ロマン主義芸術、パラノイア・統合失調症《シゾフレニー》・科学技術的知性万能体験」の騒乱時代だが、これらの出現の意味は、われわれには身近すぎて、今は分からない。

　モーツァルトの死後一世紀を経て、「カラマーゾフシチナ」（ヴァーグナーと彼の楽劇の登場人物たちやニーチェ／ゴッホたちとその作品を含む）による非理性の連続暴発によって「反‐枢軸時代」が突如として到来した、とは言えるだろう。「反‐枢軸時代」性が〈エス〉あるいは〈癲癇／ヒステリー／緊張病〉というマグマの突き上げに支配されている経緯は、険悪かつ不透明なるこの時代精神が無意識／非理性の黒煙となって発生し、その後の人類の歩みを二一世紀の現在に至るまで決定してしまった事実に現れている。

　興味深いことに、わが国の精神病理学は「カラマーゾフシチナ」と（つまりは〈緊張病〉と）よく似た精神病理学の概念を、すでに知っている。安永浩（一九二九―二〇一一年）が一九八〇年頃から使い始めた「中心気質」という、従来の「類癲癇気質」をも包括する発見的な気質概念である。簡略に以下のように述べられている。

先ず、私の考える「中心気質」の包括範囲を概説しておこう。そのためには先ず「ふつうにのびのびと発達した」五〜八歳位の「子ども」のイメージを浮かべていただくのがよい。天真らんまん、うれしいこと、悲しいことが単純にはっきりしている（しかも直截な表現）。周囲の具体的

事物に対する烈しい好奇心。熱中もすればすぐ飽きる。動きのために動きを楽しみ（ふざけ）、くたびれれば幸福に眠る。「野の百合、空の鳥」ではないが明日のことは思い煩わない。「昨日のこと」も眼中にはない……。〔…〕よい意味でもわるい意味でも自然の動物に近い。（安永 一九八〇、二五頁。傍点は安永）

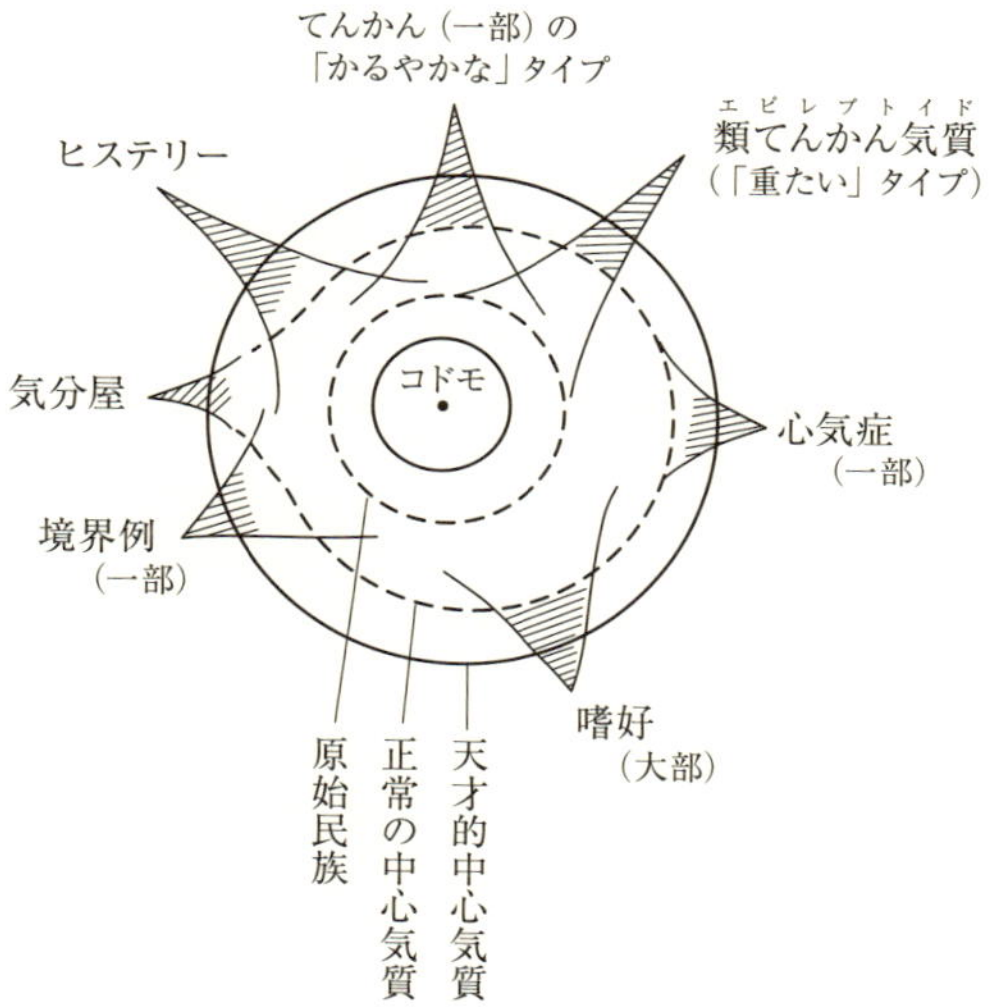

安永 1980、28頁を基に作成

若干分かりにくい概念かもしれない。それを補うように、安永浩は面白い図を掲示している。中心に「コドモ」、そのすぐ外

側に「原始民族」の円環などが描かれ、最も大きな正円環は「天才的中心気質」として配置されている。そして、成長と環境の影響で正円環に変形や歪みや鋭い突角が現れるが、この棘のような突出部には、癲癇（軽快明朗なタイプ）、エピレプトイド（重たく粘着的な類癲癇気質）、心気症、嗜癖、境界性人格、気分屋（気分易変者）、ヒステリーなどが配置されている。当然「ヒステロエピレプシー」も連想されている（安永はシャルコーの仕事を軽視するには、あまりにも深く熟慮する臨床家だった）。また、「依存・賭博中毒」としては「恍惚と死が紙一重になり、性的快楽の極致で死の欲動に蹂躙される」事態が語られていて、このあたりに「自然の動物にまで退行した分裂気質者」の夢幻世界が想定され、「緊張病」（ハリー・スタック・サリヴァンが重視した退行生態「カタトニア」に近い）が肉薄してくる。安永はこの論文を「気質論」に限定したため、「中心気質」と「（臨床像）緊張病」の密接な関係への直接的な言及はない。しかし、〈癲癇／ヒステリー／緊張病〉が三位一体的な相互溶融状態にあるなら、「中心気質」から「カラマーゾフシチナ」へ、さらにそこから〈緊張病〉という〈エス〉親和的な気質概念へと連接性を見出していくのは難しくない。

　また、安永は「中心気質」と「天才」の関係にも連想を伸ばす。「てんかん発作?を持っていた偉人」として、「シーザー、マホメット、ナポレオン、パウル・クレー、アンリ・ルソー、ジャンヌ・ダルク」などを挙げた上、ドストエフスキーに、そして最後はモーツァルトに至っていて、「実際に「てんかん」だったかどうかは別として、モーツァルトが中心気質圏の天才と思われるのは感銘が深い。あの天衣無縫、ちょっとその比を見ない音楽美に比較すると、人間モーツァルトの像は正直なところあまり品がよくない。ほとんど性格破綻者、とも思われるようなだらしなさと、愛すべき無邪気さとが同居していたような印象がある」（同書、四七頁。傍点は渡辺）と書いている。

安永が人類生命と人類史の「中心（基盤）」としての「子ども・原始民族・ヒステリーの女性」を見出している点は、大変興味深い。これはフロイトの洞察と同じである。明らかだが、超‐歴史的に現代を感じるなら、〈エス〉の三位一体的ポリフォニーは、「枢軸時代」以前と同じ強度で、現代にも響きわたっているのだ。

ルネサンス盛期の奇跡的創造にせよ、音楽と哲学と文学のドイツを中心にした黄金時代にせよ、無意識／非理性が異様に激しく燃え上がった一九世紀末の「瞬間」にせよ、「枢軸時代」に固有の透明至純な理性からは離れてしまっているが、創造の途轍もない高さと総合性は、混濁して透明性を失ったものとはいえ、空前絶後で、比類がない。特に〈ヴァーグナー／ドストエフスキー／ゴッホ（ニーチェ）〉と象徴的に表記される〈エス〉の創造力の不気味な不透明性は、「反‐枢軸時代」という黒煙をともなう火焔の時の到来ゆえである。ここに生まれ出てきた非理性の「反」の威力は、ルネサンスよりも混濁しているが、さらに「枢軸時代」の理性の光輝を覆い、「枢軸時代」の理性を転倒させるほどの強度をもっている。

ヤスパースが指摘した「枢軸時代」の再来を、人類意識（理性）はメシアの降臨を切望するように待っていた。だが、類似の波（ルネサンス）が終焉を迎えたのち一世紀後の一九世紀末に人類に到来したのは、「枢軸時代」の根幹を粉砕してしまいそうな、「枢軸時代」を転倒させてしまうような、夢魔的な暗黒界の火焔と黒煙の「時」、すなわち「反‐枢軸の時」であった。

## 7 「枢軸時代」と「反‐枢軸時代」――新たな「人類の星の時間」のために

「枢軸時代」のほぼ同時的な開始は「地上における理性の本格的かつ同時的な覚醒」であった。この覚醒が科学的合理性の発展とは比較にならないほど巨大で深遠なる理性の覚醒だったことは、理性の覚醒が真の世界宗教の誕生でもあったという事実からして明らかだ。人類は自覚的に思惟しつつ、自身の精神化を推進し始めた。だが、ヤスパースの指摘を受容するにせよ、「枢軸時代」において覚醒した理性の特質は、なお輪郭不明瞭だ。

実は、紀元前に覚醒したこの巨大な理性たちも、顕現と同時に、すでにして深刻な翳《かげ》りを帯びていた。すなわち、「枢軸時代」は、理性が覚醒して非理性を圧倒駆逐した、という単純なプロセスの時代ではない。「枢軸時代」は理性の覚醒と強靭化に尽きる「時間」なのではなく、同期的な非理性の覚醒と亢進の時でもあった。

こういう理性覚醒プロセスの錯綜について、例はいろいろと挙げられるが、ここではエリック・ロバートソン・ドッズ（一八九三―一九七九年）の著書『ギリシア人と非理性』（一九五一年）の印象的な冒頭部が想起される。一人の青年が大英博物館でドッズに対して「感動しません、ギリシアのものは余りに理性的すぎますよ」と言ったエピソードである。ドッズは青年の感覚がよく分かったが、やはり青年は間違っているとも思った。

ドッズは、この著書で、古代ギリシア人がいかに深く自分たちの「非理性あるいは狂気」を熟知痛感していたかを論じていく。ギリシア人がいかに鋭く人間の「非理性あるいは狂気」を透視していたかを検証していく。ここでドッズの研究の正否を論証するゆとりはないが、重要なのはドッズの研究がまさに「枢軸時代」の理性の運動を探求する仕事であり、結論として、ギリシア人は「理性的すぎる」どころか「あまりに非理性的にすぎる、彼らギリシア人は非理性的なものの力と不思議と危険に深く気づいている」という見解に至った点だ。

「枢軸時代」を生み出した複数の地域の中で最も輝かしい古代ギリシア文化にして、非理性の強度はかくも高い。ゾロアスターの世界像や旧約聖書の預言者たちもそうだろうが、「枢軸時代」においてこそ、地上あまねく、非理性の黒煙と火焔の勢い、非理性と理性の闘争の摩擦熱は激しかった。「非理性あっての理性、理性あっての非理性」という基礎的条件は、「枢軸時代」であるか否かにかかわらず、人類史において不変かつ普遍であり続ける。

さて、「非理性あっての理性、理性あっての非理性」という論理が静的な真理で不変かつ普遍なら、歴史は等質的出来事の連鎖に尽きるわけだが、実際は違う。ルネサンスや一九世紀末の異様に創造的な特定時期だけで断定するわけにはいかないが、理性と非理性の闘争の不均衡の危機、理性と非理性が区別すらできなくなるほど溶融し合う危機的事態は起こりえた。ケプラーやニュートンからニーチェやゴッホに至るまで、理性と非理性双方の闘争する力が均衡を維持している時にこそ、崇高偉大な創造性が人類史に降りてきた。

理性と非理性のどちらか一方の威力が圧倒的である時には、精神活動性の頽落が、あるいは破壊衝動の亢進が起きてしまう。実際、「枢軸時代」がほぼ終焉した紀元前二〇〇年以降、人類は理性と非理性の不均衡（理性衰退と貧寒なる非理性的破壊衝動の亢進）の中で、中世が終わるまで大略一五〇〇年間、空虚化した（大審問官しかいない）世界を生きてきたのだ。イエス・キリストの存在のみが精神性の進歩を導きうる力であるような暗黒時代が続いた。この時代の不毛と暗黒は、イヴァン・カラマーゾフが創作した叙事詩的な戯曲に深く刻まれた。ヨーロッパ中世時代をどう見るか、これは千差万別だろうが、この時代の基盤には常に「大審問官」の雄弁とイエス・キリストの沈黙があった。この時代、ヨーロッパでは、理性も非理性もともに瓦解する危機にあった。

古代ギリシア人の宗教や芸術や学問に漲《みなぎ》る高度の理性の中に濃密な非理性の勢いをも見て取ったドッズと同じ感性は、ルネサンスにおいても理性と非理性の灼熱的拮抗の感性となった。「第二の枢軸時代」という言葉を使うなら、ルネサンスとはその中心的な五世紀間（一四世紀から一八世紀まで）を指すことになるが、これまで人類が経験してきた二回の「枢軸時代」的な「うねり」にあっては、非理性と理性の拮抗的闘争がはっきりと見える。

しかし、一九世紀末を頂点とする棘波のごとき異常に鋭い波形の発作的創造性においては、非理性と理性はもう区別できない、相互に癒着し、混濁溶融し合うカオスになってしまった。理性は非理性、非理性は理性、という逆転・二重の語法しか通用しない異常事態が到来してしまったのだ。

明らかだろうが、一九世紀末の創造においては、〈癲癇《エピレプシー》／ヒステリー／緊張病《カタトニー》〉という一見すると病理性を帯びている標識のもとに、原始の生命性〈エス〉が露出してしまっている。あえてこの表記法に固有名を代入するなら、〈ドストエフスキー／ヴァーグナー／ゴッホ（ニーチェ）〉と記される連星が群発波として現れてくる。ここに否応なくつきまとう病理性は完璧には拭い去れないが、この黒煙は人類生命の創造的火焔に際して顕現する人類の宿痾なのだろう。

病理性が圧倒的に優位だった一九世紀末の短い創造噴出、これはルネサンスの「余波」と見てもいいのかもしれないが、これほどまでに強大な火焔と黒煙の群発発作群が人類を襲ったという事実を副次的、「余波的」と見るのは不自然にすぎよう。一九世紀後半のたかだか二〇年あまりを占めたにすぎないが、以後の人類の歩み、創造の星のゆくえを激烈に変更してしまった瞬間の閃光のごとき作品群は、特別に重視されていい。

何か比較を絶した非理性の発作が人類を襲った、人類史に非理性の稲妻が走った、非理性が歴史を真っ二つに折ってしまった、理性が非理性と溶融してしまい、取り返しのつかない狂的な刻印が人類史に捺された、との印象が強い。それゆえ、繰り返しになるが、この奇怪なる創造の数十年間への突入を、あえて「反‐枢軸時代」の到来と呼んでおきたいのである。

## 8　「反‐枢軸時代」の不透明性を生きる――結語に代えて

太古からの非理性の力は、「枢軸時代」に覚醒した理性の力によって圧倒され、暗黒界に隠され、強靭なままに封印された。アポロン神性によって抑圧されて夢幻暗黒界に隠れたディオニュソス神性の運命と同じだ。しかし、この時代は双方の神性ともども強度を高めた時だった。この「第一の枢軸時代」ののち、「第二（二回目）の枢軸時代」が到来したのは、一五〇〇年ほど経過した頃である。

この長い空白時代は、理性も非理性も創造にあまり関与しなかった「大審問官」時代に相当する。

そして、一四世紀頃、人類の理性の二度目の覚醒が地中海沿岸の北部イタリア地域に起こった。この二度目の理性覚醒は新たに独特な輝きをともなっていた。学問と芸術が、音楽と瞑想と美術が、相互に連帯し合って壮麗なる総合的創造に結晶化する光景を展開した。理性と非理性の合奏が和音を響かせ、時に非理性の力が優勢化するこの連帯は、無意識が無意識のまま夢幻境で自己造形し、日々の夢工作過程が世界創造になるような奇跡的印象を人類史に刻み込んだ。レオナルド・ダ・ヴィンチの《聖アンナと聖母子》、《洗礼者ヨハネ》、そして《モナ・リザ》が絵画芸術の絶頂をなし、モーツァルトの《ハイドン・セット》、弦楽五重奏曲ト短調、さらにはクラリネット協奏曲といった作品群が音楽芸術の絶頂をなした。夢魔的妖気と神的陰翳が、人類に至福の眩暈を引き起こす。「ルネサンス＝第二（二回目）の枢軸時代」に特有の透明な神秘夢幻界の完成。この時代、この二人に匹敵すると言える非理性的作品創造は、信じがたいほど豊かに群発した。そして、レオナルドとモーツァルトの作品は、それらが人類の見果てぬ夢自体の実現（人類の夢工作への衝迫の作品）であるゆえに、超絶的に魅惑的なのだ。

問題は、この「夢魔／魔神／悪魔的陰翳」が背景化したのち、約一世紀間の歳月、多少とも混乱したロマン派活動と科学技術的知性の活動の歳月を経て、あたかもモーツァルト没後一〇〇年を記念するかのように、異質な創造の時、異変の時が到来したことだ。理性と非理性の揺らめく均衡が破綻し、非理性の瞬間的火焔が走った。必然的に、創造行為も作品も創造者たちも、病理性と反‐理性的で不気味に混濁した険悪なる性格を帯びた。この刹那的な奇跡の時、火焔と黒煙の中に理性は隠れた。あるいは、理性はねじ曲げられて非理性へと変身した。

この一九世紀末の不気味な気配を予感し、これに強い光をあてたのは、ボードレールであり、およそ二〇年遅れてやって来たニーチェだった。二人の詩人は、異常なまでに覚醒しすぎた理性はそのまま非理性のラプトゥスに突入する、という逆説を鋭敏に感知し、自身を生け贄にしつつ、この逆説を鮮烈に生きた。ボードレールとニーチェは〈ゴッホ〉ないし〈緊張病《カタトニー》〉の位置を占める生命性でもあるが、ここにはニュートン、スウェーデンボルグ、ヘルダーリン、ネルヴァルからモネを経て、ニジンスキー、アルトーに至る「荒ぶる非理性」たちが、すなわち「世界を破裂させる（ラプトゥスを惹起する）夢幻的非理性」の閃光のごとき作品群が屹立している。夢幻光線と太陽光線の区別が消えてしまったシュレーバー博士の生命も、ここに棲んでいる。

反‐枢軸／非‐理性と併記すると、〈ドストエフスキー／ヴァーグナー／ゴッホ〉と表記される創造の群発波はひどく病的な変質（創造の頓挫）を呈したという印象を与えるが、これを衰退‐頽落という意味でのデカダンスと理解するなら、深淵的冥界に突入してしまった人類史の軌跡の意味が見逃されてしまう。ニーチェはヴァーグナーとボードレールをデカダンスとしたが、そこに深い愛情と尊崇の念、至高の愉悦と大肯定の感情も込められていた矛盾性が忘れられてはなるまい。

「反‐枢軸時代」の生命性は〈エス〉＝〈癲癇《エピレプシー》／ヒステリー／緊張病《カタトニー》〉から露呈してきた。だが、留意されるべきは、「反‐枢軸時代」への問いがニーチェを介してフロイトに収斂しつつあることだ。人類がフロイトとともに「無意識／非理性」への問いを発さざるをえないのは、意識や理性や自我ではなく「無意識／非理性」こそが人類の命運を支配するからだ。これは人類史が悲惨であることを意味しない。

これまで見てきたとおり、人類はごく近年まで創造の星を生きてきた。ほんの一世紀前まで、この星は創造の閃光の中にあった。

そして、今われわれ人類は、一九世紀末の巨人たちの戦いの光景を想起すること、ごく身近で単純明快な、この史実を深く想起することを求められているのではあるまいか。

# 書誌

## 日本語文献


飯田真・中井久夫 一九七二『天才の精神病理——科学的創造の秘密』中央公論社（自然選書）。
石福恒雄 一九六八『肉体の芸術——ニジンスキーの生涯』紀伊國屋書店（紀伊國屋新書）。
木村敏 一九八二『時間と自己』中央公論社（中公新書）。
小林秀雄 一九六七a『モオツァルト』、『小林秀雄全集』第八巻、新潮社。
—— 一九六七b『近代絵画』、『小林秀雄全集』第一一巻、新潮社。
—— 一九六七c「『罪と罰』についてII」、『小林秀雄全集』第六巻、新潮社。
島尾永康 一九七九『ニュートン』岩波書店（岩波新書）。
鈴木晶 一九九八『ニジンスキー——神の道化』新書館。
互盛央 二〇一〇『エスの系譜——沈黙の西洋思想史』講談社。
高橋英夫 二〇〇六『新編 疾走するモーツァルト』講談社（講談社文芸文庫）。
田村毅 二〇〇六『ジェラール・ド・ネルヴァル——幻想から神話へ』東京大学出版会。
牧野宣彦 二〇〇八『ゲーテ『イタリア紀行』を旅する』集英社（集英社新書ヴィジュアル版）。
松浦雅人 二〇一四「てんかんからみる人物の横顔——異論異説のてんかん史（第15回）エマヌエル・スウェーデンボルグ」、『Epilepsy ——てんかんの総合学術誌』第八巻第一号（二〇一四年五月）。
森島恒雄 一九七〇『魔女狩り』岩波書店（岩波新書）。

安永浩 一九八〇「中心気質という概念について」、木村敏編『てんかんの人間学』東京大学出版会。
吉田秀和・高橋英郎編 二〇〇五『モーツァルト頌』白水社。
米川正夫 一九六九「解説」、『カラマーゾフの兄弟（下）』（『ドストエーフスキイ全集』第一三巻）、河出書房新社。

## 邦訳文献

エッカーマン、ヨハン・ペーター 二〇一二『ゲーテとの対話』（改版）（全三冊）、山下肇訳、岩波書店（岩波文庫）。

エラスムス、デジデリウス 二〇〇六『痴愚神礼讃』渡辺一夫・二宮敬訳、中央公論新社（中公クラシックス）。

エレンベルガー、アンリ 一九八〇『無意識の発見――力動精神医学発達史』（全二冊）、木村敏・中井久夫監訳、弘文堂。

カールバウム、カール・ルートヴィヒ 一九七九『緊張病』渡辺哲夫訳、星和書店。

カント、イマヌエル 二〇一三『カント「視霊者の夢」』金森誠也訳、講談社（講談社学術文庫）。

クリスティアンソン、ゲイル・E 二〇〇九『ニュートン――あらゆる物体を平等にした革命』林大訳、大月書店（オックスフォード科学の肖像）。

クレッチュマー、エルンスト 一九八二『天才の心理学』内村祐之訳、岩波書店（岩波文庫）。

ゲイ、ピーター 一九九七―二〇〇四『フロイト』（全二冊）、鈴木晶訳、みすず書房。

ケインズ、ジョン 一九五九「人間ニュートン」、『人物評伝』熊谷尚夫・大野忠男訳、岩波書店（岩波現代叢書）。

ケストラー、アーサー 二〇〇八『ヨハネス・ケプラー——近代宇宙観の夜明け』小尾信彌・木村博訳、筑摩書房(ちくま学芸文庫)。

ゲーテ、ヨハン・ヴォルフガング・フォン 二〇〇三『イタリア紀行』高木久雄訳、『ゲーテ全集』(新装普及版)、第一一巻、潮出版社。

ケプラー、ヨハネス 一九八二『宇宙の神秘』大槻真一郎・岸本良彦訳、工作舎。

ゴッホ、フィンセント・ファン 二〇〇一『ファン・ゴッホの手紙』二見史郎編訳、圀府寺司訳、みすず書房。

サックス、ハーヴェイ 二〇一三『〈第九〉誕生——一八二四年のヨーロッパ』後藤菜穂子訳、春秋社。

ジェフロワ、ギュスターブ 一九七四『クロード・モネ——印象派の歩み』黒江光彦訳、東京美術。

シュレーバー、ダニエル・パウル 二〇一五『ある神経病者の回想録』渡辺哲夫訳、講談社(講談社学術文庫)。

ジルボーグ、グレゴリ 一九五八『医学的心理学史』神谷美恵子訳、みすず書房。

スヴェーデンボリ、エマヌエル 二〇一一『スヴェーデンボリの夢日記 一七四三—四四年』鈴木泰之訳、スヴェーデンボリ出版。

ツヴァイク、シュテファン 一九九六『人類の星の時間』片山敏彦訳、みすず書房(みすずライブラリー)。

デームリング、ヴォルフガング 一九九三『ベルリオーズとその時代』池上純一訳、西村書店(大作曲家とその時代シリーズ)。

ドストエフスキー、フョードル 二〇〇四『白痴』(改版)(全二冊)、木村浩訳、新潮社(新潮文庫)。

ドッズ、エリック・ロバートソン 一九七二『ギリシア人と非理性』岩田靖夫・水野一訳、みすず書房。

ドラクロワ、ウジェーヌ 一九九九『ドラクロワ——色彩の饗宴』高橋明也編・訳、二玄社。

ニジンスキー、ヴァーツラフ　一九七一『ニジンスキーの手記――肉体と神』ロモラ・ニジンスキー編、市川雅訳、現代思潮社。

ニジンスキー、ロモラ　一九七七『その後のニジンスキー』市川雅訳、現代思潮社。

ニーチェ、フリードリッヒ　一九九三「バイロイトにおけるリヒアルト・ヴァーグナー」、『反時代的考察』小倉志祥訳、『ニーチェ全集』第四巻、筑摩書房（ちくま学芸文庫）。

――　一九九四a『人間的、あまりに人間的』（全二冊）、池尾健一訳、『ニーチェ全集』第五―六巻、筑摩書房（ちくま学芸文庫）。

――　一九九四b『この人を見よ』川原栄峰訳、『ニーチェ全集』第一五巻、筑摩書房（ちくま学芸文庫）。

ネルヴァル、ジェラール・ド　一九八六『オーレリア――夢と生』篠田知和基訳、思潮社。

パスカル、ブレーズ　一九六六『パンセ』前田陽一・由木康訳、前田陽一責任編集『パスカル』（「世界の名著」24）、中央公論社。

パタン、シルヴィ　一九九七『モネ――印象派の誕生』高階秀爾監修、渡辺隆司・村上伸子訳、創元社（「知の再発見」双書）。

フーコー、ミシェル　一九七五『狂気の歴史――古典主義時代における』田村俶訳、新潮社。

ブリオン、マルセル　二〇〇四『愛と死と音楽――西欧ロマン派の心』高波秋訳、ジャン・ジャック書房。

フルトヴェングラー、ヴィルヘルム　一九七八『音と言葉』芦津丈夫訳、白水社。

フロイト、ジークムント　二〇〇六『快原理の彼岸』須藤訓任訳、『フロイト全集』第一七巻、岩波書店。

――　二〇〇七『自我とエス』道籏泰三訳、『フロイト全集』第一八巻、岩波書店。

――　二〇一〇「ドストエフスキーと父親殺し」石田雄一訳、『フロイト全集』第一九巻、岩波書店。

――　二〇一一『続・精神分析入門講義』道籏泰三訳、『フロイト全集』第二一巻、岩波書店。

ヘルダーリン、フリードリヒ 二〇〇二『ヘルダーリン詩集』川村二郎訳、岩波書店（岩波文庫）。

ベルリオーズ、エクトル 一九八一『ベルリオーズ回想録』（全二冊）、丹治恒次郎訳、白水社。

ホイサーマン、ウルリヒ 一九七一『ヘルダーリン』野村一郎訳、理想社（ロ・ロ・ロ・モノグラフィー叢書）。

ボードレール、シャルル 一九九九『ボードレール批評』（全四冊）、阿部良雄訳、筑摩書房（ちくま学芸文庫）。

マリ、J・ミドルトン 一九七七『ドストエフスキー』山室静訳、泰流社。

マン、トーマス 一九八五『ワーグナーと現代』（第二版）、小塚敏夫訳、みすず書房。

ヤスパース、カール 一九六六―六七『ニーチェ』（全二冊）、草薙正夫訳、『ヤスパース選集』第一八―一九巻、理想社。

――一九七二『歴史の起原と目標』重田英世訳、『世界の大思想』第四〇巻、河出書房新社。

――一九七四『ストリンドベルクとファン・ゴッホ――スエーデンボルク及びヘルダーリンと比較せる病誌的分析の試み』（新版）、村上仁訳、みすず書房。

ユング、カール・グスタフ 一九九六『現在と未来――ユングの文明論』松代洋一編訳、平凡社（平凡社ライブラリー）。

ルター、マルティン 一九五六『食卓談話録』青山四郎訳、日本基督教協議会文書事業部（教養文庫）。

ローラン（ロラン）、ロマン 一九四六『ゲーテとベートーヴェン』新庄嘉章訳、二見書房。

――一九六五『ベートーヴェンの生涯』（改版）、片山敏彦訳、岩波書店（岩波文庫）。

# あとがき

約五年前、ここ沖縄で『フロイトとベルクソン』を書き終え、これは岩波書店から出版された（二〇一二年）が、そこではフロイトの第二局所論（自我とエス）の図式とベルクソンの記憶の倒立円錐体の図式が重ね描きされた。すると、心臓のように収縮と弛緩を繰り返しつつ拍動し続ける「自我とエス」というダイナミックなイメージが浮かんできた。

そして、人類の宿命を左右する「自我とエス」の拍動、という事態を考えるようになった。つまり、われわれ人類が、地球というこの星が、まるで生身の心臓のように拍動し続けていると感じられるようになり、また、エスはその拍動でもって人類をどこに連れていくのか、という問いが立ち現れてきた。学問、芸術、宗教の創造的光輝にせよ、諸般の事情に基づく殺害と破壊の無惨にせよ、アポロン的な自我のみで意識／理性的になせるはずもなく、すべてはディオニュソス的なエスに翻弄された人類が半ば以上は無意識／非理性的になした宿痾のごとき事態の結果なのだろう。

四、五年のあいだ、厖大な歴史年表を作成し、眺めてみて、人類が創造しつつ、破壊しつつ、いかに非理性的にふるまってきたかを痛感した。まるで単身で人類の病跡学に従事しているかのような、途方に暮れる日々が続いた。何かがぼんやりと見え始めたのは最近のことである。その何かは、創造に関する人類の生命活動の波動のイメージになった。エスがその姿を、海面の巨大な「うねり」として示し始めた。この「うねり」は、人類史の波動、創造の星の拍動と言ってもいい。

この星の非理性的創造の歴史を俯瞰する、という向こう見ずの試みを支えてくれたのは、フロイトのヒステリー研究と夢研究、エスの概念の措定であり、ヴァーグナーの楽劇であり、カールバウムによる緊張病《カタトニー》発見であった。また、癲癇《エピレプシー》に関する文豪ドストエフスキーと偉大なる神経医ジャクソン以来の、たくさんの人々の教えであった。この三つの現象（癲癇／ヒステリー／緊張病）は、三つの病像であると同時に、生命たるエスの三つの自画像でもあった。

エスが際限もなく作り出す「うねり」を眺めていると、「枢軸時代」と「ルネサンス」という二つの途轍もなく巨大な動きのあとに、ごく短く、ごく鋭く高く、暗く濁っていて険悪な、棘のような創造の火焔と黒煙が一九世紀末に人類を襲ったことが気づかれた。人類を襲ったこの奇妙な暗い鋭波は、一七九一年の暮れにモーツァルトの亡骸《なきがら》がウィーン近郊の共同墓地に埋葬されてルネサンスが完璧に終焉を迎えてから、ほぼ一世紀後に頂点に達した。これをルネサンスの余波ないし燃えかすとみなすのは無理だ。

一九世紀末以降、この星は今、科学的知性に輝く（第二の）暗黒時代という逆説の時に突入してしまったのか。そうではなく、人類は新たな道に歩みゆくべく導かれ始めたのか。創造の星を生き抜く自覚が人類に生まれるとするなら、それは、繰り返すが、一九世紀末の黒雲の中で展開された巨人たちの悪戦苦闘を想起する覚悟によるのだろう。

最後になったが、今回も講談社の互盛央氏には大変お世話になった。氏の教示、励まし、援助は二一世紀になってから一貫して続けられている。まったくありがたいことで、衷心から感謝している。これが最後の機会になるかもしれないので、しっかりと書いておきたい。

二〇一七年　冬　沖縄　恩納村　真栄田にて

渡辺哲夫

92
ランゲ＝アイヒバウム、ヴィルヘルム（1875-1949年） 110
ランゲ、ヨーゼフ（1751-1831年） 102
ランボー、アルチュール（1854-91年） 214, 233
リスト、フランツ（1811-86年） 121, 137, 157, 187
リヒテンベルク、ゲオルク・クリストフ（1742-99年） 101, 103, 223, 268
『雑記帳』 101
リンネ、カール・フォン（1707-78年） 153
ルソー、アンリ（1844-1910年） 294
ルソー、ジャン＝ジャック（1712-78年） 133
ルター、マルティン（1483-1546年） 23, 26, 27, 273
『小教理問答書』（1529年） 26
ルートヴィヒ2世（在位1864-86年） 186
ルドン、オディロン（1840-1916年） 248
レオンハルト、カール（1904-88年） 245
列子（生没年不明） 278
レー、フェリックス（1867-1932年） 230
レンブラント・ファン・レイン（1606-69年） 280
老子（生没年不明） 211, 278
ロウ、バーバラ（1874-1955年） 262
ロダン、オーギュスト（1840-1917年） 248-250
ロック、ジョン（1632-1704年） 62
ロッシーニ、ジョアキーノ（1792-1868年） 198
ローデ、エルヴィン（1845-98年） 226
ロラン、ロマン（1866-1944年） 104, 106, 123, 125, 126
『ベートーヴェンの生涯』（1903年） 104

［ワ］

ワーズワース、ウィリアム（1770-1850年） 99

年） 72-75, 165, 207, 242
『心の病理学』（1875年） 72, 73
モーセ（前13世紀頃） 17, 205, 265, 284, 285
モーツァルト、ヴォルフガング・アマデウス（1756-91年） 21, 26, 76, 89-103, 106, 108, 112, 114, 121, 123, 198, 210, 212, 234, 260, 280, 281, 283, 285, 291, 292, 294, 300, 310
クラリネット協奏曲（1791年完成） 94, 300
弦楽五重奏曲第4番（1787年完成） 90, 93, 300
交響曲第28番（1774年完成） 101
交響曲第29番（1774年完成） 101
交響曲第30番（1774年完成） 101
《ハイドン・セット》（弦楽四重奏曲第14～19番）（1782-85年完成） 89, 90, 92-94, 96, 97, 102, 300
ピアノ協奏曲第20番（1785年完成） 94
モーツァルト、レオポルト（1719-87年） 76, 89, 100
モネ、クロード（1840-1926年） 156, 175-183, 232, 301
連作《睡蓮》（《水蓮》）（1898-1900, 1902/03-08年） 175, 176, 181
連作《積みわら》（1890-91年） 180, 181
連作《ルーアン大聖堂》（1892-94年） 178, 181
モンタギュー、チャールズ（1661-1715年） 62

［ヤ］

安永浩（1929-2011年） 89, 209, 212, 292-295
ヤスパース、カール（1883-1969年） 9, 12-14, 17, 70-72, 74, 96, 109, 110, 143, 171, 211, 220-223, 226, 227, 229, 231, 233, 277-285, 291, 295, 296
『ストリンドベルクとファン・ゴッホ』（1921年） 12, 70
『ニーチェ』（1936年） 220, 222
『歴史の起源と目標』（1949年） 278
ユイスマンス、ジョリス＝カルル（1848-1907年） 214
ユークリッド →エウクレイデス
ユーゴー、ヴィクトル（1802-85年） 157
ユング、カール・グスタフ（1875-1961年） 86, 165, 196, 197, 257, 260, 263, 279
米川正夫（1891-1965年） 201, 203, 204, 288
『カラマーゾフの兄弟』「解説」（1969年） 201

［ラ］

ラファエロ（ラファエル）・サンティ（1483-1520年） 28, 51, 54, 92-94, 280, 291
《アテナイの学堂》（1509-10年）

142, 145, 147, 150, 157, 165, 167, 217, 218, 236, 271
『回想録』 140
《幻想交響曲》(1830年完成) 120, 134, 135, 137, 139, 141, 142, 167
ホイサーマン、ウルリヒ(1928-2006年) 108, 109
ポー、エドガー・アラン(1809-49年) 86
『ヴァルデマール氏の病気の真相』(1845年) 86
墨子(前470頃-390年頃) 278
ボッティチェリ、サンドロ(1445-1510年) 27, 94
ボードレール、シャルル(1821-67年) 134, 154-165, 167, 171, 174, 178, 184-186, 198, 218, 301
『悪の華』(1857年) 155, 160
「二重の部屋」(『パリの憂鬱』1869年所収) 167
「酔いたまえ」(『パリの憂鬱』1869年所収) 167
ホフマン、E・T・A(1776-1822年) 120, 121, 126, 137
ホメロス(前8世紀頃) 211, 279
ボンヘッファー、カール(1868-1948年) 225

## [マ]

マゼラン、フェルディナンド(1480-1521年) 28
松浦雅人(1949年生) 72
松本雅彦(1937-2015年) 172
マネ、エドゥアール(1832-83年) 156
マホメット →ムハンマド・イブン=アブドゥッラーフ
マラルメ、ステファヌ(1842-98年) 214, 248, 249
「半獣神の午後」(1876年) 248
マリア・テレジア(在位1740-80年) 76
マリ、ジョン・ミドルトン(1889-1957年) 203
マン、トーマス(1875-1955年) 260, 275
「リヒャルト・ヴァーグナーの苦悩と偉大さ」(1933年) 275, 276
ミケランジェロ・ブオナローティ(1475-1564年) 24-27, 51, 92, 128, 205, 280, 291
《アダムの創造》(1508-12年) 24, 26
《ピエタ》(1496-1501年) 24, 25
満田久敏(1910-79年) 12
ミレー、ジャン=フランソワ(1814-75年) 155, 180
ミンコフスキー(ミンコフスカ)、ウジェーヌ(1885-1972年) 13, 41
ムハンマド・イブン=アブドゥッラーフ(570頃-632年) 294
メスメル、フランツ・アントン(1734-1815年) 75-77, 79-88, 100, 107, 114, 147, 165
メンデルスゾーン、フェリックス(1809-47年) 121, 124, 125, 198
モア、トマス(1478-1535年) 28
モーズリー、ヘンリー(1835-1918

「ドストエフスキーと父親殺し」（1928年） 205, 290
『ヒステリー研究』（ブロイアーとの共著）（1895年） 206
「ヒステリー発作についての概略」（1908年） 206
「ミケランジェロのモーセ像」（1914年） 205
『モーセという男と一神教』（1939年） 285
『夢解釈』（1900年） 206, 207, 234-238, 240, 244
「レオナルド・ダ・ヴィンチの幼年期の思い出」（1910年） 21, 205
フロイト、ゾフィー（1893-1920年） 264
ブロイラー、オイゲン（1857-1939年） 164, 241, 244, 254-256
ペイロン、テオフィル（1827-95年） 230
ベークマン、イザーク（1588-1637年） 47
ヘーゲル、ゲオルク・ヴィルヘルム・フリードリヒ（1770-1831年） 32, 99, 100, 107, 108, 155
ヘッカー、エーヴァルト（1843-1909年） 8-10, 244
「破瓜病」（1871年） 8
ヘッセ、ヘルマン（1877-1962年） 43
ベッティーナ・ブレンターノ →アルニム、ベッティーナ・フォン
ベートーヴェン（ベートーベン）、ルートヴィヒ・ヴァン（1770-1827年） 26, 32, 84, 87, 88, 98, 99, 101-108, 112, 114, 118-127, 133-135, 137, 138, 143, 145, 147, 155, 164, 188, 190, 198, 211, 260
交響曲第3番《英雄》（1804年完成） 119
交響曲第5番（ハ短調交響曲）（1808年完成） 104, 124, 125
交響曲第6番《田園》（1812年完成） 104
交響曲第9番（《第九》）（1824年完成） 87, 88, 106, 107, 118, 119, 122, 135
《ミサ・ソレムニス》（1823年完成） 106
ペドロ2世（在位1831-89年） 186
ヘラクレイトス（前540頃-480年頃） 211, 279
ベルクソン、アンリ（1859-1941年） 103, 165, 309
ヘルダー、ヨハン・ゴットフリート（1744-1803年） 126, 133
ヘルダーリン、フリードリヒ（1770-1843年） 12, 32, 72, 99, 100, 107-114, 123, 143, 145, 147, 155, 164, 183, 192, 219, 227, 236, 254, 271, 301
『エンペドクレス』（1799年） 112
『ヒュペーリオン』（『ヒュペリオン』）（1797-99年） 109, 111, 112
ヘル、マクシミリアン（1720-92年） 82
ベルリオーズ、エクトル（1803-69年） 120, 121, 134, 135, 137, 139-

31, 82, 83, 86, 88, 99, 145
ピュイゼギュール、アマン＝マリー＝ジャック・ド・シャストネ・ド（1751-1825年　） 75, 80, 81, 85, 86, 88, 107, 165
ビューロー、ハンス・フォン（1830-94年） 188, 198
ビンスヴァンガー、ルートヴィヒ（1881-1966年） 256
フェヒナー、グスタフ・テオドール（1801-87年） 264, 265
フーコー、ミシェル（1926-84年） 17, 18, 24, 53-55, 88, 145, 146, 149, 150, 183, 205, 242, 273
『狂気の歴史』（1961年） 18, 145, 149, 273
フック、ロバート（1635-1703年） 61, 62
フッサール、エトムント（1859-1938年） 10
プッサン、ニコラ（1594-1665年） 51, 52, 54
ブッダ（仏陀）（前5世紀頃） 211, 253, 278
プラトン（前427-347年） 21, 42, 45, 86, 165, 211, 265, 279
ブラームス、ヨハネス（1833-97年） 187-189
交響曲第1番（1876年完成） 188
フラー、ロイ（1862-1928年） 249
フランチェスカ、ピエロ・デッラ（1412-92年） 94
フーリエ、シャルル（1772-1837年） 100
ブルクハルト、ヤーコプ（1818-97年） 219, 226
ブルックナー、アントン（1824-96年） 187-189
交響曲第4番《ロマンティック》（1874年初稿完成） 187
交響曲第7番（1883年完成） 189
フルトヴェングラー、ヴィルヘルム（1886-1954年） 190, 191, 195
ブルーノ、ジョルダーノ（1548-1600年） 34
フレクシッヒ、パウル（1847-1929年） 241
ブロイアー、ヨーゼフ（1842-1925年） 206
『ヒステリー研究』（フロイトとの共著）（1895年） 206
フロイト、ジークムント（1856-1939年） 9-11, 14, 21, 54, 59, 60, 70, 80, 86, 88, 101, 114, 134, 162, 165, 185, 197, 200, 205-209, 218, 234-240, 244, 245, 257, 261-270, 274, 279, 285, 290, 295, 301, 309, 310
『快原理の彼岸』（1920年） 206, 262-264, 267, 269
『自我とエス』（1923年） 101, 206, 239, 240, 260-262, 268, 270
「自伝的に記述されたパラノイアの一症例に関する精神分析的考察」（1911年） 240
『続・精神分析入門講義』（1933年） 270
『W・イェンゼン著『グラディーヴァ』における妄想と夢』（1907年） 205

『ツァラトゥストラはかく語りき』（1883-85年） 221
『道徳の系譜』（1887年） 222
『人間的、あまりに人間的』（1878年） 217
「バイロイトにおけるリヒャルト・ヴァーグナー」（1876年） 215
『悲劇の誕生』（1872年） 214, 215
『漂泊者とその影』（1879年） 220, 221
『悦ばしき知識』（1882年） 221
ニュートン、アイザック（1642-1727年） 45, 46, 49, 50, 56-64, 66, 73, 114, 147, 165, 271, 280, 297, 301
『プリンキピア』（1687年） 59, 61
ネルヴァル、ジェラール・ド（1808-55年） 68, 121, 137-145, 147, 150, 164, 167, 170, 183, 236, 271, 279, 301
『オーレリア』（1855年） 68, 143, 167
ゲーテ『ファウスト』第1部フランス語訳（1827年） 121, 140-143
『幻想詩集』（1854年） 143
『東方旅行記』（1851年） 143
『火の娘たち』（1854年） 143
ノヴァーリス（1772-1801年） 99

［ハ］

バイエ、アドリアン（1649-1706年） 48
ハイデガー、マルティン（1889-1976年） 10
ハイドン、フランツ・ヨーゼフ（1732-1809年） 76, 89, 90, 93, 100, 102, 121
バイロン、ジョージ・ゴードン（バイロン卿）（1788-1824年） 120, 132, 137
バクスト、レオン（1866-1924年） 249
パスカル、ブレーズ（1623-62年） 18, 21, 23, 49, 52, 53, 56, 70, 200, 273
『パンセ』（1670年公刊） 52
バッハ、ヨハン・ゼバスティアン（1685-1750年） 121, 281, 291
バフチン、ミハイル（1895-1975年） 290
パラケルスス（1493-1541年） 34
バルザック、オノレ・ド（1799-1850年） 122, 123, 126
バルト、カール（1886-1968年） 94
パルメニデス（前515頃-450年頃） 211, 279
ハレー、エドモンド（1656-1742年） 61
バロー、アイザック（1630-77年） 60, 61
ハンスリック、エドゥアルト（1825-1904年） 187-189, 198
ビスマルク、オットー・フォン（1815-98年） 8
ピタゴラス（前570頃-496年頃） 42, 43, 45, 165
ヒトラー、アドルフ（1889-1945年） 196, 197, 273, 274, 276
ピネル、フィリップ（1745-1826年）

(1836-38 年)　156
《オリーヴの園のキリスト》(《橄欖の園のキリスト》)(1826 年)　156
《キオス島の虐殺》(1824 年)　128-131, 133, 156, 167
ゲーテ『ファウスト』による連作(1828 年)　121, 132, 133, 138, 141, 142
《小舟の上の難船者たち》(《難船者たち》)(1846 年)　156
《サルダナパールの死》(《サルダナパロス》)(1827 年)　156
《地獄のダンテとウェルギリウス(ダンテの小舟)》(《ダンテとヴェルギリウス》)(1822 年)　131, 132, 156, 167
《十字軍のコンスタンティノポリス占拠》(《コンスタンティノープルの十字軍》)(1841 年)　156
《聖女たちに救われる聖セバスティアヌス》(《聖セバスティアヌス》)(1836 年)　156
『日記』　135
《ハムレットとホレイショー》(《ハムレット》)(1839 年)　59, 156
《ミソロンギの廃墟の上に立つ瀕死のギリシア》(1827 年)　130, 132
《民衆を率いる自由の女神(7 月 28 日)》(1830 年)　131, 132
トルストイ、レフ(1828-1910 年)　203, 288
『アンナ・カレーニナ』(1873-77 年)　288
『戦争と平和』(1864-69 年)　288

## [ナ]

中井久夫(1934 年生)　50
ナポレオン・ボナパルト(1769-1821 年)　32, 86, 87, 99, 131, 135, 138, 155, 163, 294
ニジンスカ、ブロニスラヴァ(1891-1972 年)　251
ニジンスキー、ヴァーツラフ(1889-1950 年)　246-257, 260, 271, 279, 301
『手記』　253, 254
《牧神の午後》(1912 年初演)　247-249, 252
ニジンスキー、トマス(1862-1912 年)　251
ニジンスキー、ロモラ(1891-1978 年)　251-257
『ニジンスキーの最後の年月』(1952 年)　251
ニーチェ、フリードリヒ(1844-1900 年)　10, 12, 54, 88, 113, 134, 143, 145, 147, 157, 165, 171, 183, 188-192, 194, 195, 197, 198, 214-230, 233-236, 239, 250, 252, 254, 260-262, 265, 267, 271, 274, 275, 279, 284, 291, 292, 295, 297, 298, 301
『ヴァーグナーの場合』(1888 年)　274
『この人を見よ』(1908 年公刊)　217, 219, 252, 274
『曙光』(1881 年)　220, 221
『善悪の彼岸』(1886 年)　221

チャイコフスキー、ピョートル（1840-93年） 187
《白鳥の湖》（1876年完成） 187
ツヴァイク、シュテファン（1881-1942年） 7, 15-17, 41, 45, 277
『人類の星の時間』（1927年） 15
ディアギレフ、セルゲイ（1872-1929年） 248, 250, 252, 257
ティコ・ブラーエ（1546-1601年） 38, 200, 280
テオ →ゴッホ、テオドルス・ファン
デカルト、ルネ（1596-1650年） 23, 45-53, 56, 64, 114, 147, 149, 236
『三試論』（『屈折光学』、『気象学』、『幾何学』）（1637年公刊） 49
『情念論』（1649年公刊） 50
『省察』（1641年公刊） 50
『世界論』（『宇宙論』）（1664年公刊） 49
『哲学原理』（1644年公刊） 50
『人間論』（1664年公刊） 49
『方法序説』（1637年公刊） 49
デフォンテーヌ、ルネ（1750-1833年） 82, 83
テューク、ウィリアム（1732-1822年） 145
デリダ、ジャック（1930-2004年） 149, 150, 242
トゥキュディデス（前460頃-400年頃） 211, 279
ドストエフスキー、アンナ（1846-1918年） 196, 199
ドストエフスキー（ドストエーフスキイ）、フョードル（1821-81年） 10, 11, 18, 23, 148, 155, 162, 163, 165, 167-171, 173, 174, 183-186, 195, 198-212, 214, 219, 222, 227, 228, 233, 236, 248, 252, 260, 265, 271, 273, 275, 276, 279, 284, 286-291, 294, 295, 298, 301, 310
『悪霊』（1871年） 11, 168, 170, 171, 184, 201, 203, 209, 273, 289
『カラマーゾフの兄弟』（1880年） 168, 171, 184, 198, 201-203, 205, 206, 210, 273, 287, 288, 290
『地下生活者の手記』（1864年） 222
『罪と罰』（1866年） 163, 166, 168, 183, 198, 203, 288
『白痴』（1868年） 11, 168, 170, 203, 209, 252, 288
『未成年』（1875年） 201
ドッズ、エリック・ロバートソン（1893-1979年） 296-298
『ギリシア人と非理性』（1951年） 296
ドビュッシー、クロード（1862-1918年） 248, 249
《牧神の午後への前奏曲》（1894年完成） 248
ドラクロワ、ウジェーヌ（1798-1863年） 59, 121, 127-135, 137, 138, 141, 142, 145, 147, 150, 154-160, 164, 167, 174, 180, 218
《アルジェの女たち》（1834年） 156, 159
《怒れるメディア》（《メデイア》）

95 年） 29, 30, 35, 272
『魔女の槌』（1487-89 年頃） 28-30, 32-35, 50, 272
シューベルト、フランツ（1797-1828 年） 84, 118-120, 122, 126
交響曲第 7 番（第 8 番）《未完成》（1822 年） 119
シューマン、ロベルト（1810-56 年） 121, 137, 157
シュレーバー、ダニエル・パウル（1842-1911 年） 68, 147, 214, 236, 238, 240-246, 254, 271, 301
『ある神経病者の回想録』（1903 年） 68, 240-242, 244
ショパン、フレデリック（1810-49 年） 121, 137, 157
ジョーンズ、アーネスト（1879-1958 年） 208
シラー、フリードリヒ・フォン（1759-1805 年） 106, 108, 109
ジルボーグ、グレゴリー（1890-1959 年） 28, 33, 34, 36, 37, 82-84, 172, 173, 199, 209, 238, 260, 286
『医学的心理学史』（1941 年） 28, 33, 36, 172
ジローラモ・サヴォナローラ（1452-98 年） 28
スウェーデンボルグ、エマヌエル（1688-1772 年） 66-75, 88, 114, 143, 147, 207, 236, 242, 254, 271, 301
『天界と地獄』（1758 年） 69
ズゼッテ・ゴンタルト（1769-1802 年） 109
スタンダール（1783-1842 年） 91
スピノザ、バールーフ・デ（1632-77 年） 281
聖テレジア（イエズスの）（1515-82 年） 28, 72, 73
セザンヌ、ポール（1839-1906 年） 175-179, 183
荘子（前 369 頃 -286 年頃） 278
ゾロアスター →ザラスシュトラ

［タ］

ダヴィッド、ジャック＝ルイ（1748-1825 年） 130, 131
ダーウィン、チャールズ（1809-82 年） 199, 200
『種の起源』（1859 年） 199
ダ・ヴィンチ、レオナルド（リオナルド）（1452-1519 年） 20-24, 26, 27, 51, 93-97, 99, 106, 123, 205, 210, 212, 260, 280, 283, 291, 300
《聖アンナと聖母子》（1510 年頃） 21, 22, 93, 95, 300
《洗礼者ヨハネ》（1514 年頃） 21, 22, 300
《モナ・リザ》（1503-05/07 年） 20, 22, 93, 94, 97, 300
互盛央（1972 年生） 267
高橋英夫（1930 年生） 93-96, 123
高柳功（1937 年生） 172
ターナー、ウィリアム（1775-1851 年） 100
田村毅（1943 年生） 140, 143
ダンカン、イサドラ（1877-1927 年） 249
ダンテ・アリギエーリ（1265-1321 年） 131, 132, 139, 147, 156, 167
『神曲』（1307 頃 -21 年） 132

年） 121
小林秀雄（1902-83 年） 90, 91, 94, 102, 165-167, 175-177, 179, 182, 198, 201, 231-233
『近代絵画』（1958 年） 177
「『罪と罰』について II」（1948 年） 198
『モオツァルト』（1946 年） 90
コペルニクス、ニコラウス（1473-1543 年） 28, 38, 43, 47, 62, 87, 88, 200, 273, 280
『天体の回転について』（1543 年） 43
コールリッジ、サミュエル・テイラー（1772-1834 年） 99
コロー、ジャン＝バティスト・カミーユ（1796-1875 年） 155
コロンブス、クリストファー（1451-1506 年） 27
ゴンチャロフ、イヴァン・アレクサンドロヴィッチ（1812-91 年） 202, 286, 287
『オブローモフ』（1859 年） 202, 286

［サ］

ザーケル、マンフレート（1900-57 年） 257
ザラスシュトラ（ゾロアスター）（前 13 世紀頃） 278, 297
サリヴァン、ハリー・スタック（1892-1949 年） 294
サン＝サーンス、カミーユ（1835-1921 年） 187
《サムソンとデリラ》（1877 年完成） 187
シェイクスピア（シェークスピア）、ウィリアム（1564-1616 年） 28, 58, 59, 120, 132, 139, 147, 156, 206, 265, 280
『ハムレット』（1600 年） 58
ジェイムズ 1 世（在位 1603-25 年） 35
ジェリコー、テオドール（1791-1824 年） 128, 129, 131, 137
《メデューズ号の筏》（1819 年） 128, 129
シェリング、フリードリヒ・ヴィルヘルム・ヨーゼフ・フォン（1775-1854 年） 85-88, 100, 107, 108, 110, 265
シーザー →カエサル
島尾永康（1920-2015 年） 56, 58
ジャクソン、ジョン・ヒューリングス（1835-1911 年） 74, 165, 207-209, 237, 310
「癲癇発作後の一過性の精神障害について」（1875 年） 74
シャルコー、ジャン＝マルタン（1825-93 年） 83, 165, 172, 193, 194, 207-210, 294
ジャンヌ・ダルク（1412 頃-31 年） 294
シュヴェゲリン、アンナ・マリア（1729-81 年） 35
シュタプフェル、フィリップ・アルベルト（1766-1840 年） 133
ゲーテ『ファウスト』フランス語訳（1828 年） 121, 132, 133, 138
シュプレンガー、ヤーコプ（1436/38-

《ペール・ギュント》（1875年完成） 187
クリスティーナ女王（在位1632-54年） 50
クールベ、ギュスターヴ（1819-77年） 156
グルーレ、ハンス（1880-1958年） 71, 72
クレッチマー、エルンスト（1888-1964年） 110-112
『天才の心理学』（1929年） 110
クレー、パウル（1879-1940年） 294
クレペリン、エミール（1856-1926年） 164, 234, 241, 244
クレーマー（クラーメル）、ハインリヒ（1430頃-1505年） 29, 30, 35, 272
『魔女の槌』（1486年） 28-30, 32-35, 50, 272
グロ、アントワーヌ＝ジャン（1771-1835年） 130, 131, 137
グロデック、ゲオルク（1866-1934年） 238, 263-267, 270
ゲイ、ピーター（1923-2015年） 240
ケインズ、ジョン（1883-1946年） 56, 63
ゲオン、アンリ（1875-1944年） 91, 93
ケストラー、アーサー（1905-83年） 38-41, 45
『夢遊病者たち』（1959年） 38
ゲーテ、ヨハン・ヴォルフガング・フォン（1749-1832年） 24-26, 75, 84, 85, 91, 92, 94, 97, 101, 104-106, 108, 109, 118, 120, 121, 123-127, 132-135, 137-143, 145, 147, 153, 176, 211, 260, 265, 281, 291
『イタリア紀行』（1816年） 25, 92
『芸術と古代』（1828年） 133
『ファウスト』（1808-32年） 121, 125, 126, 132, 133, 135, 138-143
「マリエンバートの悲歌」（1823年） 85
『若きヴェルテルの悩み』（1774年） 101, 126
ケプラー、カタリーナ（母）（1546-1622年） 38-40
ケプラー、ハインリヒ（弟）（1573-1615年） 39
ケプラー、ヨハネス（1571-1630年） 28, 37-45, 47, 51, 62, 64, 88, 147, 165, 200, 280, 297
『宇宙の神秘』（1596年） 41-44
『世界の調和』（1619年） 43, 44
孔子（前551-479年） 211, 278
ゴーギャン、ポール（1848-1903年） 214, 229, 230, 233
ゴッホ、フィンセント・ファン（1853-90年） 10, 12-14, 70, 72, 143, 146, 147, 165, 170, 177-184, 214, 223, 227-233, 236, 254, 255, 260, 271, 279, 284, 291, 292, 295, 297, 298, 301
《ジャガイモを食べる人々》（1885年） 230
『ファン・ゴッホの手紙』 180
ゴッホ、テオドルス・ファン（1857-91年） 180, 229-232
ゴーティエ、テオフィル（1811-72

フェ＝ベルク公ヴィルヘルム5世）（1516-92年） 34
ヴィルヘルム1世（在位1871-88年） 186
ヴィレ、ルートヴィヒ（1834-1912年） 219
ヴェルレーヌ、ポール（1844-96年） 214, 233
ヴォルテール（1694-1778年） 69, 71, 82, 139, 140, 239
エウクレイデス（前3世紀頃） 49
エスキロール、ジャン（1772-1840年） 31, 86, 88, 99
エッカーマン、ヨハン・ペーター（1792-1854年） 91, 132, 134, 139, 141
エラスムス、デジデリウス（1466-1536年） 20, 21, 23, 24, 26, 27, 53, 70, 200, 273
　『痴愚神礼讃』（1511年） 21, 55
エリヤ（エリア） 211, 279
エレミヤ（前7世紀末-6世紀前半） 211
エレンベルガー、アンリ（1905-93年） 82, 83, 234
オーヴァーベック、フランツ（1837-1905年） 219, 224, 225
オーリエ、アルベール（1865-92年） 230

## ［カ］

カエサル（シーザー）、ガイウス・ユリウス（前100-44年） 294
ガシェ、ポール（1828-1909年） 230
ガスナー、ヨハン・ヨーゼフ（1727-79年） 77-80, 85, 100
カタリーナ　→ケプラー、カタリーナ（母）
ガリレオ・ガリレイ（1564-1642年） 28, 36, 43, 49, 51, 62, 200, 280
カルヴァン、ジャン（1509-64年） 35
カールバウム、カール・ルートヴィヒ（1828-99年） 7-12, 14, 23, 36, 63, 68, 72, 74, 81, 112, 147-151, 153, 154, 159, 161, 163, 165, 172, 173, 185, 199, 207, 224, 227, 234, 237, 244, 250, 254, 260, 290, 310
　『緊張病』（1874年） 7, 9, 11, 36, 68, 72, 163, 185, 199, 290
カルメイユ、ルイ・フロランタン（1798-1895年） 151
　「ヨーロッパにおける科学のルネサンスから19世紀までの……視点から考察した狂気について」（1852年） 151
河合逸雄（1934年生） 203
カント、イマヌエル（1724-1804年） 69-71, 74, 75, 153, 239, 281, 291
　『純粋理性批判』（1781年） 69
　「視霊者の夢」（1766年） 69, 75
木村敏（1931年生） 10, 11, 203
　『時間と自己』（1982年） 10
キリスト　→イエス・キリスト
クライスト、カール（1879-1960年） 13, 233
グリーグ、エドヴァルド（1843-1907年） 187
　ピアノ協奏曲イ短調（1868年完成） 187

# 人名・作品名索引

## ［ア］

アインシュタイン、アルベルト（1879-1955年） 281
アウソニウス、デキムス・マグヌス（310頃-393年頃） 48
アグリッパ、ハインリヒ・コルネリウス（1486-1535年） 34
アメリゴ・ヴェスプッチ（1454-1512年） 28
アルキメデス（前287-212年） 211, 279
アルトー、アントナン（1896-1948年） 145, 183, 255, 271, 279, 301
アルニム、アヒム・フォン（1781-1831年） 105
アルニム、ベッティーナ・フォン（1785-1859年） 104-107
アルバレス・デ・トレド、フェルナンド（1507-82年） 51
アングル、ドミニク（1780-1867年） 130, 155, 158
《ルイ13世の誓願》（1824年） 130
飯田真（1932-2013年） 56, 62, 63
イエス・キリスト 26, 78, 95, 112, 113, 163, 168, 170, 253, 285, 289, 298
イザヤ 211
石福恒雄（1936-82年） 247, 251, 255
『肉体の芸術』（1968年） 247, 251
インノケンティウス（イノセント）8世（在位1484-92年） 28
ヴァイヤー（ワイヤー）、ヨハン（1515-88年） 28, 33-37, 165
『悪鬼の策略について』（1563年） 34, 36
ヴァーグナー、コジマ（ヴァーグネル、コージマ）（1837-1930年） 187-189, 216, 217, 226
ヴァーグナー＝ヤウレック、ユリウス（1857-1940年） 257
ヴァーグナー、リヒャルト（1813-83年） 10, 11, 23, 107, 121, 137, 147, 157, 160-162, 165, 171, 173, 174, 178, 183-200, 205, 210-212, 214-222, 227, 228, 233, 236, 243, 245, 248, 260, 265, 271, 272, 274-276, 279, 284, 291, 292, 295, 298, 301, 310
《タンホイザー》（1845年完成） 160, 161, 184, 190, 210, 243
《トリスタンとイゾルデ》（1859年完成） 23, 184, 190, 198, 216, 218, 245
《ニーベルングの指環》（《指環》）（1874年完成） 183, 184, 186-190, 195-199, 210, 215, 216
《パルジファル》（1882年完成） 216, 222, 275
《ローエングリン》（1848年完成） 160, 162, 184, 190
ウィリアム公爵（ユーリヒ＝クレー

渡辺哲夫（わたなべ・てつお）

一九四九年、茨城県生まれ。東北大学医学部卒業（医学博士）。都立松沢病院、東京医科歯科大学、栗田病院、稲城台病院などを経て、現在、いずみ病院（沖縄県うるま市）勤務。専門は、精神病理学。

主な著書に、『シュレーバー』（筑摩書房）、『死と狂気』（ちくま学芸文庫）、『〈わたし〉という危機』（平凡社）、『二〇世紀精神病理学史』（ちくま学芸文庫）、『祝祭性と狂気』、『フロイトとベルクソン』（以上、岩波書店）など。

主な訳書に、ジークムント・フロイト『モーセと一神教』（ちくま学芸文庫）、ダニエル・パウル・シュレーバー『ある神経病者の回想録』（講談社学術文庫）など。

# 創造《そうぞう》の星《ほし》

## 天才《てんさい》の人類史《じんるいし》

二〇一八年 八月一〇日 第一刷発行

著者 渡辺哲夫《わたなべてつお》



発行者 渡瀬昌彦
発行所 株式会社 講談社
東京都文京区音羽二丁目一二―二一 〒一一二―八〇〇一
電話 （編集）〇三―三九四五―四九六三
（販売）〇三―五三九五―四四一五
（業務）〇三―五三九五―三六一五

装幀者 奥定泰之
本文印刷 慶昌堂印刷株式会社
カバー・表紙印刷 半七写真印刷工業株式会社
製本所 大口製本印刷株式会社

定価はカバーに表示してあります。
落丁本・乱丁本は購入書店名を明記のうえ、小社業務あてにお送りください。送料小社負担にてお取り替えいたします。なお、この本についてのお問い合わせは、「選書メチエ」あてにお願いいたします。


ISBN978-4-06-512668-4 Printed in Japan
N.D.C.130 325p 19cm

# 講談社選書メチエ　刊行の辞

書物からまったく離れて生きるのはむずかしいことです。百年ばかり昔、アンドレ・ジッドは自分にむかって「すべての書物を捨てるべし」と命じながら、パリからアフリカへ旅立ちました。旅の荷は軽くなかったようです。ひそかに書物をたずさえていたからでした。ジッドのように意地を張らず、書物とともに世界を旅して、いらなくなったら捨てていけばいいのではないでしょうか。

現代は、星の数ほどにも本の書き手が見あたります。読み手と書き手がこれほど近づきあっている時代はありません。きのうの読者が、一夜あければ著者となって、あらたな読者にめぐりあう。その読者のなかから、またあらたな著者が生まれるのです。この循環の過程で読書の質も変わっていきます。人は書き手になることで熟練の読み手になるものです。

選書メチエはこのような時代にふさわしい書物の刊行をめざしています。

フランス語でメチエは、経験によって身につく技術のことをいいます。道具を駆使しておこなう仕事のことでもあります。また、生活と直接に結びついた専門的な技能を指すこともあります。

いま地球の環境はますます複雑な変化を見せ、予測困難な状況が刻々あらわれています。

そのなかで、読者それぞれの「メチエ」を活かす一助として、本選書が役立つことを願っています。

一九九四年二月　　野間佐和子